Lucy Maud Montgomery

Ein verworrenes Netz

Lucy Maud Montgomery

Ein verworrenes Netz

ROMAN

VERLAG 28 EICHEN
BARNSTORF

Aus dem Englischen übersetzt und mit Anmerkungen versehen von Nadine Erler.

Das Original erschien 1931 unter dem Titel
A Tangled Web,
bei McClelland & Stewart, Toronto,

und liegt hier in der deutschen Erstausgabe vor.

Lektorat: Detlef Fischer

Die Deutsche Bibliothek verzeichnet diese Publikation
in der Deutschen Nationalbibliographie.
Detaillierte bibliographische Daten sind im Internet über
http://dnb.ddb.de abrufbar.

ISBN 978-3-96027-112-3

Cover unter Verwendung der des Gemäldes
„Madame Monet en costume japonaishe" (1875)
von Claude Monet, Museum of Fine Arts Boston, Massachusetts,

Für meine guten Freunde
MR. AND MRS. FRED W. WRIGHT
in Erinnerung an eine bestimmte Woche voller Lachen.

Der Originaltitel ist wahrscheinlich inspiriert von einer Zeile aus Walter Scotts Gedicht *Marmion*:

„Oh what a tangled web we weave
when at first we start to deceive!“

Inhalt

1. Tante Beckys Empfang

2. Ein Rad im anderen

3. Mittsommerwahnsinn

4. Der Finger bewegt sich

5. Blinde Weisheit

6. Schließlich, Brüder und Schwestern

1. Tante Beckys Empfang

I. Tante Becky

Über den alten Krug der Darks wurde schon ein Dutzend Geschichten erzählt. Dies ist die wahre. Einiges geschah deswegen in den Familien Dark und Penhallow, einiges andere geschah nicht. Wie Onkel Pippin sagte, war es die Vorsehung – oder vielleicht war der Teufel der Besitzer des Kruges. Wie auch immer – wäre nicht der Krug gewesen, würde Peter Penhallow heute vielleicht allein Löwen in afrikanischen Urwäldern fotografieren, und der große Sam Dark hätte höchstwahrscheinlich nie gelernt, die Schönheit einer unbekleideten weiblichen Gestalt zu schätzen. Was Dandy Dark und Penny Dark betraf, so hörten sie nie auf, sich zu beglückwünschen, daß sie mit heiler Haut aus der Geschichte herausgekommen waren.

Rechtlich gesehen gehörte der Krug Tante Becky Dark, geborene Rebecca Penhallow. Die meisten Darks waren geborene Penhallows, und die meisten Penhallows waren geborene Darks, bis auf eine kleine Minderheit, die schon immer Darks oder Penhallows gewesen waren. Innerhalb von drei Generationen hatten sechzig Darks sechzig Penhallows geheiratet. Das Durcheinander im Stammbaum, das dabei entstanden war, verwirrte jeden außer Onkel Pippin. Darks konnten eigentlich nur Penhallows heiraten und umgekehrt. Einst hatte es geheißen, sie würden niemand anderen nehmen – und jetzt, daß niemand anders sie nehmen würde. Das sagte jedenfalls Onkel Pippin. Aber Onkel Pippins Äußerungen waren mit großer Vorsicht zu genießen. Die anderen Darks und Penhallows schlossen nichts so kategorisch aus wie er.

Sie waren immer noch eine stolze, energische und mannhafte Sippe, in der die Fetzen flogen, die aber nach außen hin jeder fremden oder feindlichen Macht eine geschlossene Front präsentierte. In gewisser Hinsicht war Tante Becky das Familienoberhaupt. Was das Alter anging, hätte Crosby Penhallow, der zwei Jahre älter war als sie, ihr die Vormachtstellung streitig machen können, wenn er Wert darauf gelegt hätte. Aber mit siebenundachtzig Jahren interessierte Crosby Penhallow sich nur noch für eine Sache. Solange er sich jeden Abend mit seinem alten Freund Erasmus Dark treffen konnte, um Duette auf ihren Flöten und Geigen zu spielen, durfte Tante Becky das Zepter schwingen, wenn sie wollte.

Man muß zugeben, daß Tante Becky von ihrer Familie nicht besonders geliebt wurde. Sie hatte zu große Freude daran, ihnen das zu sagen, was sie „die Wahrheit und nichts als die Wahrheit“ nannte. Und, wie Onkel Pippin sagte:

Die Wahrheit war gut, aber nur da, wo sie hingehörte. Es hatte keinen Sinn, sie kübelweise auszuschütten, wenn es nicht nötig war. Aber Tante Becky waren Takt, Diplomatie und Diskretion – ganz zu schweigen von Rücksicht auf die Gefühle anderer – völlig unbekannt. Wenn sie etwas sagen wollte, sagte sie es. Deshalb war Tante Beckys Gesellschaft alles, nur nicht langweilig. Man ertrug die Stiche und Schläge, die man selbst abbekam – um des Vergnügens willen, zuzusehen, wie die anderen sich unter *ihren* Stichen und Schlägen wanden. Da Tante Becky alle traurigen, großartigen und schrecklichen Geschichten der Familie von A bis Z kannte, war keine Rüstung vor ihren Pfeilen sicher. Der kleine Onkel Pippin sagte, daß er sich nicht einmal für einen Hundekampf einen von Tante Beckys „Empfängen" entgehen lassen würde.

„Sie ist eine Persönlichkeit", hatte Dr. Harry Penhallow einmal herablassend bemerkt, als er wegen einer Beerdigung auf Heimatbesuch gewesen war.

„Sie ist ein Miesepeter", knurrte der ertrunkene John Penhallow, der selbst ein notorischer Miesepeter war und keine Rivalen duldete.

„Das ist dasselbe", kicherte Onkel Pippin. „Ihr habt alle Angst vor ihr, weil sie soviel über euch weiß. Ich sage euch, Jungs, es ist nur Tante Becky, und Leute wie sie bewahren uns vor dem Verfaulen."

Tante Becky war seit zwanzig Jahren für jeden „Tante Becky". Als einmal ein Brief an „Mrs. Theodore Dark" auf dem Postamt von Indian Spring ankam, schickte der neue Briefträger ihn mit dem Vermerk „Empfänger unbekannt" zurück. Von Rechts wegen war es Tante Beckys Name. Einst hatte sie einen Ehemann und zwei Kinder gehabt, aber alle drei waren schon lange tot – so lange, daß sogar Tante Becky sie fast vergessen hatte. Jahrelang hatte sie zwei gemietete Zimmer in The Pinery, dem Haus ihrer alten Freundin Camilla Jackson in Indian Spring, bewohnt. Viele Häuser der Darks und Penhallows hätten ihr offengestanden, denn die Familie dachte immer an ihre Pflichten, aber Tante Becky wollte nicht. Sie hatte ein sehr bescheidenes eigenes Einkommen, und Camilla, die weder eine Dark noch eine Penhallow war, ließ sich leicht herumkommandieren.

„Ich werde einen Empfang abhalten", sagte Tante Becky eines Abends zu Onkel Pippin, als er sie besuchte. Er hatte gehört, daß es ihr nicht gutging. Aber als er sie dann antraf, saß sie im Bett mit Kissen hinter dem Rücken, und ihr breites, runzliges altes Gesicht sah so wach und boshaft aus wie immer. Er dachte, daß es wahrscheinlich nichts Ernstes sei. Tante Becky hatte sich schon öfter ins Bett gelegt, wenn sie sich von ihrer Familie vernachlässigt fühlte.

Seit sie in The Pinery lebte, veranstaltete Tante Becky manchmal Zusammenkünfte, die sie „Empfänge" nannte. Es war ihre Gewohnheit, in der Lokalzeitung anzukündigen, daß Mrs. Rebecca Dark an diesem und jenem Nachmittag ihre Freunde empfangen würde. Jeder, der nicht eine wasserdichte Entschuldigung erfinden konnte, ging hin. Sie verbrachten zwei Stunden mit familiärem Tratsch, unterbrochen von Tante Beckys Sticheleien und gehässigem Lächeln, tranken Tee und aßen belegte Brote und Kuchen. Dann gingen sie nach Hause und leckten ihre Wunden.

„Das ist gut“, sagte Onkel Pippin. „In der Familie herrscht gerade Langeweile. Es ist lange nichts Aufregendes mehr passiert.“

„Es wird aufregend genug werden“, sagte Tante Becky. „Ich werde ihnen etwas sagen – nicht alles – und zwar darüber, wer den alten Krug der Darks bekommt, wenn ich gestorben bin.“

„Oh!“ Onkel Pippins Neugier war sofort geweckt. Trotzdem vergaß er seine Manieren nicht. „Aber warum machst du dir jetzt schon Gedanken deswegen? Du wirst noch das Ende des Jahrhunderts erleben!“

„Nein, das werde ich nicht“, sagte Tante Becky. „Roger hat heute morgen zu Camilla gesagt, daß ich das Ende dieses Jahres nicht mehr erleben würde. Er hat es nicht mir gesagt, obwohl es mich am meisten interessiert, aber ich habe es Camilla aus der Nase gezogen.“

Onkel Pippin war schockiert und verstummte für einen Moment. In seinen Ohren läutete seit drei Tagen eine Totenglocke, aber er hatte es nicht mit Tante Becky in Verbindung gebracht. Wirklich – niemand hatte je daran gedacht, daß Tante Becky sterben könnte. Der Tod schien sie – ebenso wie das Leben – vergessen zu haben. Er wußte nicht, was er sagen sollte.

„Ärzte irren sich oft“, stammelte er matt.

„Roger nicht“, sagte Tante Becky grimmig. „Ich muß sterben, nehme ich an. Was macht es schon? Niemanden kümmert es.“

„Warum sagst du das, Becky?“ sagte Camilla, offenbar den Tränen nahe. „Mich kümmert es.“

„Nein, nicht wirklich. Du bist zu alt. Wir sind beide zu alt, um uns noch wirklich etwas aus jemandem oder etwas zu machen. Du weißt genau, was für einen Gedanken du im Hinterkopf hast: Wenn sie stirbt, kann ich endlich starken Tee machen! Es hat keinen Sinn, die Wahrheit zu leugnen oder schönzureden. Ich habe all meine wahren Freunde überlebt.“

„Na, na, was ist denn mit mir?“ protestierte Onkel Pippin.

Tante Becky wandte ihm ihren schrulligen alten Kopf zu. „Du!“ Es klang beinahe verächtlich. „Du bist ja erst vierundsechzig. Ich war schon verheiratet, bevor du geboren wurdest! Du bist nicht einmal ein Verwandter – eigentlich nur ein Bekannter. Denk daran, daß du nur ein adoptierter Penhallow bist. Deine Mutter hat immer beteuert, du seist Ned Penhallows Sohn, aber ich kann dir sagen, daß einige von uns Zweifel hatten. Die Flut spült komisches Zeug an Land, Pippin.“

Das war äußerst unhöflich, dachte Onkel Pippin. Er entschied, daß es nicht nötig war, Tante Becky weiterhin seine Freundschaft zu beteuern.

„Camilla“, giftete Tante Becky, „ich bitte dich, hör auf zu heulen. Es tut mir weh, dir dabei zuzusehen. Ich mußte Ambrosine aus dem Zimmer schicken, weil ich ihr Gejammer nicht ertragen konnte. Ambrosine weint über alles – über einen Todesfall oder einen mißglückten Pudding. Aber man nimmt es ihr nicht übel. Es ist die einzige Freude, die sie hat. Ich bin bereit zu sterben. Ich habe beinahe alles erlebt, was man erleben kann – ja, ich habe meinen Kelch geleert. Aber ich habe vor, anständig und ordentlich zu sterben. Mein Zustand wird sich kurz vorher noch einmal bessern. Das Datum wird in der Zeitung stehen. Aber wenn ihr etwas essen wollt, bringt es mit. Ich werde mich auf meinem Totenbett nicht mit so etwas abmühen.“

Onkel Pippin war ehrlich enttäuscht. Er war Witwer und lebte allein, und die gelegentlichen Essen bei Freunden bedeuteten ihm viel. Und nun wollte Tante Becky Leute einladen, ohne ihnen einen Happen zu essen zu geben! Das war nicht gastfreundlich! Alle würden daran Anstoß nehmen, aber alle würden kommen. Onkel Pippin kannte seine Darks und Penhallows. Sie würden alle wissen wollen, wer den alten Krug der Darks bekam. Jeder war der Meinung, daß er ihn bekommen sollte. Den Darks war es ohnehin immer ein Dorn im Auge gewesen, daß er Tante Becky gehörte. Sie war ja nur eine Penhallow. Der Krug sollte einer geborenen Dark gehören. Aber der alte Theodore Dark hatte ihn in seinem Testament ausdrücklich seiner geliebten Frau vermacht, und damit mußte man sich abfinden. Sie konnte mit dem Krug machen, was sie wollte. Und in fünfundachtzig Jahren hatte nie jemand vorhersagen können, was Tante Becky tun würde.

Onkel Pippin stieg in seine Kutsche und fuhr mit seinem sanften weißen Pferd die schmale, gemächliche rote Seitenstraße hinunter, die von Indian Spring nach Bay Silver führte. Auf seinem kleinen faltigen Gesicht, das so sehr an einen schrumpligen Apfel erinnerte, lag ein diebisches Grinsen, und seine erstaunlich jungen, lebhaften blauen Augen funkelten. Es würde ein Vergnügen werden, zuzusehen, wie sich die Sippe wegen des Kruges in den Haaren lag – das innige, unbeteiligte Vergnügen desjenigen, den es nicht allzu sehr interessierte. Onkel Pippin wußte, daß er keine Chance hatte, den Krug zu bekommen. Er war bestenfalls ein Cousin vierten Grades, selbst wenn die Vaterschaft bestand, mit deren Zweifelhaftigkeit Tante Becky ihn aufgezogen hatte.

„Ich bin gespannt, was die alte Dame für uns bereithält“, sagte Onkel Pippin zu seinem weißen Pferd.

II. Die Familie

Obwohl es nichts zu essen gab, waren alle Darks und Penhallows – ob sie nun durch Geburt, Heirat oder Adoption zur Familie gehörten und die es irgendwie einrichten konnten – bei Tante Beckys „Empfang“ anwesend. Sogar die von Rheuma geplagte alte Christina Dark, die seit Jahren nicht aus dem Haus gegangen war, ließ sich von ihrem Schwiegersohn auf einem Milchwagen durch die Wälder hinter The Pinery ziehen.

Die Falttüren zwischen den beiden Zimmern von Tante Becky standen offen, im Salon wurden Stühle aufgestellt, und Tante Becky war bereit, ihre Gäste zu empfangen. Mit funkelnden Katzenaugen thronte sie in ihrem großen alten Bett aus Walnußholz unter dem Baldachin. Sie hatte seit ihrer Heirat in diesem Bett geschlafen und war entschlossen, auch darin zu sterben. Einige Frauen des Stammes hatten ein Auge darauf geworfen und hofften, es einmal zu erben, aber in diesem Augenblick dachten alle nur an den Krug.

Tante Becky hatte sich nicht für ihre Gäste zurechtgemacht. Es sei die Mühe nicht wert, sagte sie zu Camilla – *sie* seien die Mühe nicht wert, also empfing sie sie königlich – in einem verblichenen alten roten Umhang, der an ihrer faltigen Kehle fest zusammengehalten wurde. Ihr graues Haar hatte sie zu einem harten Knoten auf dem Hinterkopf gewunden. Aber sie trug ihren Diamantring und hatte die entsetzte Ambrosine dazu gebracht, ihr ein wenig Rouge auf die Wangen zu legen.

„Das ist in Ihrem Alter nicht mehr schicklich“, protestierte Ambrosine.

„Schicklichkeit ist eine graue Maus“, erwiderte Tante Becky. „Ich habe mich schon lange von ihr verabschiedet! Tun Sie, was ich sage, Ambrosine Winkworth, und Sie werden Ihren Lohn bekommen. Ich kann nicht zulassen, daß Onkel Pippin sagt: ‚Das alte Mädchen hatte schon mal mehr Farbe.‘ Tragen Sie es gut und dick auf, Ambrosine! Wenn ich bleich und mager aussehe, denken meine Verwandten noch, sie könnten mich herumkommandieren! Meine Güte, Ambrosine, ich freue mich auf diesen Nachmittag! Es ist das letzte Mal, daß ich mich im Diesseits amüsieren kann, und das werde ich in vollen Zügen genießen, Ambrosine. Diese Geier kommen doch nur, um zu sehen, was für ein Bissen für sie abfällt. Die werden sich wundern!“

Die Darks und Penhallows wußten all das nur zu gut, und jeder Neuankömmling näherte sich mit der geheimen Überzeugung, daß Tante Becky eine besonders peinliche Frage stellen würde. Onkel Pippin war früh gekommen, bewaffnet mit seinem Lieblingskaugummi, und suchte sich einen Platz in der

Nähe der Falttüren, einen Platz, von dem aus er alle sehen und alles hören konnte, was Tante Becky sagte. Es lohnte sich!

„Ah, du bist der Mann, der seine Frau verbrannt hat“, sagte Tante Becky zu Stanton Grundy, einem langen, dünnen Mann mit ironischem Lächeln. Er war ein Außenseiter, der vor langer Zeit mit Robina Dark verheiratet gewesen war. Er hatte sie nach ihrem Tod in einer Urne bestatten lassen, und die Familie hatte ihm das nie verziehen, aber Stanton Grundy reagierte gelassen und lächelte nur müde über die Bemerkung, die er für einen mißglückten Scherz hielt.

„Was für ein Theater um einen Krug, der höchstens ein paar Dollar wert ist“, sagte er verächtlich und setzte sich neben Onkel Pippin.

Onkel Pippin schob seinen Kaugummi auf die andere Seite seines Mundes und ließ sich eine Lüge einfallen, die der Familie Ehre machte. „Vor vier Jahren hat ein Sammler Tante Becky hundert Dollar dafür geboten“, sagte er großspurig.

Stanton Grundy war beeindruckt, und um es zu verbergen, sagte er, daß er nicht einmal zehn Dollar für den Krug ausgeben würde.

„Warum bist du dann hier?“ fragte Onkel Pippin.

„Um mich zu amüsieren“, erwiderte Mr. Grundy kühl. „Wegen dieser Krug-Geschichte werden sich alle an die Gurgel gehen!“

Onkel Pippin verschluckte sich vor Empörung beinahe an seinem Kaugummi. Welches Recht hatte dieser Außenseiter, der unter dringendem Verdacht stand, Swedenborgianer zu sein – was auch immer das war –, sich über die Animositäten der Darks und der Penhallows zu amüsieren? Er selbst, Pippin Penhallow, getauft Alexander, hatte jedes Recht dazu. Er gehörte zur Familie, wenn auch nur um drei Ecken. Aber ein Grundy, der Gott weiß wo herkam – das machte Onkel Pippin wütend. Aber bevor er ihn zurechtweisen konnte, lenkte ein anderer Neuankömmling ihn von dem unmöglichen Grundy ab.

„Hast du noch mehr Kinder auf dem King’s Highway?“ sagte Tante Becky zu der armen Mrs. Paul Dark. Deren Sohn war auf dem Weg ins Krankenhaus auf dem Rücksitz eines Fords zur Welt gekommen. Onkel Pippin hatte ausgesprochen, was die ganze Familie dachte, als er düster bemerkte: „Schlechte Zeitplanung.“

Im Zimmer wurde gekichert, und Mrs. Paul begab sich mit glühendrotem Gesicht auf ihren Platz. Aber die Aufmerksamkeit galt schon nicht mehr ihr, sondern Murray Dark, einem gutaussehenden Mann mittleren Alters. Er schüttelte Tante Becky die Hand.

„Nun, nun, du willst wohl einen Blick auf Thora werfen, wie? Sie ist hier – da drüben hinter Pippin und diesem Grundy-Menschen.“

Murray Dark stakste zu einem Stuhl und dachte, daß man in dieser Familie wirklich ein Hundeleben führte. Natürlich war er gekommen, um Thora zu sehen. Alle wußten das, auch Thora selbst. Murray interessierte sich kein bißchen für den Krug der Darks, aber er interessierte sich sehr dafür, Thora zu sehen. Er hatte nur selten Gelegenheit dazu. Er war in Thora verliebt, seit er sie zum ersten Mal in der Kirche gesehen hatte – als Braut von Christopher Dark. Der trunksüchtige Taugenichts Chris Dark – seinem gefährlichen Charme konnte kein Mädchen widerstehen. Die ganze Familie wußte, wie es um Murray stand, aber es hatte nie einen Skandal gegeben. Murray wartete einfach darauf, daß Chris starb. Dann würde er Thora heiraten. Er war ein kluger, wohlhabender Bauer und hatte alle Geduld der Welt. Mit der Zeit würde sein Herzenswunsch in Erfüllung gehen – auch wenn er sich manchmal unbehaglich fragte, wie lange dieser Teufel Chris noch durchhalten würde. Dieser Zweig der Darks war so verdammt zäh. Sie konnten sich eine Lebensweise leisten, die jeden Durchschnittsmenschen in fünf Jahren umgebracht hätte, und dabei zwanzig Jahre kerngesund bleiben. Chris starb seit zehn Jahren Stück für Stück, und niemand wußte, wie viele Stücke noch von ihm übrig waren.

„Besorg dir etwas Haarwasser", empfahl Tante Becky William Y. Penhallow. Er hatte schon als Baby todernst ausgesehen und war nie im Leben Bill genannt worden. Er haßte Tante Becky, seit sie ihm als erste gesagt hatte, daß er eine Glatze bekäme.

„Meine Liebe", das war an Mrs. Percy Dark gerichtet, „es ist ein Jammer, daß du nicht mehr auf deinen Teint geachtet hast. Du hattest eine so schöne Haut, als du nach Indian Spring kamst. – Oh, du hier?" (Zu Mrs. Jim Trent, die einmal Helen Dark gewesen war.)

„Natürlich bin ich hier", erwiderte Mrs. Jim patzig. „Bin ich so durchsichtig, daß Zweifel bestehen?"

„Es ist lange her, daß du dich an meine Existenz erinnert hast", giftete Tante Becky. „Aber der Krug schleppt mehr an als die Katze!"

„Oh, ich will deinen Krug ganz sicher nicht", log Mrs. Jim. Alle wußten, daß sie log. Nur ein Dummkopf log Tante Becky an, der noch nie jemand mit Erfolg eine Lüge erzählt hatte. Aber Mrs. Jim Trent lebte ja auch in Three Hills, und von Leuten, die dort lebten, konnte man nicht viel Verstand erwarten.

„Hast du deine Chronik fertig, Miller?" fragte Tante Becky.

Der alte Miller Dark machte ein dummes Gesicht. Er redete seit Jahren davon, eine Familienchronik zu schreiben, hatte aber nie angefangen. Es hatte keinen Sinn, solche Dinge zu überstürzen – je länger er wartete, desto länger würde die Geschichte werden. Diese Frauen hatten es immer so eilig. Er machte erleichtert Platz für Palmer Dark, der so stolz auf seine Frau war.

„Sie sieht so jung aus wie eh und je, nicht wahr?" sagte er strahlend zu Tante Becky.

„Ja – falls es wünschenswert ist, jung auszusehen, wenn man es nicht mehr ist", räumte Tante Becky ein und fügte hinzu: „Du bekommst ein Doppelkinn, scheint mir. Ich habe dich lange nicht gesehen, Palmer. Aber du bist noch ganz der Alte, du bist nur mehr geworden. So, und da ist ja Mrs. Denzil Penhallow. Sieht auch gut aus. Ich habe immer gehört, Obstessen sei gesund. Mir wurde erzählt, du hättest all das Obst gegessen, das die Leute Denzil geschickt haben, als er letzten Winter krank war."

„Ja, und? Er konnte es nicht selbst essen. Hätten wir es wegwerfen sollen?" erwiderte Mrs. Denzil. Krug hin oder her, sie würde sich nicht von Tante Becky beleidigen lassen.

Zwei Witwen kamen gemeinsam herein – Mrs. Toynbee Dark, die genug getrauert hatte, als ihr dritter und letzter Ehemann gestorben war, und Virginia Powell, deren Mann vor acht Jahren gestorben war. Sie war noch jung und sah passabel aus, trug aber immer noch Schwarz und hatte, wie alle wußten, geschworen, nie wieder zu heiraten. Nicht, daß jemand – wie Onkel Pippin bemerkte – ihr einen Antrag gemacht hätte.

Tante Becky ließ Mrs. Toynbee mit einer kühlen Begrüßung davonkommen. Mrs. Toynbee war dafür bekannt, daß sie hysterisch wurde, wenn man etwas Falsches zu ihr sagte, und Tante Becky wollte vermeiden, daß sich auf ihrem letzten Empfang jemand anders ins Rampenlicht drängelte. Aber sie versetzte der armen Virginia einen Seitenhieb.

„Wurde dein Herz schon ausgegraben?"

Virginia hatte einmal sentimental bemerkt, ihr Herz sei auf dem Friedhof von Rose River begraben, und Tante Becky sorgte dafür, daß sie es nicht vergaß.

„Ist noch etwas von der Marmelade übrig?" sagte Tante Becky hinterhältig zu Mrs. Titus Dark, die einmal auf dem Friedhof Blaubeeren gepflückt und sie eingekocht hatte. Der Anwalt Tom Penhallow, der für schuldig befunden worden war, Geld seiner Mandanten veruntreut zu haben, war keine solche Schande für die Familie. Mrs. Titus fühlte sich als Märtyerin. Es hatte in jenem Jahr nur wenig Obst gegeben, sie hatte fünf Männer zu ernähren, die keine Butter mochten, und all die großen saftigen Blaubeeren in der Ecke des Friedhofs von Bay Silver wachsen zu lassen, war Verschwendung. In dieser Ecke waren nur wenige Gräber; es war nicht die gefragteste Stelle des Friedhofs.

„Und wie geht es deiner Namensschwester?" fragte Tante Becky Mrs. Emily Frost. Emily hatte vor fünfundsechzig Jahren den Heiratsantrag ihres Cousins Kennedy Penhallow abgelehnt, und um es ihr heimzuzahlen, hatte er seine alte, an Spat erkrankte Stute nach ihr benannt. Kennedy war seit vielen Jahren glücklich mit Julia Dark verheiratet und hatte die Geschichte völlig vergessen, aber Emily Frost, geborene Penhallow, hatte nie vergessen oder verziehen.

„Hallo, Margaret, wirst du ein Gedicht über den Empfang schreiben? Ich erinnere mich: ‚Ich mag meine Familie kochen und meine Katze.'" Und Tante Becky brach in gackerndes Lachen aus.

Margaret Penhallows schmales, empfindsames Gesicht färbte sich rot, und ihre großen, sanften, graublauen Augen füllten sich mit Tränen, als sie sich auf den erstbesten leeren Stuhl setzte. Sie hatte früher schreckliche kleine Gedichte für eine Zeitung aus Summerside geschrieben – bis ein gedankenloser Schriftsetzer ihre Satzzeichen entfernt hatte. Herausgekommen war jene furchtbare Zeile, die die Familie verfolgte wie ein ruheloser Geist. Margaret mußte immer damit rechnen, daß sie irgendwo zitiert wurde, meistens mit einem Kichern oder dröhnendem Lachen. Sogar auf ihrem Totenbett mußte Tante Becky davon anfangen. Vielleicht schrieb Margaret immer noch Gedichte. Ein kleiner, mit Muscheln besetzter Kasten wußte vielleicht etwas darüber. Aber die Presse wußte nichts mehr davon, sehr zur Erleichterung der Familie.

„Was ist los mit dir, Penny? Du siehst nicht so gut aus, wie du glaubst."

„Bienenstich am Auge", sagte Pennycuik Dark mürrisch. Er war ein dicker, runder kleiner Kerl mit einem krausen grauen Bart und nicht allzu dichtem krausen Haar. Wie immer war er eine sehr gepflegte Erscheinung. Er hielt sich immer noch für einen attraktiven Jüngling, und nur der Krug hatte ihn dazu gebracht, unter diesen Umständen öffentlich zu erscheinen. Es sah dieser teuflischen alten Frau ähnlich, alle Welt auf sein geschwollenes Auge aufmerksam zu machen! Aber er war ihr ältester Neffe und hatte ein Recht auf den Krug, und das wollte er wahren, Auge hin oder her. Er war seit jeher der Meinung, daß sein Zweig der Familie vor zwei Generationen ungerechterweise ausgebootet worden war. In seinem Ärger setzte er sich auf den ersten freien Stuhl, den er sah, und merkte dann zu seinem Entsetzen, daß er neben Mrs. William Y. saß. Er hatte panische Angst vor ihr, seit sie ihn gefragt hatte, was zu tun sei, wenn ein Kind Würmer habe. Als eingefleischter Junggeselle wußte Pennycuik Dark weder etwas über Kinder noch über Würmer.

„Geh und setz dich in die Ecke neben der Tür, damit ich dieses verdammte Parfüm nicht riechen muß. Sogar ein armes altes Nichts wie ich hat ein Recht auf saubere Luft", sagte Tante Becky zu der armen Mrs. Artemas Dark, mit deren Parfümwahl sie sich nie hatte anfreunden können. Mrs. Artemas verwendete immer zuviel davon, aber trotzdem fanden alle, daß Tante Becky sich für eine Frau sehr drastisch ausdrückte, vor allem auf dem Sterbebett. Die Darks und die Penhallows taten sich viel darauf zugute, daß sie mit der Zeit gingen, aber sie waren noch nicht so fortschrittlich, daß sie Vulgarität bei einer Frau guthießen. Das war immer noch tabu. Komischerweise hatte Tante Becky sich selbst immer über das Fluchen empört, und ihre besondere Mißbilligung galt zwei Verwandten, die gewohnheitsmäßig fluchten – Titus Dark, weil er nicht anders konnte, und der ertrunkene John Penhallow, weil er anders konnte, aber nicht wollte.

Die Ankunft von Mrs. Alpheus und ihrer Tochter war eine Sensation. Mrs. Alpheus lebte in St. John und war zufällig auf Besuch in ihrer alten Heimat

Rose River, als Tante Becky ihren Empfang ankündigte. Sie war eine ungeheuer dicke Frau und hatte eine bedauerliche Vorliebe für grelle Farben. In ihrer Jugend war sie sehr schlank und hübsch gewesen, hatte aber keine Gnade vor Tante Beckys Augen gefunden. Mrs. Alpheus rechnete damit, daß Tante Becky sie unfreundlich begrüßen würde, und wollte es mit einem Lächeln hinnehmen, denn ihr lag viel daran, den Krug zu bekommen und am besten auch noch das Walnußbett, wenn das Glück ihr hold war. Tante Becky dachte zwar, daß Annabel Penhallows Kleid mehr wert sei als die Person, die darin steckte, aber sie ließ Milde walten und sagte nur: „Hmpf! Wie aus dem Ei gepellt, wie immer!“

Dann fiel ihr Blick auf Nan Penhallow, über die die Familie seit ihrer Ankunft in Rose River ausgiebig getratscht hatte. Man tuschelte atemlos, daß sie Schlafanzüge trage und Zigaretten rauche. Es war bekannt, daß sie sich die Augenbrauen zupfte und Hosen trug, wenn sie ritt oder „wanderte“, aber sogar Rose River hatte sich damit abgefunden. Tante Becky sah ein schlangenhaftes Wesen ohne Hüften mit Bubikopf und langen barbarischen Ohrringen. Ein elegantes Geschöpf in einem eleganten schwarzen Satinkleid, neben dem jedes andere Mädchen im Zimmer altmodisch und viktorianisch aussah. Aber Tante Becky wurde auch mit ihr fertig.

„Das ist also Hannah“, sagte sie und traf instinktiv Nans wunden Punkt. Nan wäre lieber geohrfeigt worden, als sich Hannah nennen zu lassen. „Nun – nun – nun!“ Tante Beckys „Nuns“ waren ein Crescendo der Verachtung, gemischt mit Mitleid. „Ich sehe, du hältst dich für modern. Nun, zu meiner Zeit gab es auch Mädchen, die hinter den Jungen her waren. Es ändern sich nur die Namen. Dein Mund sieht aus wie der eines Vampirs, meine Liebe. Aber sieh dir nur an, was die Zeit aus uns macht. Wenn du vierzig bist, siehst du genau so aus“, und sie machte eine Geste in Richtung der übergewichtigen Mrs. Alpheus.

Nan war wild entschlossen, sich nicht von dieser alten Xanthippe aus der Fassung bringen zu lassen. Außerdem wollte auch sie den Krug. „O nein, liebste Tante Becky. Ich komme nach Vaters Familie. Die bleiben alle dünn.“

Tante Becky mochte es nicht, wenn man sie „Liebste“ nannte. „Geh nach oben und wisch dir das Zeug aus dem Gesicht“, sagte sie. „Ich dulde hier keine angemalten jungen Dinger.“

„Du bist doch selber geschminkt“, rief Nan und achtete nicht auf den Rippenstoß ihrer Mutter.

„Und wer bist du, es mir zu verbieten?“ fragte Tante Becky. „Nun glätte dein gesträubtes Gefieder und tu, was ich dir gesagt habe – oder geh nach Hause.“

Nan war drauf und dran, letzteres zu tun. Aber Mrs. Alpheus flüsterte aufgeregt auf sie ein: „Geh, Liebling, und tu genau das, was sie sagt – sonst – sonst –"

„Sonst hast du keine Chance, den Krug zu bekommen", kicherte Tante Becky, die mit ihren fünfundachtzig Jahren immer noch das Gras wachsen hörte.

Nan ging, beleidigt und voller Verachtung, entschlossen, daß sie sie sich an jemandem dafür rächen würde, wie diese streitsüchtige alte Despotin sie behandelt hatte. Vielleicht war es in diesem Moment – Gay Penhallow betrat das Zimmer in einem gelben Kleid, das aus Sonnenlicht gewoben zu sein schien –, daß Nan beschloß, sich Noel Gibson zu angeln. Es war unerträglich, daß ausgerechnet Gay Zeugin ihrer mißlichen Lage wurde.

„Mädchen mit grünen Augen machen Ärger", sagte Onkel Pippin.

„Sie ist ein männermordendes Ungeheuer", stimmte Stanton Grundy zu.

Gay Penhallow, ein schmales, blumenhaftes Mädchen, das nur in der Familienbibel Gabrielle Alexandrina hieß, schüttelte Tante Becky die Hand, beugte sich aber nicht hinunter, um ihr einen Kuß zu geben, was Tante Becky erwartet hatte.

„He, he, was ist los?" fragte Tante Becky. „Hat irgendein Junge dich geküßt? Und du möchtest nicht den Geschmack verderben?"

Gay flüchtete in eine Ecke und setzte sich hin. Es stimmte. Aber woher wußte Tante Becky davon? Noel hatte sie am Abend zuvor geküßt – Gays erster Kuß in achtzehn Jahren –, Nan hätte sich darüber totgelacht! Ein flüchtiger Kuß unter einem goldenen Junimond. Gay hatte das Gefühl, daß sie danach nie mehr jemand anderen küssen konnte, erst recht nicht die schreckliche alte Tante Becky. Es wäre ein Sakrileg. Was spielte es schon für eine Rolle, wenn sie den alten Krug nicht bekam? Was spielte eine Rolle auf der Welt, außer daß Noel sie liebte und sie ihn?

Aber außer Gay schien noch etwas anderes ins Zimmer gekommen zu sein – wie eine plötzliche frische Brise an einem schwülen Tag – eine unbestimmbare Süße wie der Duft einer Waldblume – Jugend, Liebe, Hoffnung. Alle waren auf unerklärliche Weise froher gestimmt – nachsichtiger – mutiger. Stanton Grundys hohlwangiges Gesicht sah nicht mehr ganz so grimmig aus, und Onkel Pippin hatte für einen Moment das Gefühl, daß Grundy ja schließlich eine Dark geheiratet hatte und deshalb ein Recht hatte, hier zu sein. Miller Dark dachte, daß er nächste Woche wirklich mit seiner Chronik anfangen würde – Margaret hatte eine Idee für ein neues Gedicht – Penny Dark kam der Gedanke, daß zweiundfünfzig noch kein Alter war – William Y. vergaß, daß er eine kahle Stelle auf dem Kopf hatte – und Curtis Dark, der den Ruf hatte, ein Haustyrann zu sein, dachte, daß der neue Hut seiner Frau ihr stand und er es ihr auf dem Nachhauseweg sagen würde. Sogar Tante Becky wurde etwas menschlicher, und obwohl sie noch mehr Pulver auf der Pfanne hatte und es liebend gern verschossen hätte, verschonte sie die übrigen Gäste mit Beleidigungen und Andeutungen, außer daß sie den alten Vetter Skilly Penhallow fragte, wie es seinem Bruder Angus gehe. Alle Anwesenden lachten, und Vetter Skilly lächelte liebenswürdig. Tante Becky konnte ihn nicht aus der Fassung bringen. Er wußte, daß die ganze Familie seine Versprecher zitierte, und der über seinen Bruder Angus sorgte auch dreißig Jahre nach Angus' Tod noch für Heiterkeit. Der Pfarrer war an jenem windigen Morgen vor langer Zeit vorbeigekommen, nachdem die Märzflut Angus Penhallows Mühlendamm weggeschwemmt hatte. Skilly hatte ihn überschwenglich begrüßt.

„Wir sind heute alle sehr aufgeregt, Mr. MacPherson – entschuldigen Sie bitte."

„Nun, ich denke, jetzt sind alle da", sagte Tante Becky. „Jedenfalls alle, die ich erwartet habe, und einige, die ich nicht erwartet hatte. Ich sehe weder Peter Penhallow noch den Mondmann, aber von den beiden kann man ja auch nicht erwarten, daß sie sich wie normale Menschen benehmen."

„Peter ist hier", sagte seine Schwester Nancy Dark eifrig. „Er ist draußen auf der Veranda. Du weißt, wie sehr er es haßt, in ein Zimmer eingepfercht zu sein. Er ist so gewöhnt an – an –"

„Gottes weite Erde", murmelte Tante Becky ironisch.

„Ja, das ist es, was ich meine – das wollte ich sagen. Peter interessiert sich genauso sehr für dich wie wir anderen, liebe Tante."

„Das glaube ich – wenn das etwas heißen will. Oder für den Krug."

„Nein, Peter liegt gar nichts an dem Krug", sagte Nancy Dark und war dankbar, wieder festen Boden unter den Füßen zu haben.

„Der Mondmann ist auch hier", sagte William Y. „Ich sehe ihn, er sitzt auf den Stufen der Veranda! Er war wochenlang weg und ist heute wieder aufgetaucht. Seltsam, wie er immer Wind von den Dingen bekommt!"

„Er ist gestern abend gekommen. Er hat die ganze Nacht den Mond angeheult", polterte der ertrunkene John. „Er gehört hinter Schloß und Riegel. Es ist eine Schande für die ganze Familie, wie er sich aufführt – läuft ohne Hut und in Lumpen herum, als habe er niemanden, der sich um ihn kümmert. Es ist mir egal, ob er verrückt genug für die Anstalt ist oder nicht. Man muß ihn an die Kandare nehmen."

Das war Tante Beckys Stichwort. „Das gilt für die meisten von euch! Laß Oswald Dark in Ruhe. Er ist die ganze Nacht rundum glücklich, wenn der Mond scheint, und wer von uns kann das von sich behaupten? Wenn wir ein oder zwei Stunden glücklich sind, können wir schon froh sein. Oswald hat es gut getroffen. Ambrosine, hier ist der Schlüssel zu meinem Koffer mit den Messingbeschlägen. Gehen Sie auf den Dachboden, und holen Sie Harriet Darks Krug."

III. Wünsche

Während Ambrosine Winkworth den Krug holen geht und die versammelte Familie in gespanntem Schweigen ausharrt, wollen wir sie uns etwas genauer ansehen, zum Teil mit Tante Beckys Augen und zum Teil mit unseren eigenen, und sie besser kennenlernen, vor allem diejenigen, auf deren Leben der Krug entscheidende Auswirkungen haben würde.

Es waren sehr verschiedene Leute mit Familiengeheimnissen und persönlichen Geheimnissen. Das Leben, das sie nach außen hin führten, war bekannt, aber von ihrem Innenleben wußte niemand etwas – nicht einmal die magere, schlaksige Mercy Penhallow. Ihre Magerkeit und Schlaksigkeit wurde auf ihre unheilbare Neugier zurückgeführt, die ihr Tag und Nacht keine Ruhe ließ. Die meisten von ihnen sahen aus wie die langweiligen, gesitteten Leute, die sie waren, aber einige hatten haarsträubende Abenteuer erlebt. Einige waren schön, andere witzig, wieder andere klug, einige geizig, einige glücklich, andere nicht, einige waren überall beliebt und andere nirgends, einige hatten die Phase des Stillstands erreicht, in der nichts mehr vom Leben zu erwarten war, und andere waren immer noch abenteuerlustig und erwartungsvoll und hegten geheime Wünsche.

Margaret Penhallow zum Beispiel – die verträumte, poetische Margaret Penhallow, die Schneiderin der Familie, die bei ihrem Bruder Denzil Penhallow in Bay Silver wohnte. Immer überarbeitet, zurückgewiesen und bevormundet. Sie verbrachte ihr Leben damit, schöne Kleider für andere zu nähen, und hatte selbst nie welche. Aber sie war stolz wie eine Künstlerin auf ihre Arbeit, und etwas in ihrer ausgehungerten Seele blühte auf, wenn ein hübsches Mädchen in einem Kleid, das sie gemacht hatte, in die Kirche schwebte. Sie hatte daran mitgewirkt, diese Schönheit zu erschaffen. Diese schlanke Erscheinung verdankte einen Teil ihres Liebreizes ihr, „der alten Margaret Penhallow“.

Margaret liebte die Schönheit – doch in ihrem eigenen Leben gab es nur so wenig davon. An ihr selbst war nichts schön, bis auf die übergroßen, seltsam funkelnden Augen, und die schmalen Hände – die herrlichen Hände eines alten Porträts. Und dennoch hatte sie etwas Anziehendes an sich, das ihre Jugend überdauert hatte. Stanton Grundy sah sie an und dachte, daß sie damenhafter sei als alle anderen Frauen ihres Alters, die sich im Zimmer befanden, und daß er, wenn er auf der Suche nach einer zweiten Frau wäre – was er Gott sei Dank nicht war –, Margaret erwählen würde. Margaret wäre etwas geschmeichelt gewesen, wenn sie gewußt hätte, was er dachte. Margaret wäre lieber tausend

Tode gestorben, als zuzugeben, daß sie gern heiraten wollte. Wer verheiratet war, war jemand. Wer es nicht war, war niemand. Bei den Darks und Penhallows jedenfalls.

Sie wünschte sich ein gemütliches kleines Zuhause für sich selbst, und sie wollte ein kleines Kind adoptieren. Sie wußte genau, was für ein Kind sie wollte – ein Baby mit goldenem Haar und großen blauen Augen, Grübchen und niedlichen Knien. Und kleine verschlafene Küsse. Margaret schmolz bei dem Gedanken. Margaret hatte sich nie etwas aus dem Haufen junger Teufel gemacht, die Denzil seine Familie nannte. Es waren freche, häßliche Bengel, die sich über sie lustig machten. Ihre ganze Liebe galt dem Kind und dem kleinen Haus aus ihrer Phantasie. Das Haus war, anders als das Kind, kein reines Traumgebilde – es existierte wirklich, aber sie hegte keine Hoffnung, es je zu besitzen, wohingegen sie, wenn sie heiratete, vielleicht ein Baby adoptieren könnte.

Auch Margaret wünschte sich den Krug der Darks. Sie wollte ihn wegen der fernen, unbekannten Harriet Dark, der gegenüber sie immer ein seltsames Gefühl gehabt hatte – eine Mischung aus Mitleid und Neid. Harriet Dark war geliebt worden; der Krug war der sichtbare, handfeste Beweis dafür, und hatte die Liebe um hundert Jahre überdauert. Und was machte es schon, daß ihr Geliebter ertrunken war! Wenigstens hatte sie einen Geliebten gehabt.

Außerdem würde ihr der Krug eine gewisse Wichtigkeit verleihen. Niemand hatte sie je wichtig genommen. Sie war nur „die alte Margaret Penhallow“, die fünfzig öde, einsame Jahre hinter sich hatte – und ein ödes, einsames Alter vor sich. Und warum sollte sie den Krug nicht bekommen? Sie war eine leibliche Nichte. Natürlich mochte Tante Becky sie nicht, aber wen mochte Tante Becky schon? Margaret fand, daß sie den Krug bekommen sollte – bekommen mußte. Im Augenblick haßte sie jeden anderen Anwärter im Raum. Sie wußte: Wenn sie den Krug hätte, könnte sie Mrs. Denzil dazu bringen, ihr ein eigenes Zimmer zuzugestehen – als Gegenleistung dafür, daß sie sie den Krug auf das Kaminsims im Salon stellen ließ! Ein eigenes Zimmer! Es klang himmlisch. Sie wußte, daß sie weder ihr kleines Traumhaus noch ihr blauäugiges goldhaariges Baby jemals bekommen würde, aber ein eigenes Zimmer war sicher möglich – ein Zimmer, das Gladys Penhallow und ihre kreischenden Freundinnen nie betreten würden – Mädchen, die fanden, daß es sich erst lohnte, einen Verehrer zu haben, wenn man der ganzen Welt alles über ihn erzählen konnte, was er tat und sagte – Mädchen, in deren Gegenwart sie sich alt und albern und spießig vorkam. Margaret seufzte und betrachtete den großen Strauß malvenfarbener und gelber Iris, den Mrs. William Y. mitgebracht hatte, obwohl Tante Becky sich nichts aus Blumen machte. Aber Margaret hatte einen Blick für ihre zarte, exotische Schönheit. Wenn sie sie ansah, war sie glücklich. Im Garten „ihres“ Hauses wuchs ein Büschel vernachlässigter Iris.

IV. Gay

Gay Penhallow saß neben Margaret und dachte gar nicht an den Krug. Sie wollte den Krug nicht, auch wenn ihre Mutter verrückt danach war.

Der Frühling rauschte in ihrem Blut, und sie war in herrliche Erinnerungen an Noels Kuß versunken – und in ebenso herrliche Vorfreude auf Noels Brief, den sie unterwegs vom Postamt abgeholt hatte. Sie hörte ihn in seinem Versteck knistern und verspürte die gleiche kribbelnde Freude wie in dem Augenblick, in dem die alte Mrs. Conroy ihn ihr überreicht hatte – seinen wunderbaren Brief, der profan zwischen einem Katalog und dem Werbeprospekt eines Hutmachers geklemmt hatte! Sie hatte sich nicht träumen lassen, daß sie einen Brief bekommen würde, denn sie hatte Noel erst am Abend zuvor gesehen – und einen Kuß bekommen. Jetzt steckte sie den Umschlag in ihren Ausschnitt und wünschte sich nichts weiter, als daß dieser alberne Empfang vorbeiging, damit sie allein sein und Noels Brief lesen konnte. Wie spät war es? Gay sah Tante Beckys feierliche alte Standuhr an, die für vier vergessene Generationen getickt hatte und es unermüdlich auch für die fünfte tat. Drei Uhr! Um halb vier mußte sie an Noel denken. Sie hatten vereinbart, jeden Nachmittag um halb vier aneinander zu denken. So eine herrliche, alberne Abmachung – denn dachte sie nicht sowieso die ganze Zeit an Noel? Und nun mußte sie an diesen Kuß denken, den ihr wahrscheinlich jeder von den Lippen ablesen konnte. Sie hatte die ganze Nacht daran gedacht, und es war die erste Nacht in ihrem Leben gewesen, in der sie vor Freude nicht schlafen konnte. Oh, sie war so glücklich! So glücklich, daß sie jedem freundlich gesonnen war, sogar den Leuten, die sie nie gemocht hatte. Der wichtigtuerische alte William Y., der so eine hohe Meinung von sich selbst hatte – die dürre, neugierige, klatschsüchtige Mercy Penhallow – die übermäßig tragische Virginia Powell mit ihrem ermüdenden Getue – der ertrunkene John, der zwei Ehefrauen zu Tode gebrüllt hatte – Stanton Grundy, der die arme Cousine Robina kremiert hatte und immer aussah, als amüsiere er sich insgeheim. Leute, die sich über jeden lustig machten, waren unsympathisch. Der modisch gekleidete Penny Dark, der sich witzig vorkam, wenn er Eier Gackerbeeren nannte – Onkel Pippin, der immer auf etwas herumkaute – und vor allem, die arme, jämmerliche Tante Becky selbst. Tante Becky würde bald sterben, und niemandem tat es leid. Gay tat es so leid, daß es ihr nicht leidtat, daß ihr die Tränen kamen. Aber Tante Becky war einst geliebt worden – umworben – geküßt – so lächerlich und unglaublich es jetzt auch schien. Gay sah die einsame alte Frau, die einmal jung und schön und die Mutter kleiner Kinder gewesen war, neugierig an. Konnte dieses faltige alte Gesicht jemals ausgesehen haben wie eine Blume? Würde sie, Gay, jemals so aussehen? Nein, natürlich nicht. Niemand, den Noel liebte, würde jemals alt und häßlich werden.

Sie sah sich selbst in dem ovalen Spiegel, der an der Wand über Stanton Grundys Kopf hing, und war nicht unzufrieden mit ihrem Anblick. Sie hatte die Farben einer Teerose, goldbraunes Haar und Augen, die dazu paßten – Augen, die aussahen wie braune, golden gesprenkelte Ringelblumen. Lange schwarze Wimpern und Augenbrauen, so fein und dunkel, als seien sie mit einem Kohlestift gezeichnet worden. Und hier und da war ein bezaubernder kleiner Fleck auf ihrer Haut, wie ein kleiner Tupfen Gold – die einzigen überlebenden Sommersprossen, unter denen sie als Kind so gelitten hatte. Sie wußte genau, daß sie als die Schönheit der Familie galt. „Das hübscheste Mädchen, das je durch den Gang der Kirche von Rose River geschritten ist“, sagte Onkel Pippin. Und sie sah immer ein wenig verängstigt aus, so daß Männer sie sofort beschützen wollten. Sie hatte mehr Verehrer, als man zählen könnte. Aber sie hatte sich immer nur für Noel interessiert. All ihre Gedanken führten heute abend zu Noel. Viertel nach drei. Nur noch fünfzehn Minuten, und sie konnte sicher sein, daß Noel an sie dachte.

Ein oder zwei kleine Wolken trübten Gays Himmel. Zum einen wußte sie, daß alle Penhallows nicht viel von Noel Gibson hielten. Die Darks waren toleranter – schließlich war Noels Mutter eine Dark gewesen, wenn auch eine etwas kränkliche. Die Gibsons standen ein oder zwei Stufen unter den Penhallows. Gay wußte sehr gut, was ihre Familie wollte – daß sie Dr. Roger Penhallow heiratete. Sie schaute ihn mit nachsichtiger Belustigung an. Der gute alte Roger mit seinem ungebändigten roten Haarschopf, den sanften glänzenden Augen unter dichten geraden Brauen und dem breiten Mund – er war höchstens dreißig. Sie hatte Roger furchtbar gern. Er hatte etwas Gütiges an sich. Sie vergaß nie, was er auf ihrem ersten Ball für sie getan hatte. Sie war so schüchtern und unbeholfen und unscheinbar gewesen – oder hatte das jedenfalls geglaubt. Niemand hatte sie zum Tanzen aufgefordert, bis Roger kam. Er hatte sie im Triumph auf die Tanzfläche geführt und ihr so viele Komplimente gemacht, daß sie aufblühte und Selbstvertrauen gewann. Die Jungen wachten auf – und der gutaussehende Noel Gibson überschüttete sie mit Aufmerksamkeit. Oh, sie hatte Roger sehr gern – und sie war stolz auf ihn. Ein Cousin vierten Grades, der sich in dem Krieg ausgezeichnet hatte, an den Gay sich nur dunkel erinnerte. Fünfzig feindliche Flugzeuge hatte er abgeschossen. Aber als Ehemann? Bei der Vorstellung mußte Gay lachen. Außerdem – warum sollte er sie heiraten wollen? Er hatte nie etwas davon gesagt. Es war nur eine dieser seltsamen Ideen, die manchmal die Runde in der Familie machten – und sie hatten die Angewohnheit, sich zu bewahrheiten. Gay hoffte, daß es diesmal nicht der Fall sein würde. Sie wollte Roger nicht wehtun. Sie war so glücklich, daß sie die Vorstellung nicht ertragen konnte, jemandem wehzutun.

Das zweite Haar in der Suppe war Nan Penhallow. Gay hatte Nan Penhallow nie besonders gemocht, auch wenn sie schon seit ihrer Kindheit ein kameradschaftliches Verhältnis hatten. Nan und ihre Eltern hatten die Sommerferien auf der Insel verbracht. Gay vergaß nie den Tag, an dem sie und Nan sich zum erstenmal gesehen hatten. Sie waren beide zehn Jahre alt, und Nan, die schon „damals" als Schönheit gegolten hatte, hatte Gay zu einem Spiegel gezerrt und gnadenlos alle Gegensätze aufgezählt. Gay hatte sich bis dahin nie Gedanken über ihr Aussehen gemacht, aber jetzt erkannte sie bestürzt, daß sie häßlich war. Dünn und sonnenverbrannt und mit blassen Sommersprossen in rauhen Mengen – das Haar von der Sonne in Rose River viel zu hell gebleicht – komische schwarze Augenbrauen, die aussahen, als seien sie nur aufgemalt – wie sich Nan immer über diese Augenbrauen lustigmachte! Gay war jahrelang unglücklich gewesen, weil sie an ihre Unscheinbarkeit geglaubt hatte. Es hatte viele Komplimente gebraucht, um sie zu überzeugen, daß sie schön geworden war. Ihre Sympathie für Nan wuchs im Laufe der Jahre nicht. Nan mit ihrem geheimnisvollen Gesicht, ihrem aschblonden Haar, ihren seltsamen glänzenden Smaragdaugen und den schmalen roten Lippen war eigentlich nicht halb so hübsch wie Gay, aber sie hatte einen sonderbaren exotischen Charme, den man in Rose River nicht kannte. Wie herablassend sie Gay behandelte – „Du ulkiges Kind!" – „So viktorianisch!"

Gay wollte nicht ulkig und viktorianisch sein. Sie wollte elegant und modern sein wie Nan. Sie wollte nicht rauchen, denn das erinnerte sie an die schreckliche alte Mrs. Fidele Blacquiere unten am Hafen und die alte schnurrbärtige Highland-Janet in Three Hills, die große schwarze Pfeifen rauchten wie Männer. Und dann – Noel mochte keine Mädchen, die rauchten. Er hielt gar nichts von ihnen. Dennoch war Gay tief in ihrem Herzen froh, daß der Besuch der Alpheus Penhallows in Rose River in diesem Sommer nur ein kurzer sein würde. Mrs. Alpheus wollte an einen interessanteren Ort.

V. Hugh und Joscelyn

Hugh Dark und Joscelyn Dark (geborene Penhallow) saßen einander gegenüber, schauten sich nicht an und sahen und dachten doch nur aneinander. Und alle anderen starrten auf Joscelyn und fragten sich, wie sie es schon seit zehn Jahren taten, welches schreckliche Geheimnis sich hinter ihren verschlossenen Lippen verbarg.

Hughs und Joscelyns Geschichte war das Geheimnis und die Tragödie der Familie – ein Rätsel, das keiner je gelöst hatte, auch wenn es an Versuchen nicht gemangelt hatte. Zehn Jahre zuvor hatten Hugh Dark und Joscelyn geheiratet, nach einer offenbar ehrenwerten und recht langen Brautwerbung. Joscelyn war nicht leicht zu bekommen gewesen. Alle waren mit der Heirat einverstanden, bis auf Pauline Dark, die in Hugh vernarrt war, und Mrs. Conrad Dark, seine Mutter. Hughs Mutter hatte den Zweig der Penhallows, aus dem Joscelyn stammte, nie gemocht.

Es war eine fröhliche, altmodische Hochzeitsfeier gewesen, nach bester Tradition der Penhallows. Alle Verwandten bis zum vierten Grad waren da, und alle waren sich darin einig gewesen, daß sie noch nie eine schönere Braut oder einen glücklicheren Bräutigam gesehen hatten. Als die Feier vorbei war, waren Hugh und seine Braut nach Treewoofe gefahren, nach Hause auf den Hof, den er in Three Hills gekauft hatte. Was war geschehen zwischen dem Augenblick, in dem Joscelyn, immer noch in Schleier und Satin, in der milden Kühle der mondhellen Septembernacht – Hugh hatte die romantische Idee gehabt, eine Braut mit Schleier und Kleid über die Schwelle seines neuen Hauses zu führen – das Haus ihrer verwitweten Mutter in Bay Silver verlassen hatte, und dem Moment, in dem sie – drei Stunden später, immer noch in ihrem zerknautschten Brautkleid – zu Fuß zurückgekommen war? Trotz aller Schnüffelei erfuhr es nie jemand.

Joscelyn sagte nur – auch zu ihren entgeisterten Verwandten –, daß sie nicht mit Hugh Dark zusammenleben könne. Hugh wiederum sagte gar nichts, und nur sehr wenige Leute wagten, ihn zu fragen.

Da die Wahrheit nicht ans Licht kam, machten Spekulationen und Klatschgeschichten die Runde. Alle möglichen Erklärungen wurden gezimmert, die meisten waren nur lächerlich. Eine lautete, daß Hugh seiner Braut kurz nach der Ankunft auf Treewoofe verkündet hatte, er sei der Herr im Haus. Daß sie sich an bestimmte Regeln halten müsse. Er würde sich nicht von einer Frau herumkommandieren lassen. Es hieß sogar, Hugh habe von Joscelyn verlangt, daß sie auf allen vieren durch das Zimmer lief, nur um ihr klarzumachen, daß er das Sagen hatte. Kein Mädchen mit etwas Selbstachtung, schon gar nicht Clifford Penhallows Tochter, würde sich so etwas gefallen lassen. Joscelyn habe ihm den Ehering vor die Füße geworfen und sei aus dem Haus gestürmt.

Andere behaupteten, Joscelyn habe Hugh verlassen, weil er eine ihr verhaßte Katze nicht weggeben wollte. „Und nun“, sagte Onkel Pippin bekümmert, „ist die Katze tot.“

Wieder andere meinten, die beiden hätten sich gestritten, weil Joscelyn seine Grammatikfehler korrigiert hatte.

Einige glaubten, sie habe herausgefunden, daß er nicht gläubig sei. „Sein Großvater liest doch all diese furchtbaren Bücher von Ingersoll[1]. Und Hugh hat sie auch alle im Regal.“

Oder vielleicht hatte sie ihm widersprochen? „Sein Vater war ja auch so – er konnte nicht den leisesten Widerspruch ertragen. Wenn er sagte ‚Es wird morgen regnen‘, geriet er schon in Wut, wenn jemand sagte, das Wetter würde schön werden.“

Eine Version lautete, daß Hugh Joscelyn gesagt habe, sie sei zu stolz, und er würde das nicht länger hinnehmen. Er habe drei Jahre nach ihrer Pfeife getanzt, aber jetzt würde ein anderer Wind wehen. Natürlich war Joscelyn stolz, ihre Familie wußte das. Keine Frau konnte eine so wunderbare Krone aus rotgoldenem Haar ohne Stolz tragen. Aber war das ein Grund für einen Bräutigam, die Tür seines Hauses sperrangelweit zu öffnen und seiner Braut höflich zu sagen, daß sie gehen und ihr hochnäsiges Getue mitnehmen sollte?

Die Darks glaubten keine dieser verrückten Geschichten. Es war nicht Hughs Schuld. Joscelyn hatte wohl gebeichtet, daß sie Kleptomanin war. Das lag bei ihr in der Familie – eine Cousine vierten Grades ihrer Mutter war dafür berüchtigt gewesen. Hugh mußte an das Wohl künftiger Generationen denken, die noch gar nicht geboren waren. Was hätte er tun sollen?

Es gab auch noch dunklere Andeutungen.

All diese Geschichten sprachen sich herum und wurden belacht, aber nur wenige glaubten, daß sie auch nur ein Körnchen Wahrheit enthielten. Die meisten waren sicher, daß Joscelyn ein viel schlimmeres Geheimnis hütetet als einen kindischen Streit über Katzen oder Grammatik. Sie hatte zweifellos etwas herausgefunden. Aber was?

Sie hatte einen Liebesbrief gefunden, den eine andere Frau ihm geschrieben hatte, und war rasend eifersüchtig geworden. Schließlich war Joscelyns Urgroßmutter eine Spanierin aus Westindien gewesen. Spanisches Blut, das kannte man ja! Diese spanische Urgroßmutter mußte als Begründung für alle Eskapaden der Penhallow-Linie herhalten, aus der Joscelyn stammte. Kapitän

1 Robert Green Ingersoll (1833 – 1899), amerikanischer Anwalt, Politiker und bekannter Agnostiker.

Alec Penhallow hatte sie geheiratet. Sie hatte zum Glück nur einen Sohn hinterlassen, aber dieser Sohn hatte acht Kinder gehabt, und alle waren schwierig. So extrem in allem. Was auch immer sie waren, sie waren es zehnmal mehr als jeder andere.

Nein, es mußte etwas Schlimmeres sein als ein Brief. Joscelyn hatte entdeckt, daß Hugh schon verheiratet war. Diese Jahre im Westen, über die er nie viel gesprochen hatte – aber letzten Endes hatte er doch gestanden.

Nichts dergleichen! Aber dieses Kind dort unten am Hafen. Sicher war ein Dark sein Vater – vielleicht war es Hugh?

Natürlich war es ein schrecklicher Skandal und eine Sensation. Es brachte die Familie beinahe um. Es hieß seit jeher, daß in Bay Silver nie etwas passierte. In Rose River hatte es ein Feuer gegeben, in Three Hills war ein Brautpaar durchgebrannt, und in Indian Springs war vor Jahren sogar jemand ermordet worden. Aber in Bay Silver geschah nie etwas – und nun so etwas!

Daß Joscelyn sich so aufführen konnte! Wenn es wenigstens ihre spatzenhirnige Schwester Milly gewesen wäre! Man rechnete immer damit, daß Milly Dummheiten machen würde, und war daher auch bereit, ihr zu verzeihen. Aber niemand hatte je erwartet, daß Joscelyn etwas Verrücktes tun würde, und sie verziehen ihr nicht, daß sie sie so überrascht hatte. Nicht, daß es Joscelyn kümmerte, ob man ihr verzieh oder nicht. Nichts konnte sie zur Umkehr bewegen.

„Ihr Vater war auch so“, schluchzte Mrs. Clifford Penhallow. „Er war bekannt dafür, nie seine Meinung zu ändern.“

„Joscelyn hat ihre Meinung offenbar geändert, nachdem sie an jenem Abend nach Treewoofe kam“, erwiderte jemand. „Was ist passiert, Cynthia? Du als ihre Mutter solltest es doch wissen.“

„Wie denn, wenn sie es mir nicht erzählt?“ jammerte Mrs. Clifford. „Ihr habt ja alle keine Ahnung, wie eigensinnig Joscelyn ist. Sie sagt einfach, sie würde nie wieder zu Hugh zurückkehren, und mehr bekommt man nicht aus ihr heraus. Sie will nicht einmal ihren Ehering tragen.“ Das war für Mrs. Clifford das schlimmste von allem. „Ich kenne niemanden, der so unglaublich verbohrt ist.“

„Und wie in aller Welt sollen wir sie nennen?“ klagte die Familie. „Sie ist Mrs. Dark, es ist nicht zu ändern!“

Es war nicht zu ändern auf Prince Edward Island, wo es in sechzig Jahren nur eine Scheidung gegeben hatte. Niemand dachte an eine Scheidung von Hugh und Joscelyn. Sämtliche Darks und Penhallows wären an der Schande gestorben.

Im Laufe von zehn Jahren hatten sich die Wogen natürlich geglättet, auch wenn einige Leute sich weiterhin fragten, ob die Ehefrau aus dem Westen je auftauchen würde. Der Stand der Dinge wurde als dauerhaft und unveränderlich hingenommen. Die Leute dachten kaum noch daran – oder nur noch, wenn sie, was selten vorkam, Hugh und Joscelyn gemeinsam in einem Zimmer sahen. Dann begann das fruchtlose Grübeln von neuem.

Hugh sah mit seinen fünfunddreißig Jahren sehr gut aus – viel besser als mit fünfundzwanzig; damals war er recht schlaksig und schmächtig gewesen. Heute gab er einem das Gefühl, daß er alles konnte – er strahlte Ruhe und Macht aus. Er lebte immer noch auf Treewoofe, eine alte Tante führte ihm den Haushalt, und in landwirtschaftlichen Kreisen galt er als vielversprechender Mann. Es wurde getuschelt, daß die Konservativen ihn bei der nächsten Wahl für das Province House[2] aufstellen wollten. Aber seine Augen mit dem verbitterten, wütenden Blick waren die eines Mannes, der gescheitert war, und seit jener geheimnisumwitterten Nacht hatte ihn niemand mehr lachen hören.

Er war einen Moment in der Tür stehengeblieben und hatte Joscelyn einen sehnsüchtigen Blick zugeworfen. Er hatte sie lange nicht gesehen. Ihre Schönheit war in den tragischen Jahren nicht verwelkt. Ihr Haar war so prächtig wie eh und je. Es fiel ihr glänzend über die Schultern und widersetzte sich der Mode der Bubiköpfe. Die Zeit der Rosen war vorbei – ihre Wangen waren blaß. Aber die Kehle, die er einst so zärtlich und leidenschaftlich geküßt hatte, war so elfenbeinhaft wie früher. Ihre Augen, deren Farbe je nach Stimmung von blau zu grün wechselte, funkelten so lebendig und trotzig wie an jenem Abend vor zehn Jahren. Hugh ballte die Fäuste und kniff den Mund zusammen. Der magere Fuchs Stanton Grundy beobachtete ihn – alle beobachteten ihn ständig. Den Bräutigam, der kurz nach der Hochzeit verlassen worden war. Dem die Braut vor Entsetzen oder aus Trotz weggelaufen war, geflohen über drei Meilen in Dunkelheit und Einsamkeit! Nun, sollten sie ihn doch anstarren und rätseln! Nur er und Joscelyn kannten die Wahrheit – die tragische, absurde Wahrheit, die sie auseinandergebracht hatte.

Joscelyn hatte Hugh gesehen, als er eintrat. Er sah älter aus, die unbezähmbare dunkle Locke schaute aus seinem Haarschopf hervor wie immer. Joscelyn wäre gern zu ihm gegangen, um sie zu glätten. Kate Muir saß neben ihm und machte ihm schöne Augen. Joscelyn hatte Kate Muir, geb. Kate Dark, immer verabscheut und verachtet. Das häßliche schwarzhaarige kleine Mädchen war jetzt eine häßliche schwarzhaarige kleine Witwe, die mehr Geld hatte, als sie ausgeben konnte. Das war ihr gutes Recht, dachte Joscelyn angewidert, sie hatte ja des Geldes wegen geheiratet. Aber war das eine Entschuldigung dafür, daß sie so dicht neben Hugh saß und ihn anhimmelte? Sie wußte, daß Kate einmal gesagt hatte: „Ich habe Hugh immer gesagt, daß sie nicht die richtige Frau für ihn ist.“ Joscelyn schauderte ein wenig und faltete ihre schmalen Hände, die keinen Ehering trugen, etwas fester auf ihren Knien. Sie hatte nie bedauert, was sie vor zehn Jahren getan hatte. Sie bereute es auch jetzt nicht. Sie hätte

2 Province House: Parlament der kanadischen Provinz Prince Edward Island.

nichts anderes tun können, nicht sie, Joscelyn Penhallow, die spanisches Blut in den Adern hatte! Aber sie hatte sich immer ein wenig außen vor gefühlt, und dieses Gefühl war im Laufe der Jahre stärker geworden. Sie schien keinen Anteil an dem Leben zu haben, das um sie herum seinen Gang ging. Sie lernte zu lächeln wie eine Königin – mit den Lippen, aber nicht mit den Augen.

Sie sah ihr Gesicht im Spiegel neben Gay Penhallow und fand plötzlich, daß sie alt aussah. Gay trug ihre Jugend wie eine goldene Rose und wirkte strahlend glücklich, als leuchte in ihrem inneren eine Flamme. Joscelyn empfand einen sonderbaren Stich von Neid. Sie hatte in diesen zehn Jahren nie jemanden beneidet – eine Mischung aus Leidenschaft und Entsagung hatte ihr Flügel verliehen. Aber jetzt empfand sie ganz plötzlich eine sonderbare Flachheit und Leere, als würden ihre Flügel sie nicht mehr tragen. Ein kalter Schauer überlief sie. Sie hätte nicht zu diesem albernen Empfang kommen sollen. Ihr lag nichts an dem alten Krug der Darks, auch wenn ihre Mutter und Tante Rachel ihn beide haben wollten. Sie wäre nicht gekommen, wenn sie gewußt hätte, daß Hugh dasein würde. Wer hätte ihn erwartet? Er wollte den Krug doch bestimmt nicht. Sie hätte ihn verachtet, wenn sie geglaubt hätte, daß er den Krug wollte. Wahrscheinlich hatte er nur seine Mutter und seine Schwester hergefahren. Beide sahen sie finster an. Ihre Schwägerinnen, Mrs. Penny Dark und Mrs. Palmer Dark, taten so, als würden sie sie nicht sehen. Sie wußte, daß alle sie haßten. Nun, es machte nichts. Konnte man es ihnen übelnehmen, wenn man bedachte, wie sehr sie das Haus Dark beleidigt hatte? Nein, es spielte keine Rolle – Joscelyn fragte sich, ob überhaupt irgend etwas eine Rolle spielte.

Sie sah Lawson Dark an. Er trug das Victoria-Kreuz, das er als Auszeichnung in Amiens bekommen hatte, an der Brust und saß in seinem Rollstuhl hinter Stanton Grundy – er war seit zehn Jahren wegen eines Schützengrabenschocks gelähmt. Neben ihm saß Naomi mit ihrem geduldigen, zerfurchten Gesicht und den dunklen, tiefliegenden Augen, in denen immer noch das Feuer der Hoffnung brannte, das sie am Leben hielt. Joscelyn ertappte sich dabei, daß sich in ihrem Herzen ein sonderbarer Neid auf Naomi Dark regte. Warum sollte sie Naomi Dark beneiden, deren Mann sie nicht erkannte? Seit er aus dem Krieg heimgekehrt war, erkannte er sie nicht mehr. Er war geistig in jeder anderen Hinsicht normal geblieben, aber er hatte die Braut vergessen, die er nur ein paar Wochen vor dem Marschbefehl kennengelernt und geheiratet hatte. Sie wußte, was Naomi am Leben hielt – der Glaube, daß Lawson sich eines Tages an sie erinnern würde. Bis dahin kümmerte sie sich um ihn und vergötterte ihn. Lawson schätzte sie als Krankenschwester, aber die Erinnerung an seine plötzliche Verliebtheit und die kurzen Flitterwochen kam nicht wieder. Und trotzdem beneidete Joscelyn Naomi, denn die hatte etwas gehabt. Ihr Leben war kein leerer Kelch gewesen, und sei das Gebräu darin auch noch so bitter. Sogar Mrs. Foster Dark hatte einen Lebenszweck. Happy Dark war vor Jahren von zu Hause weggelaufen und hatte eine Nachricht hinterlassen: „Ich werde irgendwann zurückkommen, Mutter.“ Mrs. Foster schloß nie die Tür ab, falls Happy kam, und es war bekannt, daß sie immer Abendessen für ihn hinstellte. Niemand sonst glaubte, daß Happy jemals zurückkommen würde – der junge Nichtsnutz war zweifellos schon seit Jahren tot, und niemand außer seiner Mutter vermißte ihn! Aber die Hoffnung hielt Mrs. Foster am Leben, und Joscelyn beneidete sie!

Sie sah, wie Murray Dark Thora Dark mit den Augen verschlang und zufrieden, wenn sie seinen Blick nur einmal erwiderte – es bedeutete ihm mehr als ein Kuß von irgendeiner anderen Frau. Kein Wunder, daß er Thora liebte. Sie war eine der Frauen, die jeder Mann lieben mußte – bis auf Chris Dark, dessen Liebe sechs Wochen nach der Hochzeit erloschen war. Aber andere Frauen hatten nichts gegen Thora. Sobald sie einen Raum betrat, fühlten sich die Leute glücklicher. Sie machte das Leben heller, wie eine freundlich leuchtende Kerze. Ihr Gesicht war anziehend, ohne im geringsten schön zu sein. Ein fesselndes breites Gesicht mit weit auseinanderstehenden, mandelförmigen blauen Augen und einem liebenswerten schiefen Mund. Sie war gut angezogen. Ihr kastanienbraunes Haar war in der Mitte gescheitelt und auf dem Hinterkopf zu einem Knoten gesteckt. Sie trug Perlenohrringe. Sie wäre die richtige Frau für Murray, wenn dieser widerliche Chris nur so entgegenkommend sein würde, zu sterben. Im letzten Winter hatte er eine beidseitige Lungenentzündung gehabt, und alle waren sicher gewesen, daß er sterben würde. Aber er war nicht gestorben – zweifellos verdankte er sein Leben Thoras treuer Pflege. Und Matthew Penhallow in Three Hills, den alle liebten und dessen Familie ihn brauchte, war an seiner Lungenentzündung gestorben. Ein weiterer Beweis für die Ungerechtigkeit des Lebens.

Pauline Dark war nicht da. War sie immer noch in Hugh verliebt? Sie hatte nie geheiratet. Was für eine verworrene Geschichte das Leben war! Und hier saßen sie alle in Reih und Glied und warteten darauf, daß Ambrosine Winkworth den Krug nach unten brachte, für den sie alle bereit waren, einander in Stücke zu reißen. Wirklich eine verrückte Welt! Joscelyn fehlte der Sinn für Humor, der dafür sorgte, daß Tempest Dark sich hinter köstlich amüsierte. Tempest hatte beschlossen, sich noch in derselben Nacht zu erschießen. Er hätte es beinahe schon am Abend zuvor getan, sich dann aber gedacht, daß nach dem Empfang noch Zeit genug dafür sei. Er wollte aus reiner Neugier erfahren, wer den alten Krug der Darks bekam. Winnifred hatte den Krug gemocht. Er wußte, daß er selbst keine Chance hatte, ihn zu bekommen, denn Tante Becky hatte kein Verständnis für Bankrotteure. Er war pleite, und seine geliebte Frau war vor ein paar Wochen gestorben. Er sah keinen Sinn mehr im Leben. Aber in diesem Augenblick amüsierte er sich blendend.

VI. Der ertrunkene John

Donna Dark und Virginia Powell saßen wie immer nebeneinander. Sie waren Cousinen ersten Grades, die am gleichen Tag zur Welt gekommen waren und am gleichen Tag geheiratet hatten – Donna ihren Cousin zweiten Grades, Barry Dark, und Virginia Edmond Powell. Zwei Wochen später waren die Ehemänner nach Valcartier aufgebrochen. Edmond Powell war beim Militär an Lungenentzündung gestorben, aber Barry Dark war irgendwo in Frankreich als Held gefallen. Virginia und Donna waren „Kriegerwitwen“ und hatten einander versprochen, für immer Witwen zu bleiben. Es war Virginias Idee gewesen, aber Donna hatte bereitwillig zugestimmt. Sie wußte, daß sie nie wieder einen Mann lieben würde. Sie hatte nie gesagt, daß ihr Herz an einem besonderen Ort begraben liege – dieser berühmte Ausspruch stammte von Virginia –, aber sie empfand es so. Seit zehn Jahren trugen sie ihre Witwentracht, auch wenn sie Virginia viel besser stand als Donna.

Die meisten Verwandten fanden, daß die ätherische Schönheit Virginia mit ihrem blaßgoldenen Haar und übergroßen Vergißmeinnichtaugen die hübschere der beiden Getreuen war. Donna war dunkel wie ihr Name – ein schmales Geschöpf mit elfenbeinweißer Haut und tiefschwarzem Haar, das sie immer straff aus der Stirn gekämmt trug, wie es nur wirklich schöne Frauen tun sollten – oder Frauen, denen es egal ist, wie sie aussehen. Donna war es egal – oder jedenfalls dachte sie das –, aber sie war mit einem spitzen Haaransatz gesegnet, der ihre Rettung war. Das Beste an ihr waren ihre Augen, die funkelten wie Saphire, und die Grübchen an den Mundwinkeln. Sie hatte sich kürzlich die Haare abschneiden lassen, obwohl ihr Vater ein Riesengeschrei angestimmt hatte und Virginia entsetzt war.

„Meinst du, es hätte Barry gefallen, meine Liebe?“

„Warum nicht?“ sagte Donna rebellisch. „Barry hätte keine spießige Frau gewollt. Er ist immer mit der Zeit gegangen.“

Virginia seufzte und schüttelte den Kopf. Sie würde sich nie die Haare abschneiden lassen – nie. Die Haare, die Edmond gestreichelt und bewundert hatte. „Er hat immer sein Gesicht darin vergraben und gesagt, es sei wie duftender Sonnenschein“, klagte sie milde.

Donna war nach Barrys Tod wieder zu ihrem Vater gezogen – zu dem ertrunkenen John Penhallow, der so genannt wurde, um ihn von einem anderen John Penhallow zu unterscheiden, der nicht ertrunken war – und zu ihrer älteren Halbschwester Thekla. Sie hatte vorgehabt, von zu Hause wegzugehen und

Krankenschwester zu werden, aber der ertrunkene John hatte dem einen Riegel vorgeschoben. Donna hatte nachgegeben – man ersparte sich viel Ärger mit dem ertrunkenen John, wenn man gleich nachgab. Er brüllte die Leute einfach nieder und war in der Familie für seine Wutanfälle berüchtigt. Wenn man ihm deshalb Vorwürfe machte, sagte er: „Wenn ich nicht dann und wann einen Koller bekäme, wäre das Leben hier so langweilig, daß meine Frauenzimmer sich aufhängen würden."

Der ertrunkene John war zweimal verwitwet. Mit seiner ersten Frau, Jennie Penhallow, hatte er vom Tag der Hochzeit an gestritten. Als ihr erstes Kind seine Ankunft anmeldete, hatten sie darüber gestritten, welches College ihr Sohn besuchen würde. Als das Baby sich als Thekla entpuppte, war – zumindest für den ertrunkenen John – keine Rede mehr vom College. Aber der Streit ging weiter und nahm solche Ausmaße an, daß die Familie eine Trennung vorschlug – natürlich keine Scheidung. Der Gedanke kam ihnen nie. Aber der ertrunkene John sah keinen Sinn darin. Dann hätte er eine Haushälterin gebraucht.

„Ich kann mich genausogut mit Jennie streiten wie mit einer anderen Frau", sagte er.

Als Jennie gestorben war – „an reiner Erschöpfung", wie die Familie sagte –, heiratete der ertrunkene John Emmy Dark, die Donnas Mutter wurde. Die Familie fand, daß es mehr als nur etwas verrückt von Emmy sei, ihn zu nehmen, und warnten sie vor dem Leben, das sie führen würde. Aber der ertrunkene John stritt sich nie mit Emmy. Emmy stritt einfach nicht mit – und der ertrunkene John fand das Leben mit ihr insgeheim sehr flach. Aber obwohl er zwei Garnituren Manieren hatte und zu Hause die zweitbeste benutzte, hatten Thekla und Donna ihn gern. Wenn er seinen Willen bekam, war er ganz nett. Man mußte nur hassen, was der ertrunkene John haßte, und lieben, was er liebte, ihm dann und wann ein wenig schmeicheln, und schon war er der liebenswerteste Mann der Welt.

Über die Jugendjahre des ertrunkenen John erzählte man sich haarsträubende Geschichten, vor allem über seinen Streit mit seinem Vater. der ertrunkene John hatte mit seiner gewaltigen Stimme so laut geschrien, daß man ihn noch in Three Hills – zwei Meilen entfernt – gehört hatte. Danach war er ausgerissen und zur See gegangen – mit dem Ziel Neuseeland. Er war über Bord gefallen und angeblich ertrunken. Die Familie hielt eine Trauerfeier ab, und sein Vater ließ seinen Namen in den großen Familiengrabstein auf dem Friedhof meißeln. Zwei Jahre später kam der junge John nach Hause – völlig unverändert bis auf eine riesige Schlangentätowierung rund um den rechten Arm, einen riesigen neuen Wortschatz an Flüchen und einer tiefen Abneigung gegen das Leben auf See. Einige fanden, daß die Schiffsbesatzung, die ihn aus dem Wasser gefischt hatte, sich unnötig eingemischt hatte. Aber John ließ sich auf dem Hof nieder, sagte Jennie Penhallow, daß er sie heiraten werde, und lehnte es ab, daß sein Name von dem Grabmal getilgt wurde. Der Witz war zu gut. Jeden Sonntag ging der ertrunkene John auf den Friedhof und lachte laut darüber.

Er saß jetzt hinter William Y. und fragte sich, ob William Y. sich wirklich einbildete, daß er den Krug bekommen würde. Er hegte nicht den leisesten Zweifel, daß er, John Penhallow, ihn bekommen würde. Es wäre eine riesige Frechheit, wenn Tante Becky ihn jemand anderem geben würde, und das wollte er ihr sagen, ohne Umschweife. Sein langes Gesicht lief bei dem bloßen Gedanken dunkelrot an – eine Zornesröte, die ihm bis in seine häßliche kahle Stirn stieg und bis zum Hinterkopf reichte. Sein buschiger weißer Schnurrbart sträubte sich, und seine Glubschaugen traten fast aus ihren Höhlen. Wenn jemand anders den Krug bekam, mußte er mit ihm rechnen.

Ich frage mich, worüber der ertrunkene John in Gedanken so flucht, dachte Onkel Pippin.

Auch Donna wollte den Krug. Sie war wirklich ganz verrückt danach. Sie fand, daß sie ihn bekommen sollte. Vor langer, langer Zeit, als Barry noch ein kleiner Junge gewesen war, hatte Tante Becky ihm gesagt, daß sie ihm den Krug hinterlassen würde, wenn sie starb. Also sollte sie, Barrys Witwe, ihn jetzt bekommen. Es war so ein prächtiges altes Ding und hatte eine romantische Geschichte. Donna hatte ihn sich immer gewünscht. Sie fluchte nicht in Gedanken wie ihr Vater, aber sie dachte grimmig, daß sie noch nie eine solche Ansammlung von Gierhälsen gesehen hatte.

VII. Peter und Donna

Auf dem Geländer der Veranda saß Peter Penhallow und baumelte träge mit seinen langen Beinen. Sein schmales, braungebranntes müdes Gesicht blickte verächtlich drein. Peter sah immer gelangweilt und müde aus, jedenfalls dann, wenn er sich in zivilisierten Gegenden aufhielt. Er ging nicht hinein. Peter würde man nicht in einem Raum voller Erbschleicher antreffen! Für Peter war jedes Zimmer, sogar ein leeres, ein Ort, dem er so schnell wie möglich entfliehen wollte. Er behauptete immer, er würde innerhalb von vier Wänden keine Luft bekommen. Er war zu diesem vermaledeiten Empfang erschienen – zum Teufel mit Tante Beckys Launen! –, sehr gegen seinen Willen, aber immerhin konnte er draußen bleiben. Dort hatte man einen fernen Blick auf den funkelnden Hafen, „einen herrlichen Wind", der keine Fesseln kannte – Peter liebte den Wind –, und einen blühenden Apfelbaum, der schöner war als jede Frau, die Peter je gesehen hatte. Die Familie hatte Peter als Frauenhasser abgestempelt, aber er war nichts dergleichen. Die einzige Frau, die er wirklich haßte, war Donna Dark; er war einfach nicht an Frauen interessiert und außerdem sicher, daß keine Frau sein Leben teilen wollte. Und der Gedanke, seßhaft zu werden, wäre Peter nie gekommen – er konnte kein anderes Leben führen. Viele Frauen bedauerten das, denn sie fanden ihn sehr attraktiv. Nicht schön, aber „so besonders". Er hatte graue Adleraugen, die schwarz wurden, wenn ihn etwas sehr bewegte. Frauen mochten seine Augen nicht – sie flößten ihnen Unbehagen ein –, aber sie fanden seinen Mund schön, der soviel ausdrückte – Kraft, Liebe, Humor. Onkel Pippin sagte, daß die Familie Peter Penhallow geliebt hätte, wenn sie je die Chance gehabt hätten, ihn kennenzulernen. Aber so blieb er nur ein faszinierendes schwarzes Schaf. Er führte stellvertretend für die anderen ein aufregendes Leben, und sie waren stolz auf ihn, weil er mit seinen Forschungen und Entdeckungen berühmt geworden war – der ertrunkene John nannte es „berüchtigt" –, aber sie taten nicht einmal so, als würden sie ihn verstehen. Und vor seinen ironischen Bemerkungen hatten sie alle etwas Angst. Peter verabscheute jede Art von Heuchelei, und bei den Penhallows und den Darks gab es reichlich davon. Es ging auch nicht anders, denn sonst hätte die Familie nicht zusammenhalten können. Aber Peter nahm keinerlei Rücksicht darauf.

„Seht euch nur Donna Dark an", spottete er immer. „Sie tut so, als würde sie Barrys Andenken in Ehren halten, aber in Wirklichkeit würde sie sich sofort in eine zweite Ehe stürzen, wenn sie nur die Chance hätte."

Nicht, daß Peter Donna je eines Blickes gewürdigt hätte. Er hatte sie nicht mehr gesehen, seit er acht Jahre alt gewesen war. Es war an einem Sonntag in der Kirche gewesen, bei seinem letzten Gottesdienstbesuch, bevor er ausgerissen war. Aber die Leute erzählten Donna, was er über sie sagte, und Donna trug es ihm nach. Sie glaubte nicht, daß die Gelegenheit kommen würde, es ihm heimzuzahlen. Aber in einem ihrer Tagträume geschah es, daß Peter Penhallow sich auf unerklärliche Weise in sie verliebte, um ihre Hand anhielt und sich einen Korb holte. Oh, was für eine Abfuhr sie ihm erteilen würde! Sie würde ihm beweisen, daß sie „wirklich Witwe“[3] war. Bis dahin mußte sie sich damit begnügen, ihn so bitter zu hassen, wie sonst nur der ertrunkene John hassen konnte.

Peter war von Beruf Bauingenieur und der Neigung nach Entdecker. Er war während eines Schneesturms zur Welt gekommen und hätte beinahe den Tod aller Anwesenden verursacht – Mutter, Vater und Arzt waren eingeschneit und wären fast erfroren. Als man sie endlich ausgegraben und aufgetaut hatte, war Peter dagewesen. Und „Tantchen Aber“ behauptete, ein solches Kind habe es noch nie gegeben. Als sie ihn in die Küche gebracht hatte, um ihn anzuziehen, hatte er von allein den Kopf gehoben und sich aufmerksam umgesehen. Tantchen Aber hatte so etwas noch nicht erlebt – und Peter vor Schreck fallengelassen. Glücklicherweise war er unversehrt auf einem Kissen gelandet, aber es war das erste Mal von vielen, daß er nur knapp davongekommen war. Tantchen Aber erzählte immer überwältigt, daß Peter bei seiner Geburt nicht geschrien hatte, im Gegensatz zu normalen Kindern.

„Ihm schien die Veränderung zu gefallen“, sagte Tantchen Aber. „Er war ein schönes, gesundes Kind, aber – “ Und Tantchen Aber schüttelte unheilverkündend den Kopf.

Jeff Penhallows Familie kümmerte sich nicht um ihr ewiges „Aber“, das ihr den Spitznamen beschert hatte. Aber im Laufe der Jahre dämmerte ihnen, daß ihre Vorhersage in diesem Fall zutreffend gewesen war.

Peter fand auch weiterhin Gefallen an Veränderungen. Er war mit der Seele eines Balboa[4] oder Columbus zur Welt gekommen. Er sehnte sich danach, Gegenden zu betreten, in die noch kein Mensch einen Fuß gesetzt hatte. Er hatte einen Lebenshunger, der nie gestillt werden konnte. „Das Leben“, sagte er immer, „dieses herrliche Abenteuer, das wir mit den Göttern teilen.“ Mit vierzehn war er auf eigene Kosten um die Welt gereist, nachdem er mit zehn Cent angefangen und sich ein Ticket nach Australien auf einem Viehschiff verdient hatte. Dann war er nach Hause gekommen und hatte das Fell eines menschenfressenden Tigers, den er selbst getötet hatte, für den prächtigen Salon seiner Mutter mitgebracht und außerdem eine Sammlung wunderschöner blauer Schmetter-

3 1. Timotheus 5, 3.

4 Vasco Núñez de Balboa (1475 – 1519), spanischer Entdecker.

linge aus Afrika, die der Stolz der Familie wurde. Er war wieder zur Schule gegangen, hatte geschuftet wie ein Sklave und schließlich seinen Abschluß als Bauingenieur gemacht. Sein Beruf brachte ihn um die ganze Welt. Als er genug Geld verdient hatte, gönnte er sich eine Auszeit, hörte auf zu arbeiten und forschte einfach nur noch. Ihn reizte das Unbekannte, das Undokumentierte, das Unentdeckte. Seine Familie hatte sich damit abgefunden. Wie Onkel Pippin sagte, war Peter „nicht häuslich", und sie wußten mittlerweile, daß er es auch nie werden würde. Er hatte viele Abenteuer erlebt, von denen seine Familie wußte, und noch tausend mehr, von denen sie nie etwas erfuhren. Sie rechneten immer mit seinem Tod.

„Er wird eines Tages im Kochtopf von Kannibalen enden", sagte der ertrunkene John, aber er sagte es nicht zu Peter – aus dem einfachen Grund, daß sie nicht miteinander sprachen.

Zwischen diesen beiden Zweigen der Penhallows herrschte eine Fehde seit dem Tag, an dem Jeff Penhallow den Hund des ertrunkenen John getötet und an seine Pforte gehängt hatte. Der Hund des ertrunkenen John hatte Jeff Penhallows Schafe gehetzt, aber der ertrunkene John hatte es nicht geglaubt und seinen Hund auch nicht abgeschafft. Seit diesem Tag herrschte Funkstille zwischen der Familie des ertrunkenen John und der von Jeff Penhallow. der ertrunkene John verprügelte einen Mann auf dem Marktplatz von Charlottetown, weil dieser gesagt hatte, Jeff Penhallows Wort sei genausogut wie das des ertrunkenen John, denn sie seien beide gleich schlecht. Und als Peter Penhallow einem anderen Bewohner der Insel irgendwo am Kongo begegnete, gab er ihm eine Ohrfeige, weil der andere Insulaner darüber lachte, daß Thekla Dark einmal Senf in den Pfefferkuchenteig gerührt habe. Aber das war familiäre Loyalität und hatte nichts mit persönlichen Gefühlen zu tun, die im Laufe der Jahre immer bitterer wurden. Als Barry Dark, Peters Cousin und guter Freund, Peter erzählte, daß er Donna Dark heiraten würde, geriet Peter völlig außer Rand und Band. Er machte solchen Radau, daß sogar seine Familie fand, es gehe zu weit. Als die Hochzeit stattfand, war Peter auf Wapiti-Jagd in Neuseeland und überwältigt von Bitterkeit, zum einen, weil Barry ein Mitglied der verhaßten Sippe geheiratet hatte und zum anderen, weil er, Peter, wegen seiner unheilbaren Linkshändigkeit von der Marine abgelehnt worden war. Barry hatte sich über Peter geärgert, und ihr Verhältnis hatte sich abgekühlt. Es hatte sich nicht mehr bessern können, weil Barry nicht von der Front zurückkam. Das hinterließ eine wunde Stelle in Peters Seele und machte seinen Haß auf Donna Dark noch schlimmer. Peter hatte nicht vorgehabt, auf Tante Beckys Empfang zu erscheinen. Er hatte ernsthaft geplant, am gleichen Nachmittag zu einer Expedition an den Amazonas aufzubrechen. Er hatte seinen Koffer gepackt und vor jungenhafter Vorfreude gepfiffen. Er hatte einen ganzen Monat zu Hause verbracht – einen Monat zuviel. Gott sei Dank war es bald vorbei. In ein paar Wochen würden Meilen zwischen ihm und dem kleinlichen Tratsch, den kleinlichen Liebesgeschichten und ebenso kleinlichen Gehässigkeiten der Darks und Penhallows liegen – zwischen ihm und einer Welt, in der sich Frauen die Haare abschnitten und man zumindest von hinten nicht erkennen konnte, welche Großmütter und welche junge Modepuppen waren. Und niemand würde stöhnen: „Oh, was werden die Leute von dir denken, Peter, wenn du das (nicht) tust?"

„Und ich schwöre bei den neun Göttern von Chiusi, daß ich mich hier die nächsten zehn Jahre nicht mehr blicken lasse", sagte Peter Penhallow und rannte die Treppe hinunter. Sein Bruder wartete ihm Auto auf ihn, um ihn zum Bahnhof zu bringen.

Genau in diesem Augenblick tippte ihm das Schicksal mit einem schelmischen Lachen auf die Schulter.

Seine Halbschwester Nancy kam den Tränen nahe zu ihm. Sie konnte nicht zu dem Empfang, wenn er sie nicht hinfuhr. Das Auto ihres Mannes war kaputt. Und sie mußte unbedingt zu dem Empfang, es war ihre einzige Chance, den schönen alten Krug zu bekommen.

„Jeff junior kann dich hinbringen. Ich warte dann auf den Abendzug", sagte Peter gehorsam.

Jeff junior murrte. Er mußte seine Rüben hacken. Er konnte eine halbe Stunde opfern, um Peter zum Bahnhof zu bringen, aber er würde nicht einen ganzen Nachmittag in Indian Spring verbringen.

„Fahr sie doch selbst hin", sagte er. „Wenn du genausogut den Abendzug nehmen kannst, hast du heute nachmittag doch sowieso nichts zu tun."

Peter gab nach, wenn auch widerwillig. Es war nahezu das erstemal in seinem Leben, das er etwas tat, das er nicht wollte. Aber Nancy war immer so ein Schatz gewesen – die Verwandte, die er am liebsten mochte. Sie sagte viel seltener „Oh, Peter" als alle anderen. Wenn sie auf diesen verflixten Krug aus war, durfte er ihr die Chance nicht verderben.

Wenn Peter geahnt hätte, welchen Streich ihm das Schicksal spielen würde, wäre er wohl nicht zu dem Empfang gegangen, Nancy hin oder her. Oder doch? Frag ihn selbst.

Also ging Peter zu dem Empfang, aber er war schlechter Laune und würde keinen Fuß in das Haus setzen. Er verschwieg den wahren Grund, so sehr er auch Heuchelei verabscheute. Vielleicht gestand er es sich nicht einmal selbst ein. Peter, der nicht einmal vor Schlangen und Tigern Angst hatte, hatte im tiefsten Herzen Angst vor Tante Becky. Selbst der Teufel hätte Angst vor ihrer scharfen Zunge gehabt, dachte Peter. Es wäre nicht so schlimm gewesen, wenn sie ihn direkt abgefertigt hätte, wie sie es mit den meisten Leuten machte. Aber bei Peter wandte Tante Becky eine andere Taktik an. Sie machte lächelnd kleine Bemerkungen, hinterhältig und subtil wie Papier, mit dem man sich in den

Finger schnitt, und Peter konnte sich nicht dagegen verteidigen. Also machte er es sich auf dem Geländer der Veranda bequem. Der Mondmann stand am anderen Ende, und der große Sam Dark und der kleine Sam Dark saßen in den beiden Schaukelstühlen. Peter störte sich nicht an ihrer Anwesenheit, aber er hatte einen unangenehmen Moment, als Mrs. Toynbee Dark in den einzigen freien Stuhl plumpste und wie immer über ihre Zipperlein jammerte. Zuletzt tat sie so, als sei sie dankbar, nicht noch kränker zu sein.

„Die Mädchen sind heutzutage so gesund“, seufzte Mrs. Toynbee. „Geradezu vulgär gesund, nicht wahr, Peter? Ich war als Mädchen sehr zart. Einmal bin ich an einem einzigen Tag sechsmal in Ohnmacht gefallen. Ich sollte wohl wirklich nicht in diesen engen Raum gehen!“

Peter erschrak ebenso heftig wie damals, als er einen Alligator irrtümlich für einen Baumstamm gehalten hatte. Er entschied, daß er allen Grund hatte, garstig zu sein.

„Wenn du hier draußen bei vier ledigen Männern bleibst, meine liebe Alicia, wird Tante Becky glauben, du hättest Heiratsabsichten, und dann hast du gar keine Aussichten mehr auf den Krug.“

Mrs. Toynbee wurde vor unterdrückter Wut erbsengrün – eine höchst unkleidsame Farbe –, und ihr Blick sagte Dinge, die nicht ausgesprochen werden durften. Sie ging mit Virginia Powell hinein, und Peter warf vorsichtshalber den überzähligen Stuhl über das Geländer ins Gebüsch.

„Entschuldigt, daß ich weine“, sagte der kleine Sam und blinzelte Peter zu, während er sich eine große eingebildete Träne aus dem Auge wischte.

„Sie ist rachsüchtig. Sehr rachsüchtig“, sagte der große Sam mit einer heftigen Kopfbewegung in Richtung Mrs. Toynbee, die gerade den Rückzug antrat. „Und schlau wie Satan. Nimm dich vor ihr in Acht, Peter. Sie wird es dir heimzahlen, wenn sie kann.“

Peter lachte. Was kümmerte ihn Mrs. Toynbees Rachsucht, wenn sein Ziel die lockenden Geheimnisse des Dschungels am Amazonas waren? Er versank in Träumen, während die beiden Sams ihre Pfeifen rauchten und sinnierten.

VIII. Die beiden Sams und der Mondmann

Der „kleine“ Sam Dark, der über einsachtzig groß war, und der „kleine“ Sam Dark, etwas über einsfünfzig, waren Cousins ersten Grades. Der „kleine“ Sam war sechs Jahre älter, und das Adjektiv, das in seiner Kindheit gepaßt hatte, haftete immer noch an ihm, wie alles in Rose River und Little Friday Cove an einem hängenblieb. Die beiden Sams waren alte Seemänner und Fischer und wohnten seit dreißig Jahren zusammen in dem kleinen Haus des kleinen Sam, das wie eine Klette an dem Felsen in Little Friday Cove klebte. Der große Sam war schon als Junggeselle zur Welt gekommen. Der kleine Sam war Witwer, und seine Ehe lag so lange zurück, daß der große Sam ihm schon fast verziehen hatte, auch wenn er es ihm dann und wann wieder vorhielt, wenn sie sich stritten. Das taten sie häufig und brachten damit Abwechslung in das Leben der Seeleute im Ruhestand, das sonst sehr eintönig gewesen wäre.

Sie hatten beide nie besonders gut ausgesehen, aber das kümmerte sie nur wenig. Das Gesicht des kleinen Sam war eher breit als lang, und er hatte einen feuerroten Bart – eine Seltenheit bei den Darks, die meistens so aussahen, wie sie hießen. Er hatte nie kochen gelernt, aber er konnte gut waschen und nähen. Er konnte auch Strümpfe stricken und Gedichte schreiben. Der große Sam hielt sich nämlich für einen Poeten. Er hatte ein Epos geschrieben und trug es gern mit einer Stimmgewalt vor, die man seiner mageren Gestalt nicht zugetraut hätte. Nicht einmal der ertrunkene John konnte lauter brüllen. Wenn er schlechte Laune hatte, hatte er das Gefühl, daß er seine Berufung verfehlt hatte und niemand ihn verstand. Und daß die ganze Welt verdammt war.

„Ich hätte Dichter werden sollen“, sagte er dann bekümmert zu seiner gelben Katze, die Mustard hieß. Die Katze gab ihm immer Recht, aber der kleine Sam schnaubte manchmal verächtlich. Wenn er sich etwas eingebildet hätte, dann höchstens auf die kunstvollen Ankertätowierungen auf seinen Handrücken. Er fand sie viel geschmackvoller und auch viel passender für einen Seemann als die Schlange des ertrunkenen John. Politisch war er von jeher ein Liberaler und hatte ein Bild von Sir Wilfrid Laurier[5] über dem Bett hängen. Sir Wilfrid war schon lange tot, aber nach der Meinung des großen Sam konnte kein zeitgenössischer Politiker ihm das Wasser reichen. Premierminister und Möchtegern-Premierminister wurden, wie alles andere, immer schlechter. Für

5 Wilfrid Laurier (1841 – 1919), siebter Premierminister Kanadas.

ihn war Little Friday Cove der schönste Flecken Erde, und er nahm es sehr übel, wenn jemand das Gegenteil behauptete.

„Ich brauche das Meer, die einsame blaue See, vor meiner Haustür", fuhr er den „Schreiberling" an, der in einem gemieteten Sommerhaus an der Bucht wohnte und gefragt hatte, ob es ihnen in Little Friday Cove nicht manchmal zu einsam sei.

„Das gehört zu seiner poetischen Natur", hatte der kleine Sam erklärt, damit der Schriftsteller nicht glaubte, der große Sam sei nicht ganz richtig im Kopf. Der kleine Sam lebte in der geheimen Angst – und der große Sam in der geheimen Hoffnung –, daß der Schriftsteller sie in einem seiner Bücher „vorkommen lassen" würde.

Neben dem schrumpeligen großen Sam sah der kleine Sam wie ein Riese aus. Sein sommersprossiges Gesicht bestand zur Hälfte aus der Stirn, und ein Netz riesiger, purpurroter Adern, das seine Nase und Wangen überzog, sah aus wie eine gigantische Spinne. Sein gewaltiger Schnurrbart, geformt wie ein Hufeisen, schien gar nicht zu seinem Gesicht zu gehören. Aber er war eine freundliche Seele und hatte Freude am Kochen; seine Erbsensuppe und Muschelgerichte waren berühmt. Sein politisches Vorbild war Sir John Macdonald[6], dessen Bild über dem Regal mit der Uhr hing, und alle – außer dem großen Sam – hatten ihn sagen hören, daß er Frauen lieber aus der Ferne bewundere. Er hatte das harmlose Hobby, auf dem alten Indianerfriedhof unten in Big Friday Cove Schädel zu sammeln und den Zaun seines Kartoffelackers damit zu schmücken. Er und der große Sam stritten sich jedesmal deswegen, wenn er mit einem neuen Schädel nach Hause kam. Der große Sam erklärte, es sei unanständig, unnatürlich und unchristlich. Aber die Schädel blieben am Zaun hängen.

Der kleine Sam nahm aber auch gelegentlich auf die Gefühle des großen Sam Rücksicht. Er hatte einst große runde Goldohrringe getragen, hatte diese Gewohnheit jedoch aufgegeben, weil der große Sam Fundamentalist war und fand, solcher Schmuck sei nicht passend für Presbyterianer.

Der große und der kleine Sam hatten kein echtes Interesse an dem alten Krug der Darks. Ihre Verwandtschaft war viel zu entfernt, um einen Anspruch zu rechtfertigen. Aber sie versäumten nie ein Familientreffen. Der große Sam fand dort vielleicht Stoff für ein Gedicht, und der kleine Sam bekam ein oder zwei hübsche Mädchen zu sehen. Er sinnierte gerade darüber, daß Gay Penhallow eine kleine Schönheit war und Thora Dark eigentlich auch. Und Donna Dark hatte auch etwas an sich – etwas Verführerisches. William Y.s Sara war zweifellos hübsch, aber sie war Krankenschwester, und der kleine Sam fand, daß sie zuviel über ihre eigenen Eingeweide und die anderer Leute wußte, um wirklich anziehend zu sein. Was Mrs. Alpheus Penhallows Nan anging, von

6 John Macdonald (1815 – 1891), erster Premierminister Kanadas.

der soviel die Rede gewesen war, so entschied der kleine Sam, daß sie „zu knallig“ sei.

Aber was war mit Joscelyn Dark? Sie war immer eine Schönheit gewesen. Was zum Deubel war zwischen ihr und Hugh vorgefallen? Der kleine Sam fand, daß „Deubel“ nicht so schlimm klang wie „Teufel“, sondern etwas milder. Denn ein alter Seebär wie der kleine Sam achtete auf seine Wortwahl.

Oswald Dark stand am anderen Ende der Veranda, den Blick seiner großen, achatgrauen, ausdruckslosen Augen auf den Himmel und den goldenen Streifen der Welt gerichtet, die das Tal von Bay Silver waren. Er trug wie immer einen langen schwarzen Leinenmantel, der bis zu den Füßen reichte, und wie immer keinen Hut. Seine lange braune Mähne, die noch kein weißes Haar aufwies, war in der Mitte gescheitelt und wellig wie die einer Frau. Seine Wangen waren eingefallen, aber sein Gesicht erstaunlich faltenlos. Die Darks und Penhallows schämten sich so sehr für ihn, wie sie einst stolz auf ihn gewesen waren. In seiner Jugend war Oswald Dark ein glänzender Schüler gewesen und hatte Pfarrer werden wollen. Niemand wußte, was ihn „aus der Bahn geworfen“ hatte. Einige glaubten an eine unglückliche Liebesgeschichte, andere meinten, es sei einfach Überarbeitung gewesen. Wieder andere schüttelten den Kopf darüber, daß Oswalds Großmutter eine Fremde gewesen war – eine Moorland aus Downeast. Wer wußte schon, was für unheilbringende Tropfen sie dem reinen Blut der Darks und Penhallows beigemischt hatte?

Was auch immer der Grund war, Oswald Dark galt jetzt als harmloser Verrückter. Er streifte über die schönen roten Straßen der Insel, und in Mondnächten sang er dabei vergnügt und machte manchmal eine Verbeugung vor dem Mond. In mondlosen Nächten war er todunglücklich, verzog sich in Wälder oder abgelegene Winkel und weinte. Wenn er Hunger bekam, ging er zum erstbesten Haus, schlug donnernd an die Tür, als habe sie kein Recht, geschlossen zu sein, und verlangte etwas zu essen. Da jeder ihn kannte, bekam er auch immer etwas, und in kalten Winternächten blieb ihm keine Tür verschlossen. Manchmal verschwand er wochenlang aus der menschlichen Gesellschaft. Aber er hatte, wie William Y. sagte, ein unheimliches Gespür für Familientreffen jeder Art und tauchte bei einer jeden Zusammenkunft auf, auch wenn er sich nur selten überreden ließ, das Haus zu betreten, in dem sie stattfand. In der Regel nahm er keine Notiz von den Leuten, denen er auf seinen Wanderungen begegnete, außer dadurch, daß er sie finster ansah, wenn sie scherzhaft fragten: „Wie geht's dem Mond?“ Aber an Joscelyn Dark ging er nie vorbei, ohne sie anzulächeln – ein sonderbares, gespenstisches Lächeln –, und einmal hatte er sie angesprochen.

„Du suchst auch nach dem Mond, ich weiß es. Und du bist unglücklich, weil du ihn nicht bekommen kannst. Aber es ist besser, sich den Mond zu wünschen, auch wenn man ihn nicht bekommen kann – den wunderschönen, fernen, silbernen Mond – unerreichbar wie alle Dinge von vollkommener Schönheit –, als irgend etwas anderes zu wollen und zu bekommen. Niemand weiß das außer dir und mir. Es ist ein wunderbares Geheimnis, nicht wahr? Nichts anderes spielt eine Rolle.“

IX. Der Krug und das Testament

Die Leute im Salon fingen an, unruhig zu werden. Wollte es der Teufel oder das Pech, so fragten sie sich je nach Geschlecht, daß Ambrosine Winkworth so lange brauchte, um den Krug zu holen? Tante Becky lag nur da und starrte reglos auf eine Gipsdekoration an der Decke, die, wie Stanton Grundy dachte, aussah wie eine Wunde. der ertrunkene John brachte mit seinem berühmten Niesen fast das Haus zum Einsturz, und die Damen fuhren erschrocken zusammen. Onkel Pippin begann geistesabwesend, *Nearer My God to Thee* zu summen, aber ein wütender Blick von William Y. ließ ihn verstummen. Oswald Dark erschien plötzlich am offenen Fenster und schaute zu diesen albernen, gedankenverlorenen Leuten herein.

„Der Satan ist gerade draußen vorbeigegangen“, sagte er, dramatisch wie immer.

„Was für ein Glück, daß er nicht hereingekommen ist“, sagte Onkel Pippin ungerührt.

Aber Rachel Penhallow war verstört. Es hatte so glaubwürdig geklungen, als der Mondmann es sagte. Sie wünschte, Onkel Pippin würde nicht alles so leichtfertig abtun. Wieder fragten sich alle, wo Ambrosine blieb. Hatte sie einen Schwächeanfall erlitten? Konnte sie den Krug nicht finden? Hatte sie ihn fallenlassen?

Dann trat Ambrosine ein – wie eine Priesterin, die einen Kelch trägt. Sie stellte den Krug auf den kleinen runden Tisch zwischen den beiden Zimmern. Ein erleichtertes Aufatmen ging durch den Raum, gefolgt von einer beinahe schmerzlichen Stille. Ambrosine setzte sich rechts neben Tante Becky; links saß Miss Jackson.

„Du lieber Himmel“, flüsterte Stanton Grundy Onkel Pippin zu, „hast du schon mal drei so häßliche Frauen auf einmal gesehen?“

Onkel Pippin wachte nachts um drei auf und wußte eine wunderbar schlagfertige Antwort, die er Stanton Grundy hätte geben können. Aber in diesem Augenblick fiel ihm beim besten Willen nichts ein. Also wandte er Stanton den Rücken zu und starrte den Krug an, was auch alle anderen taten – einige mit begehrlichen Blicken, einige gleichgültig, aber alle interessiert an dieser Präsentation eines alten Familienerbstücks, von dem sie ein Leben lang gehört, das sie aber nur sehr selten zu Gesicht bekommen hatten.

Niemand fand den Krug besonders schön. Der Geschmack der Leute mußte sich in den letzten hundert Jahren beträchtlich gewandelt haben, falls ihn jemals jemand schön gefunden hatte. Trotzdem war er zweifellos wertvoll mit seiner Geschichte und seiner Legende, und sogar Tempest Dark beugte sich vor, um ihn besser sehen zu können. Er dachte, daß ein solcher Gegenstand einen gewissen Respekt verdiente, denn er war das Symbol einer Liebe, die er auf Erden überdauert hatte. Deshalb war er heilig.

Der Krug war ein riesiges, bauchiges Etwas in dem Stil, der vor Königin Victorias Zeit modern gewesen war. Georg IV.[7] war König gewesen, als der alte Krug der Darks das Licht der Welt erblickt hatte. Seine Tülle war halb abgebrochen, und er hatte einen Sprung in der Mitte. Die Verzierung bestand aus rosa-goldenen Kringeln, grünen und braunen Blättern und roten und blauen Rosen. Auf einer Seite waren zwei fröhliche Schwarze mit dem Union Jack abgebildet, die offenbar zu tief ins Glas geschaut hatten und ihren Gefühlen Ausdruck gaben, indem sie aus vollem Hals den Vers sangen, der über ihnen stand:

Thus smiling at peril at sea or on shore
We'll box the old compass right cheerly,
Pass the grog, boys, about, with a song or two more,
Then we'll drink to the girls we love dearly.

Auf der anderen Seite des Kruges hatte der Keramiker – Rechtschreibung war nicht seine Stärke gewesen – einen ergreifenden Vers von Byron gepinselt:

The man is doomed to sail
With the blast of the gale
Through billows attalantic to steer.
As he bends o'er the wave
Which may soon be his grave
He remembers his home with a tear.[8]

Rachel Penhallow spürte, daß ihr eine Träne ins Auge trat und über ihr langes Gesicht lief, als sie es las. Es war, dachte sie bekümmert, so traurig prophetisch.

In der Mitte des Kruges, unter der abgebrochenen Tülle, standen ein Name und eine Jahreszahl. *Harriet Dark, Aldboro, 1826*, eingerahmt von einem rosagrünen Kranz mit einem Liebesknoten. Der Krug war bis zum Rand mit altem Potpourri gefüllt, und der Duft breitete sich sofort im Zimmer aus – ein feiner würziger Geruch, altjüngferlich süß, aber durchdringend. Er weckte Erinnerungen an Leidenschaft und Gefühl. Alle Anwesenden spürten plötzlich seine Wir-

7 Georg IV. August Friedrich (1762 – 1830), 1820 bis 1830 König des Vereinigten Königreichs Großbritannien und Irland und König von Hannover.

8 Aus *The Tear* von Lord Byron.

kung. Für einen winzigen Moment sahen Joscelyn und Hugh einander an – Margaret Penhallow war wieder jung – Virginia umklammerte Donnas Hand – Thora Dark rutschte unruhig hin und her – und ein seltsamer Ausdruck huschte über Lawson Darks Gesicht. Onkel Pippin sah es, und ihm sträubten sich die Haare. Er dachte, daß sich Lawson für eine Sekunde erinnerte.

Sogar der ertrunkene John ertappte sich dabei, daß ihm wieder einfiel, wie blumenhaft schön Jennie gewesen war, als er sie geheiratet hatte. Was für ein Jammer, daß man nicht für immer jung bleiben konnte!

Alle Anwesenden kannten die romantische Geschichte des Kruges. Harriet Dark, die schon seit hundert Jahren auf einem romantischen englischen Friedhof schlummerte, war 1826 ein zierliches hellblondes Geschöpf mit rosa Wangen und großen grauen Augen gewesen, verlobt mit einem schneidigen Kapitän. Ihr Geliebter hatte sich auf eine Reise nach Amsterdam begeben, die seine letzte werden sollte, und dort den Krug mit allem Drum und Dran anfertigen lassen – als Geburtstagsgeschenk für Harriet, denn es war zu jener Zeit Sitte, der Dame seines Herzens einen solchen massiven Krug zu schenken, in den viel hineinging. Aber ach, das Schicksal meinte es nicht gut mit den Liebenden! Auf dem Weg nach Hause ertrank der Kapitän. Man schickte der untröstlichen Harriet den Krug. Auch vor hundert Jahren sind schon Herzen gebrochen, heißt es. Ein Jahr später wurde Harriet, deren Frühling der Liebe so plötzlich Herbst geworden war, auf dem Friedhof von Aldboro beerdigt. Erbin des Kruges war ihre Schwester Sarah Dark, die ihren Cousin Robert Penhallow geheiratet hatte. Sarah, eine praktische Natur ohne Sinn für Romantik, benutzte den Krug für ihre berühmte Johannisbeermarmelade. Sechs Jahre später, als Robert Penhallow beschloß, nach Kanada auszuwandern, nahm seine Frau den Krug und die Marmelade mit. Es war eine lange und stürmische Überfahrt, die Marmelade war verzehrt, und der Krug zerbrach durch ein Mißgeschick in drei große Scherben. Aber Sarah Penhallow wußte sich zu helfen. Als sie in ihrem neuen Zuhause angekommen war, klebte sie die Scherben mit Bleiweiß zusammen. Sie tat es gründlich, und es hielt, aber ein Kunstwerk wurde es nicht. Sarah schmierte das Bleiweiß allzu reichlich über die Risse und drückte es mit ihrem kräftigen Daumen fest. Und bei gutem Licht sah man heute noch Sarah Penhallows Daumenabdruck auf den harten Klumpen des Bleiweiß.

Jahrelang hatte der Krug in Sarah Penhallows Milchkammer gestanden, gefüllt mit Sahne. Auf dem Totenbett vermachte sie ihn ihrer Tochter Rachel, die Thomas Dark geheiratet hatte. Rachel Dark hinterließ ihn ihrem Sohn Theodore. Mittlerweile hatte der Krug die Würde eines Erbstücks erlangt und wurde nicht mehr für profane Zwecke genutzt. Tante Becky verwahrte ihn in ihrer Porzellansammlung, und auf Familientreffen wurde er herumgereicht und seine Geschichte erzählt. Es hieß, ein Sammler habe Tante Becky eine horrende Summe dafür geben wollen. Aber kein Dark oder Penhallow hätte sich je träumen lassen, ein solches Erbstück zu verkaufen. Er mußte unbedingt in der Familie bleiben. Wem würde Tante Becky ihn hinterlassen? Diese Frage stellten sich alle schweigend; nur Tante Becky wußte die Antwort und hatte es nicht eilig, sie zu geben. Dies war ihr letzter Empfang, sie hatte viel zu tun und noch mehr zu sagen, bevor sie überhaupt auf den Krug zu sprechen kam. Sie würde sich Zeit lassen und es genießen. Sie wußte genau, daß ihr Plan alle aus der Fassung bringen würde, aber sie bedauerte nur, daß sie die Folgen nicht mehr erleben würde. All die Weiber mit ihren Glotzaugen! Tante Becky fing an zu lachen. Sie lachte so sehr, daß ihr Bett wackelte.

„Ich finde", sagte sie schließlich und wischte sich die Lachtränen aus den Augen, „daß eine so feierliche Versammlung wie diese hier mit einem Gebet eröffnet werden sollte."

Das schlug ein wie eine Bombe. Wer außer Tante Becky hätte auf so eine Idee kommen können? Alle sahen erst einander und dann David Dark an, den einzigen Mann in der Familie, der gut im Sprechen von Gebeten war. Er war auch meistens gern dazu bereit, aber heute hatte er es nicht erwartet.

„David", sagte Tante Becky unerbittlich. „Ich sage es ungern, aber diese Familie steht nicht in dem Ruf, sich beim Beten die Knie wundzuscheuern. Ich bitte dich, das Richtige zu tun."

Seine Frau sah ihn bittend an. Sie war sehr stolz darauf, daß ihr Mann so herrliche Gebete ersinnen konnte. Dafür vergab sie ihm alles andere, sogar, daß er seine ganze Familie früh ins Bett gehen ließ, um Kerosin zu sparen, und die schreckliche Angewohnheit hatte, sich die Finger abzulecken, nachdem er Kuchen gegessen hatte. Davids Gebete waren das einzige, worauf sie stolz sein konnte, und sie fürchtete, daß er nun ein Spielverderber sein würde.

David, der arme Kerl, hatte nicht vor abzulehnen, sosehr ihm die Aussicht auch mißfiel. Es würde Tante Becky kränken und ihm alle Chancen auf den Krug verderben. Er räusperte sich und stand auf. Alle verneigten sich. Die beiden Sams hörten draußen Davids klangvolle Stimme und verstanden, was vor sich ging. Sie nahmen ihre Pfeifen aus dem Mund. Davids Gebet konnte sich nicht mit seinen besten messen, wie seine Frau sich eingestand, aber es war trotzdem gut, und David fühlte sich schlecht behandelt, als Tante Becky nach seinem „Amen" sagte:

„Gott zu informieren, ist kein Beten, David. Man kann auch etwas Gottes Phantasie überlassen. Aber ich denke, du hast dein Bestes getan. Danke. Übrigens, weißt du noch, wie du vor vierzig Jahren Aaron Darks alten Widder in die Kirche gelassen hast?"

David machte ein dummes Gesicht, und Mrs. David war empört. Tante Becky hatte die boshafte Neigung, einen vor versammelter Mannschaft genau an die Dinge zu erinnern, die man am liebsten vergessen wollte. Aber so war sie eben. Und man durfte ihr nicht widersprechen, wenn man den Krug haben wollte. Die David Darks brachten ein mattes Lächeln zustande.

Jetzt, dachte Gay, kommt Noel aus der Bank.

„Ich frage mich", sagte Tante Becky nachdenklich, „wer der erste Mensch war, der je gebetet hat. Und worum er gebetet hat. Und wie viele Gebete seitdem gesprochen worden sind."

„Und wie viele erhört wurden", sagte plötzlich Naomi Dark. Es war das erstemal, daß sie etwas sagte, und es klang bitter.

„Vielleicht kann William Y. etwas Licht ins Dunkel bringen", gluckste Onkel Pippin boshaft. „Soweit ich weiß, führt er genau Buch darüber, welche seiner Gebete erhört wurden und welche nicht. Wie sieht es aus, William Y.?"

„Es liegt etwa bei fünfzig-fünfzig", sagte William Y. ernst und verstand überhaupt nicht, warum alle kicherten. „Ich muß jedoch sagen", fügte er hinzu, „daß einige auf – seltsame Art erhört wurden."

Was Ambrosine Winkworth betraf, so hatte sich David eine Feindin fürs Leben gemacht, weil er sie „deine alte Dienerin" genannt hatte.

Sie warf ihm einen giftigen Blick zu. „Von wegen alt", murmelte sie rebellisch. „Ich bin doch erst zweiundsiebzig – das ist noch nicht alt – gar nicht alt."

„Still, Ambrosine", sagte Tante Becky gebieterisch. „Es ist lange her, daß Sie jung waren. Stopfen Sie mir noch ein Kissen hinter den Kopf. Danke. Ich habe nun das Vergnügen, mein eigenes Testament vorzulesen. Und ich hatte das Vergnügen, meine eigene Todesanzeige zu schreiben. Sie wird genau so gedruckt, wie ich sie geschrieben habe. Camilla hat geschworen, dafür zu sorgen. Himmel, wie viele Todesanzeigen ich gelesen habe! Hört euch meine an!" Tante Becky zog ein gefaltetes Blatt Papier unter ihrem Kissen hervor. „‚Auf die Gemeinden Indian Spring, Three Hills, Rose River und Bay Silver fiel kein düsterer Schatten, als bekannt wurde, daß Mrs. Theodore Dark, meistens Tante Becky genannt, weniger aus Zuneigung als aus Gewohnheit, am Soundsovielten im Alter von fünfundachtzig Jahren gestorben war.' Ihr merkt", unterbrach sich Tante Becky, „daß ich ‚gestorben' gesagt habe. Ich werde nicht entschlafen oder dahinscheiden oder der Natur meinen Tribut zahlen oder ins Himmelreich eintreten oder heimgehen. Ich werde einfach nur sterben. ‚Alle Verwandten fanden, daß es für die alte Dame höchste Zeit war, zu sterben. Sie hatte lange gelebt, ehrenwert, wenn auch nicht hervorragend, hatte beinahe alles erlebt, was eine anständige Frau erleben sollte, hatte Mann und Kinder und alle überlebt, die sich etwas aus ihr machten. Es gab also keinen Grund und hatte auch keinen Sinn, Trauer oder Kummer zu heucheln. Die Beerdigung fand am Soundsovielten statt, und man traf sich zum Kaffee bei Miss Camilla Jackson. Es war eine fröhliche Trauerfeier, wie von Tante Becky ausdrücklich gewünscht, organisiert von Mr. Henry Trent, Totengräber, Rose River.' Henry wird mir nie verzeihen, wenn ich ihn nicht Bestatter nenne", sagte Tante Becky. „Bestatter –

pah! Aber Henry hat Talent, Beerdigungen zu organisieren, deswegen habe ich ihn für meine ausgewählt. ‚Auf Blumenschmuck wurde auf Wunsch der Verstorbenen verzichtet.' Keine scheußlichen Kränze für mich, merkt euch das! Und keine Harfen und Gestecke und Kreuze. Aber wenn jemand einen Strauß aus seinem eigenen Garten bringen will, dann meinetwegen. ‚Den Gottesdienst zelebrierte Reverend Mr. Trackley aus Rose River. Die Sargträger waren Hugh Dark, Robert Dark' – paß auf, daß du nicht wieder stolperst, Dandy, so wie bei Selina Darks Beerdigung! Du hast das arme alte Mädchen mächtig durchgeschüttelt! – ‚Palmer Dark, Homer Penhallow' – einer faßt den Sarg vorn an und einer hinten, dann können sie sich nicht streiten – ‚Murray Dark, Roger Penhallow, David Dark und John Penhallow' – ich meine den ertrunkenen John, denkt daran, nicht den Trottel aus Bay Silver mit dem albernen Grinsen –, ‚der es geschafft hat, die Zeremonie ohne Fluchen zu überstehen – anders als auf der Beerdigung seines Vaters.'"

„Das stimmt nicht", brüllte der ertrunkene John wütend und sprang auf. „Und wage es ja nicht, so etwas über mich in deiner verdammten Todesanzeige zu veröffentlichen. Du – du –"

„Setz dich, John, setz dich. Das kommt nicht in die Anzeige. Ich habe es nur gesagt, um dich in Rage zu bringen. Setz dich."

„Ich habe auf der Beerdigung meines Vaters nicht geflucht", murmelte der ertrunkene John mürrisch und gehorchte.

„Nun, vielleicht war es die deiner Mutter. Unterbrich mich bitte nicht noch einmal. Höflichkeit kostet nichts, wie die Schotten sagen. ‚Tante Becky wurde als Presbyterianerin geboren, hat als Presbyterianerin gelebt und ist als Presbyterianerin gestorben. Sie hatte in Theodore Dark einen schwierigen Mann, aber sie war ihm die Frau, die er verdiente. Sie war eine gute Nachbarin und nicht streitsüchtiger als der Rest der Familie. Sie hatte eine Art, den Leuten den Wind aus den Segeln zu nehmen, machte sich damit aber nicht beliebt. Sie litt selten still vor sich hin. Ihre Laune war normal, weder besser noch schlechter als der Durchschnitt, und sie wurde mit dem Alter nicht liebenswerter. Sie hat sich immer anständig verhalten, auch wenn es oft eine Wohltat gewesen wäre, unanständig zu sein. Sie sagte fast immer die Wahrheit und tat dadurch viel Gutes, richtete aber auch einigen Schaden an. Sie konnte ohne Gewissensbisse lügen, wenn Leute nach Dingen fragten, die sie nichts angingen. In Momenten der Anspannung sagte sie dann und wann böse Worte, und sie konnte eine skandalöse Geschichte hören, ohne bleich um die Kiemen zu werden, aber obszön wurde sie nie. Sie zahlte ihre Schulden, ging regelmäßig zur Kirche, fand Klatschgeschichten spannend, hörte immer gern als erste alle Neuigkeiten und interessierte sich besonders für Dinge, die sie nichts angingen. Sie hatte Kinder nicht zum Fressen gern, war ihren eigenen jedoch eine sehr gute Mutter. Sie sehnte sich nach Freiheit, wie es alle Frauen tun, aber hatte genug Verstand, um zu begreifen, daß echte Freiheit auf dieser Welt nicht möglich ist. Die glücklichen Menschen sind die, die sich ihre Herren aussuchen können, deshalb beging sie nie den Fehler, sinnlos über die Stränge zu schlagen. Manchmal war sie gemein, heimtückisch und habgierig. Manchmal war sie großzügig, treu und selbstlos. Alles in allem war sie ein Durchschnittsmensch, der so lange gelebt hat, wie man leben sollte.' So", sagte Tante Becky und steckte ihren Nachruf wieder unter das Kissen. „Euch wird aufgefallen sein, daß ich mich nicht ‚die verstorbene Mrs. Dark' oder ‚die dahingeschiedene Dame' oder ‚Relikt' genannt habe. Und das war es."

„Gott steh mir bei, hat man je dergleichen gehört?" murmelte Onkel Pippin fassungslos.

Alle anderen waren stumm vor kalter Wut und Entsetzen. Dieser schreckliche Text würde natürlich nie veröffentlicht werden. Es mußte sich irgendwie vermeiden lassen, solange man dafür nicht über Camilla Jacksons Leiche zu gehen brauchte. Außenstehende würden glauben, jemand aus der Familie hätte das geschrieben.

Aber Tante Becky präsentierte schon ein weiteres Dokument, und alle Darks und Penhallows schluckten ihre Empörung vorläufig hinunter und hörten weiter zu. Wer bekam den Krug? Bis das geklärt war, wurde die Sache mit dem Nachruf aufgeschoben.

Tante Becky faltete ihr Testament auseinander und setzte ihre Brille, mit der sie aussah wie eine Eule, auf ihre Adlernase.

„Mein bißchen Geld vermache ich Camilla", sagte sie. „Nach ihrem Tod geht es an das Krankenhaus in Charlottetown."

Tante Becky sah ihre Verwandten scharf an. Aber niemand wirkte besonders enttäuscht. Um den Darks und Penhallows Gerechtigkeit widerfahren zu lassen, mußte man sagen, daß sie nicht geldgierig waren. Niemand mißgönnte Camilla Jackson ihr Erbe. Geld war etwas, das man selbst verdienen konnte und sollte, aber alte Familienerbstücke, die mit den Hoffnungen und Sorgen von Generationen verbunden waren, waren etwas anderes. Wenn Tante Becky den Krug nun einem Außenstehenden hinterließ? Oder einem Museum? Sie war dazu imstande. William Y. Penhallow schwor sich in Gedanken, dann einen Anwalt einzuschalten.

„Alle Schulden sind zu begleichen", fuhr Tante Becky fort, „und mein Grab soll einen Hügel bekommen, es darf nicht flach sein. Darauf bestehe ich. Merk dir das, Artemas."

Artemas Dark nickte unbehaglich. Er war der Friedhofsgärtner von Rose River und wußte, daß er Ärger mit der Friedhofsverwaltung bekommen würde. Außerdem war so ein Grab sehr schwierig zu mähen.

Wahrscheinlich las Tante Becky seine Gedanken, denn sie sagte: „Ich will nicht, daß ein Rasenmäher über mich hinwegfährt. Du kannst mein Grab sehr schön mit einer Gartenschere pflegen. Ich habe auch Anweisungen für den Grabstein hinterlassen. Er soll genauso groß sein wie alle anderen. Und im Sarg möchte ich meinen Spitzenschal tragen. Es ist das einzige, was ich mitnehmen will. Theodore hat ihn mir geschenkt, als Ronald geboren wurde. Manchmal war Theodore wirklich großzügig. Der Schal ist noch so gut wie neu. Er liegt ganz unten in der dritten Schublade meiner Kommode, eingewickelt in Stanniol. Denk daran, Camilla."

Camilla nickte.

Auf Mrs. Clifford Penhallows Gesicht malte sich Enttäuschung. Sie hatte gehofft, den Schal zu bekommen, denn sie rechnete sich nur geringe Chancen auf den Krug aus. Angeblich hatte der Schal Theodore Dark zweihundert Dollar gekostet. Was für ein Gedanke, zweihundert Dollar zu begraben!

Mrs. Toynbee Dark hatte den ganzen Nachmittag auf einen Anlaß zum Weinen gewartet und sah ihn nun gekommen beim Gedanken an Tante Beckys kleinen Sohn, der schon sechzig Jahre tot war. Sie zückte ihr Taschentuch.

Aber Tante Becky machte ihr einen Strich durch die Rechnung. „Fang noch nicht an zu weinen, Alicia. Übrigens, da ich gerade daran denke, möchtest du mir etwas verraten? Ich wollte es immer wissen, und jetzt ist meine letzte Chance. Welchen deiner drei Ehemänner mochtest du am liebsten – Morton Dark, Edgar Penhallow oder Toynbee Dark? Komm schon, raus mit der Sprache!"

Mrs. Toynbee stopfte ihr Taschentuch wieder in ihre Handtasche und ließ letztere mit einem boshaften Klicken zuschnappen. „Ich habe eine tiefe Zuneigung zu all meinen Partnern gehegt", sagte sie.

Tante Becky schüttelte den Kopf. „Warum sagst du nicht ‚verstorbenen Partnern'? Du hast es doch gedacht. Du denkst so. Alicia, sag einmal ehrlich, hättest du nicht etwas sparsamer mit Ehemännern sein können? Gleich drei! Und die arme Mercy und Margaret haben nicht einmal einen abbekommen!"

Mercy dachte bitter, daß sie, wenn sie Alicia Darks Methoden angewandt hätte, reichlich Ehemänner gehabt hätte. Margaret errötete leicht und blickte jämmerlich drein. Warum mußte die grausame alte Tante Becky sie vor allen lächerlich machen?

„Ich habe all meine Besitztümer unter euch aufgeteilt", sagte Tante Becky. „Ich hasse die Vorstellung, zu sterben und all meine schönen Sachen zu verlassen. Aber da es sein muß, möchte ich keinen Streit ihretwegen, bevor ich kalt im Grab liege. Hier steht alles schwarz auf weiß. Ich habe die Sachen nach Lust und Laune vermacht und lese es euch nun vor. Und laßt euch gesagt sein, daß jemand, der etwas bekommt, deshalb noch lange keine Aussicht auf den Krug hat. Dazu komme ich später."

Tante Becky nahm ihre Brille ab, putzte sie, setzte sie wieder auf und trank einen Schluck Wasser. Der ertrunkene John stöhnte beinahe vor Ungeduld. Nur der Himmel wußte, wann sie endlich auf den Krug kommen würde. An ihrem restlichen Ramsch hatte er kein Interesse.

„Mrs. Denzil Penhallow bekommt meine Kerzenhalter aus rosa Porzellan", verkündete Tante Becky. „Ich weiß, du wirst begeistert sein, liebe Martha. Du hast so viele Andeutungen über Kerzenhalter gemacht."

Mrs. Denzil hatte sich Tante Beckys prächtige georgianische Kerzenhalter aus Silber gewünscht. Und nun bekam sie zwei unvorstellbar häßliche Dinger in grellem Rosa mit einem Muster, das aussah wie sich windende schwarze Würmer. Aber sie versuchte, zufrieden auszusehen, denn sonst hätte sie sich vielleicht die Aussichten auf den Krug verdorben. Denzil dagegen schmollte, und Tante Becky sah es. Alter Wichtigtuer! Sie würde es ihm heimzahlen!

„Als Denzil etwa fünf Jahre alt war, kam er eines Tages mit seiner Mutter zu mir, und unser alter Truthahn lief ihm nach. Der arme Vogel glaubte sicher, nur er habe das Recht, hier herumzustolzieren. Weißt du noch, Denzil? Himmel, wie bist du gerannt – heulend! Du dachtest wohl, der Leibhaftige sei hinter dir her. Immer, wenn ich dich in die Kirche stolzieren sah, habe ich daran gedacht."

Nun, man mußte es ertragen. Denzil räusperte sich und ertrug es.

„Ich habe nicht viel Schmuck", sagte Tante Becky. „Zwei Ringe – einer mit einem Opal – den gebe ich Virginia Powell. Es heißt, er bringe Pech, aber du bist zu modern für diesen alten Aberglauben, Virginia. Aber ich hatte nie mehr Glück, nachdem ich ihn bekommen hatte."

Virginia versuchte glücklich auszusehen, obwohl sie sich den Paravent gewünscht hatte. Was Glück oder Pech betraf – was spielte das schon für eine Rolle? Ihr Leben war vorbei. Niemand mißgönnte ihr den Opalring, aber als Tante Becky von Ringen sprach, spitzten viele die Ohren. Wer würde ihren Diamantring bekommen? Der war sehr schön und mehrere hundert Dollar wert.

„Ambrosine Winkworth bekommt meinen Diamantring", sagte Tante Becky.

Die Hälfte der Anwesenden schnappte mißbilligend nach Luft, und da es alle gleichzeitig taten, war es sehr gut zu hören. Das, dachten die Schnapper, war doch absurd! Ambrosine Winkworth hatte kein Recht auf den Ring. Und was sollte sie auch damit – eine alte, ausgelaugte Dienerin? Wirklich, bei Tante Becky begann wohl die Gehirnerweichung.

„Hier ist er, Ambrosine", sagte Tante Becky, zog den Ring von ihrem knochigen Finger und reichte ihn der bebenden Ambrosine. „Ich gebe ihn Ihnen jetzt, dann gibt es keine Mißverständnisse. Stecken Sie ihn an."

Ambrosine gehorchte. Ihr runzliges altes Gesicht leuchtete vor Freude darüber, daß ein lang gehegter Traum plötzlich und unerwartet in Erfüllung ging. Ambrosine Winkworth, die ein trostloses Leben in den Küchen anderer Leute gefristet hatte, hatte sich immer einen Diamantring gewünscht. Sie hatte es nie zu hoffen gewagt, und nun steckte er an ihrem Finger, ein großes, sternenförmiges Etwas, das in der Junisonne glänzte, die durch das Fenster schien. In diesem Moment wurde für Ambrosine alles wahr. Sie verlangte nichts weiter vom Schicksal.

Vielleicht hatte Tante Becky etwas von dem Traum der alten Frau geahnt. Oder vielleicht hatte sie Ambrosine den Ring nur gegeben, um ihre Familie zu ärgern. Letzteres war ihr jedenfalls gelungen. Nan Penhallow war besonders wütend. Sie hätte den Diamantring bekommen sollen. Thekla Penhallow dachte dasselbe. Joscelyn, die einmal einen Diamantring gehabt hatte, Donna, die immer noch einen hatte, und Gay, die damit rechnete, bald einen zu bekommen, sahen belustigt und gleichgültig aus.

Tante Becky kicherte in sich hinein, nahm ihr Testament wieder zur Hand und gab Mrs. Clifford Penhallow den Paravent.

Was soll ich damit, dachte Mrs. Clifford und war den Tränen nahe.

Margaret Penhallow war die einzige, die niemand beneidete. Sie bekam Tante Beckys *Pilgrim's Progress*[9], ein sehr altes, zerfleddertes Buch. Der Einband war geflickt, die Blätter vergilbt. Man mußte fürchten, daß es auseinanderfiel, wenn man es anfaßte. Aus irgendeinem unbekannten Grund hatte Theodore Dark dieses schändliche alte Ding in Ehren gehalten. Seit seinem Tod verwahrte Tante Becky es in einer alten Schachtel auf dem Dachboden, wo es verstaubte und vermoderte. Aber Margaret war nicht enttäuscht. Sie hatte nichts erwartet.

„Rachel Penhallow bekommt mein grünes Pickle leaf[10]", sagte Aunt Becky.

Rachels langes Gesicht wurde noch länger. Sie hatte sich die Apostel-Löffel gewünscht, aber die bekam Gay Penhallow – zu ihrer freudigen Überraschung. Die Löffel waren sehr schön und würden gut in das kleine Traumhaus passen, das in ihrer Phantasie langsam Gestalt annahm. Tante Becky schaute Gays strahlendes Gesicht an und blickte weniger grimmig drein als sonst. Dann fuhr sie damit fort, ihr Tafelgeschirr Mrs. Penhallow zu hinterlassen, die auf die Chippendale-Anrichte gehofft hatte.

„Ich habe es zur Hochzeit bekommen", sagte Tante Becky. „Nur ein Teil ist kaputt. Theodore hat einmal mit der Faust auf den Deckel einer Terrine geschlagen, als wir uns beim Essen gestritten haben. Ich bin allerdings als Siegerin aus dem Streit hervorgegangen, Terrine hin oder her. Emily, du bekommst das Bett."

Mrs. Emily Frost, geborene Dark, war eine sanftmütige, verwelkte kleine Frau, die auch gern die Apostel-Löffel gehabt hätte. Sie versuchte, so auszuse-

9 *The Pilgrim's Progress from This World to That Which Is to Come* (1878): Christliches Erbauungsbuch des englischen Baptistenpredigers und Schriftstellers John Bunyan (1628 – 1688).

10 Pickle leaf: kleines blattförmiges Servierschälchen.

hen, als sei sie dankbar für ein Bett, das zu groß für ihre winzigen Zimmer war. Und Mrs. Alpheus Penhallow, die das Bett gewollt hatte, mußte sich mit der Chippendale-Anrichte begnügen. Donna Dark bekam einen alten Eierbecher in Form einer bunten Porzellanhenne, die auf einem gelben Porzellannest thronte, und freute sich, weil sie das alte Ding als Kind gemocht hatte. Joscelyn Dark bekam den Mahagonitisch mit den krummen Beinen, auf den Mrs. Palmer Dark aus gewesen war, und Roger Dark die georgianischen Kerzenhalter und Mrs. Denzils ewigen Haß. Der wunderschöne alte Bücherschrank im Stil von Königin Anne ging an Murray Dark, der nie Bücher las, und Hugh Dark bekam die alte Sanduhr aus dem frühen achtzehnten Jahrhundert und fragte sich bitter, was ein Mann damit sollte, für den die Zeit vor zehn Jahren stehengeblieben war. Niemand wußte besser als er, wie lang eine Stunde sein kann und was für schreckliche Dinge in dieser Zeit passieren können.

„Crosby, du bekommst meinen alten Whisky-Dekanter“, sagte Tante Becky. „Es war lange kein Whisky mehr drin, ein Jammer! Du kannst ihn für das Wasser nehmen, das du immer in der Nacht trinkst. Ich habe einmal gehört, wie du ihn bewundert hast.“

Der alte Crosby Penhallow, der eingenickt war, wachte auf und sah zufrieden aus. Er hatte gar nichts erwartet und fand es gütig von Becky, ihn zu bedenken. Sie waren gemeinsam jung gewesen.

Tante Becky betrachtete ihn – seinen schimmernden Kahlkopf, die tiefliegenden blauen Augen, den zahnlosen Mund. Der alte Crosby würde nie eine Zahnprothese tragen. Aber trotz Glatze, trüben Augen und eingefallenem Mund sah Crosby Dark nicht schlecht aus – ganz im Gegenteil.

„Mir ist danach, dir etwas zu gestehen, Crosby“, sagte Tante Becky. „Du hast es nie erfahren – niemand hat es je erfahren – aber du warst der einzige Mann, den ich je geliebt habe.“

Das Geständnis war eine Sensation. Alle wollten lachen – so lächerlich ist erloschene Leidenschaft –, trauten sich aber nicht. Crosbys runzliges Gesicht lief rot an. Zum Henker, machte sich die alte Becky über ihn lustig? Und auch wenn nicht – wie konnte sie es wagen, ihn vor allen Leuten so in Verlegenheit zu bringen?

„Ich war ganz verrückt nach dir“, sagte Tante Becky nachdenklich. „Warum? Ich weiß nicht. Du warst vor sechzig Jahren schöner, als es einem Mann zusteht, aber du hattest keinen Verstand. Trotzdem warst du der einzige Mann für mich. Und du hast mich nie angesehen. Du hast Annette Dark geheiratet – und ich Theodore. Niemand weiß, wie ich ihn gehaßt habe, als wir heirateten. Aber nach einer Weile mochte ich ihn ganz gern. So ist das Leben – auch wenn diese drei romantischen jungen Gänse hier, Gay und Donna und Virginia, das für Häresie halten. Mit der Zeit bin ich über meine unglückliche Liebe zu dir hinweggekommen, aber auch noch Jahre später hatte ich jedesmal Herzrasen, wenn ich dich in die Kirche kommen sah und deine brave kleine Annette hinter dir hertrottete. Es war sehr aufregend, in dich verliebt zu sein, Crosby – wahrscheinlich wäre es nicht halb so aufregend gewesen, mit dir verheiratet zu sein. Und Theodore war ein viel besserer Ehemann für mich, als du es gewesen wärst – er hatte Sinn für Humor! Und jetzt spielt es keine Rolle mehr. Ich wünsche mir nicht einmal mehr, daß du mich geliebt hättest, obwohl ich mir das jahrelang gewünscht habe. Himmel, wie viele Nächte habe ich deinetwegen wachgelegen – und neben mir schnarchte Theodore! Aber so war es. Irgendwie wollte ich immer, daß du das weißt, und nun habe ich endlich den Mut gefunden, es dir zu erzählen."

Der alte Crosby wischte sich die Stirn mit dem Taschentuch ab. Erasmus würde ihn ewig an diese Peinlichkeit erinnern – ewig! Und wenn es nun in der Zeitung landete! Wenn er das geahnt hätte, wäre er gar nicht zum Empfang gekommen. Er starrte den Krug grimmig an – der war schuld, verdammt!

„Ich frage mich, wie viele von uns mit dem Leben davonkommen", flüsterte Stanton Grundy Onkel Pippin zu.

Aber Tante Becky hatte sich schon an Penny Dark gewandt und vermachte ihm ihre Flasche Jordanwasser.

Was zum Kuckuck soll ich mit Jordanwasser, dachte Penny.

Vielleicht war seine Miene zu ausdrucksvoll, denn Tante Becky grinste plötzlich gefährlich. „Weißt du noch, Penny, daß du Rob Dufferin zum Tod seiner Frau gratuliert hast?"

Alle lachten im Chor, wenn auch unterschiedlich laut. Der ertrunkene John übertönte alle, es klang wie ein Erdbeben. Pennys fand, daß eine kleine Verwechslung von Gratulation und Beileidsbekundung, die ihm bei einer öffentlichen Rede aus Nervosität unterlaufen war, ihm nicht ewig vorgehalten werden sollte – noch dazu von Tante Becky, die gerade gestanden hatte, daß die Liebe ihres Lebens nicht ihr Mann gewesen war, die schamlose alte Hexe.

Mercy Penhallow seufzte. Sie hätte gern das Jordanwasser gehabt. Rachel Penhallow hatte eine Flasche, und Mercy hatte sie immer darum beneidet. Ein Haushalt, in dem es eine Flasche Jordanwasser gab, mußte gesegnet sein.

Tante Becky hörte den Seufzer und sah Mercy an. „Mercy", sagte sie unvermittelt, „weißt du noch, wie du auf Stanley Penhallows Silberhochzeit den vergessenen Auflauf gebracht hast, als alle schon mit dem Essen fertig waren?"

Aber Mercy hatte keine Angst vor Tante Becky. Sie hatte Mumm in den Knochen. „Ja, ich erinnere mich. Und weißt du noch, Tante Becky? Als du dein erstes Huhn geschlachtet und gebraten hast, hast du es serviert, ohne es vorher auszunehmen!"

Niemand wagte zu lachen, aber alle waren froh, daß Mercy mutig war.

Tante Becky nickte ungerührt. „Ja, und ich weiß auch noch, wie es stank! Und wir hatten Besuch! Ich glaube, Theodore hat mir das nie ganz verziehen. Ich dachte, das wäre schon seit Jahren vergessen. Ist jemals etwas vergessen? Kann über irgend etwas Gras wachsen? Du hast gewonnen, Mercy, aber ich muß mich an jemandem rächen. Junius Penhallow, erinnerst du dich – da Mercy nun angefangen hat, alte Geschichten auszugraben –, wie betrunken du auf deiner Hochzeit warst?“

Junius Penhallow wurde dunkelrot, aber er konnte es nicht leugnen. Schließlich saß ja Mrs. Junius neben ihm, also konnte er nicht sagen, daß er am Morgen seiner Hochzeit kalte Füße bekommen hatte und sich nüchtern nicht zum Altar gewagt hätte? Er war danach nie mehr betrunken gewesen, und es war unangenehm, daß es ihm jetzt vorgehalten wurde, da er Kirchenältester und als Nüchternheitsapostel bekannt war.

„Ich bin nicht der einzige in der Familie, der mal betrunken war“, murmelte er, obwohl der Krug auf dem Spiel stand.

„Nein, ganz sicher nicht. Da drüben sitzt Artemas. Artemas, erinnerst du dich an den Abend, als du im Nachthemd in die Kirche gekommen bist?“

Artemas, groß, grobschlächtig und rothaarig, war zu betrunken gewesen, um sich zu erinnern, aber er lachte immer dröhnend, wenn es jemand erwähnte. Er hielt es für den besten Witz aller Zeiten.

„Ihr hättet dankbar sein sollen, daß ich wenigstens das Nachthemd anhatte“, sagte er mit einem Glucksen.

Mrs. Artemas wünschte sich, sie wäre tot. Was für Artemas ein Witz war, war für sie eine Tragödie. Sie hatte die Demütigung dieses unbeschreiblichen Abends nie vergessen. Sie hatte Artemas gewisse Brüche seines Eheversprechens gegeben, von denen alle wußten. Aber die Geschichte mit dem Nachthemd hatte sie ihm nie verziehen. Ein Schlafanzug wäre nicht ganz so schlimm gewesen. Aber damals hatte es noch keine Schlafanzüge gegeben.

Jetzt war Mrs. Conrad Dark an der Reihe.

„Du bekommst meine silbernen Salzstreuer. Alec Darks Mutter hat sie mir zur Hochzeit geschenkt. Weißt du noch, wie du dich mit Mrs. Clifford über Alec Dark gestritten hast und sie dir eine Ohrfeige gegeben hat? Und keine von euch beiden hat Alec bekommen! Na, na, zerbrich nicht das Spektrum. Es ist alles vergangen und dahin, genau wie meine Affäre mit Crosby.“

Als wenn es je eine Affäre gegeben hätte, dachte Crosby kläglich.

„Pippin bekommt meine Standuhr. Mrs. Digby Dark denkt, daß sie sie bekommen sollte, weil ihr Vater sie mir geschenkt hat. Aber nein. Erinnerst du dich, Fanny, daß du einmal ein Traktat in ein Buch gelegt hast, das du mir geliehen hast? Weißt du, was ich damit angestellt habe? Ich habe Lockenwickler daraus gemacht. Die Beleidigung habe ich dir verziehen. Traktate, also wirklich! Hatte ich das nötig?“

„Du – warst kein Mitglied der Gemeinde“, sagte Mrs. Digby, den Tränen nahe.

„Nein – und ich bin es auch jetzt nicht. Theodore und ich konnten uns nie einigen, welcher Gemeinde wir uns anschließen sollten. Ich wollte Rose River und er Bay Silver. Und nach seinem Tod schien es mir, als würde es sein Andenken beschmutzen, nach Rose River zu gehen. Außerdem war ich damals schon so alt, daß es komisch gewirkt hätte. Heiraten und Gemeinden beitreten sollte man in jungen Jahren. Aber ich war eine ebenso gute Christin wie alle anderen. Naomi Dark!“

Naomi, die Lawson Luft zugefächelt hatte, sah erschrocken auf, als Tante Becky ihren Namen hervorstieß.

„Du bekommst meinen Wedgwood-Teekessel. Er ist sehr schön. Blumenkohlmuster – so heißt es – mit Goldschimmer. Es ist das einzige, das ich wirklich nur ungern aufgebe. Letty hat ihn mir geschenkt – sie hat ihn bei einem Schlußverkauf in der Stadt gekauft, von ihrem ersten Gehalt. Habt ihr alle Letty vergessen? Sie ist schon vierzig Jahre tot. Sie wäre jetzt sechzig – so alt wie du, Fanny. Oh, ich weiß, du behauptest, du seist erst fünfzig, aber du und Letty wurdet innerhalb von drei Wochen geboren. Es ist seltsam, sich Letty als Sechzigjährige vorzustellen – sie war immer so jung – das jüngste Ding, das ich je kannte. Ich frage mich, wie Theodore und ich sie fabriziert haben. Sie hätte nie sechzig sein können – darum mußte sie sterben. Es war besser so. Es tat mir weh, sie zu verlieren – aber ich glaube, es täte noch mehr weh, wenn sie sechzig wäre – faltig – verwelkt – grauhaarig – meine schöne Letty, die sich wie eine Rose im Wind wiegte! Habt ihr alle ihr goldenes Haar vergessen – so lebendiges Haar? Sei gut zu ihrem Teekessel, Naomi. So, das waren alle meine Kostbarkeiten – bis auf den Krug. Ich bin etwas müde – ich muß mich ausruhen, bevor ich diese Sache in Angriff nehme. Ich bitte euch alle, zehn Minuten schweigend hier zu sitzen und über eine Frage nachzudenken, die ich euch später stellen würde – allen, die über vierzig sind. Wer von euch würde sein Leben gern noch einmal leben, wenn er könnte?“

X. Ein Blick durchs Fenster

Schon wieder eine Laune von Tante Becky! Sie trugen es mit Fassung. Eine zehn Minuten lange Stille kann einem manchmal vorkommen wie ein Jahrhundert. Tante Becky lag da, als schliefe sie friedlich. Ambrosine starrte ihren Diamantring an. Hugh erinnerte sich an seine Hochzeitsnacht. Margaret versuchte, einen Vers für ihr neues Gedicht zu ersinnen. Der ertrunkene John merkte, daß seine neuen Stiefel sehr eng und unbequem waren und dachte besorgt an seinen neuen Wurf Ferkel. Er sollte zu Hause sein und sich um sie kümmern. Onkel Pippin fragte sich ärgerlich, warum Grundy so belustigt dreinschaute. Er wäre entsetzt gewesen, wenn er gewußt hätte, daß Grundy sich vorstellte, er wäre Gott und könne all diese verkorksten Leben in Ordnung bringen, wobei er sich prächtig amüsierte. Murray Dark verschlang Thora mit den Augen, und Thora lächelte weiter vor sich hin. Gay überlegte, welche Mädchen auf ihrer Hochzeit Blumen streuen sollten – die kleine Jill Penhallow und die kleine Chrissie Dark. Sie waren solche Schätze. Sie mußten rosa und gelben Krepp tragen und Körbchen mit rosa und gelben Blumen – Rosen oder Chrysanthemen, je nach Jahreszeit. Palmer Dark malte sich aus, was es für ein Vergnügen wäre, Homer Penhallow zu verprügeln. Der alte Crosby schlief, und der alte Miller nickte mit dem Kopf. Mercy Penhallow saß kerzengerade da und kritisierte das Universum. Einige waren schon gekränkt oder enttäuscht, die Nerven waren angespannt, und als sich Junius Penhallow räusperte, klang es wie eine Gotteslästerung.

Noch zwei Minuten, dann schreie ich, dachte Donna Dark. Plötzlich hatte sie alles satt – die Familie und ihr ganzes ödes Dasein. Wofür lebte sie eigentlich? Sie fühlte sich so fehl am Platz wie die kahle, nicht verblichene Stelle an der Wand, an der ein Bild gehangen hatte. Das Leben hatte keinen Sinn – diese alberne kleine Runde aus Tratsch, Gehässigkeit und boshaftem Lachen. Hier saßen Leute, die bereit waren, einander an die Gurgel zu gehen – wegen eines alten Kruges mit Sprung und ein paar verstaubter Andenken. Sie vergaß, daß sie bei ihrer Ankunft ebenso versessen auf den Krug gewesen war wie alle anderen. Sie fragte sich ungeduldig, ob ihr jemals wieder etwas Schönes, Interessantes oder Aufregendes widerfahren würde. Plötzlich erwachte in ihr die alte Wanderlust des ertrunkenen John. Sie wünschte sich Flügel, die sie ausbreiten und mit denen sie in den Sonnenuntergang fliegen konnte – über die Wellen schweben – mit dem Wind kämpfen – zu den Sternen emporsteigen – kurzum, alles zu tun, das in ihrem hochnäsigen, wohlhabenden, vernünftigen, haushälterischen Clan nie getan worden war. Sie rebellierte gegen die Realität ihres Daseins. Wahrscheinlich war das Geheimnis von Donnas Unruhe in diesem Augenblick einfach nur Sauerstoffmangel, aber es gesellte sich zu der psychologischen Komponente.

Die plötzlich eintretende, anhaltende Stille im Raum weckte die Aufmerksamkeit der Leute auf der Veranda. Sie wunderten sich. Peter, der nie einen Grund sah, seine Neugier zu bezähmen, rutschte vom Geländer, ging zum offenen Fenster und schaute hinein. Das erste, was er sah, war das unzufriedene Gesicht von Donna Dark. Sie saß am Fenster und im Schatten einer großen Fichte, der ins Zimmer fiel. Die smaragdgrüne Dämmerung schimmerte auf ihrem Haar und verdunkelte ihre blauen Augen. Jetzt schaute sie aus dem Fenster und sah Peter. Es war einer der Momente, die man ein Leben lang nicht vergißt. Ihre Blicke trafen sich, Donnas Augen verschleiert von dichten Wimpern, aufgewühlt unter Augenbrauen, die aussahen wie kleine Flügel, Peters grau und entgeistert unter einem verwirrten Stirnrunzeln.

Dann geschah es.

Weder Donna noch Peter wußten sofort, *was* passiert war; sie wußten nur, *daß* etwas passiert war. Peter starrte Donna weiterhin an wie hypnotisiert. Wer war diese dunkle Schönheit? Sie mußte zur Familie gehören, sonst wäre sie nicht dagewesen, aber er konnte sie überhaupt nicht einordnen. Moment – was für eine alte Erinnerung tauchte vor ihm auf – kam näher – und wich zurück? Die alte Kirche in Rose River – und er, ein Junge von zwölf, saß in der Bank seines Vaters – und sah ein kleines achtjähriges Mädchen – mit blauen Augen, schwarzem Haar und Augenbrauen wie Flügel – ein kleines Mädchen in der Kirchenbank des ertrunkenen John! Er wußte, daß er sie hassen mußte, weil sie auf dem Platz des ertrunkenen John saß. Also hatte er ihr eine Grimasse geschnitten. Und das kleine Mädchen hatte gelacht – gelacht! Sie hatte sich über ihn lustiggemacht. Peter, der sie zuvor auf ganz unpersönliche Weise gehaßt hatte, haßte sie jetzt auch persönlich. Er hatte sie weiterhin gehaßt, obwohl er sie nie wiedergesehen hatte – bis jetzt. Jetzt sah er sie in Tante Beckys Salon. Und in diesem Augenblick begriff Peter, was ihm widerfahren war. Er war kein freier Mann mehr – er war diesem blassen Mädchen verfallen. Er hatte sich bis über beide Ohren verliebt – in die Tochter des ertrunkenen John und Barry Darks verhaßte Witwe. Und da er nie halbe Sachen machte, verliebte er sich auch nicht nur halbherzig.

Peter fühlte sich etwas benommen. Es ist verwirrend, zufällig in ein Fenster zu schauen, dort eine Frau zu sehen und plötzlich zu begreifen, daß sie die ist, auf die man unbewußt schon sein ganzes Leben wartet. Noch verwirrender ist es, wenn aus Haß plötzlich Liebe wird – als seien die eigenen Knochen plötzlich aufgeweicht. Es nimmt einen schwer mit. Peter wagte kaum, zum Geländer der Veranda zurückzugehen, weil er fürchtete, daß seine Beine nachgeben würden. Ohne weiter nachzudenken, wußte er, daß er heute abend nicht mehr den Zug nehmen würde. Der Dschungel des Amazonas lockte ihn – jedenfalls vorläufig – nicht mehr. Ein Zauber umgab Peter. Er wollte nur eins – durch das Fenster springen, diese albernen Männer und Frauen beiseite stoßen, Donna Dark packen, die Trauer für einen anderen Mann trug, und sie mitschleifen. Es war nicht auszuschließen, daß er es getan hätte – Peter hatte die Gewohnheit, alles zu tun, was er wollte –, aber in diesem Moment waren die zehn Minuten Stille vorbei, und Tante Becky öffnete die Augen.

Alle atmeten erleichtert auf, und Peter, auf den alle Blicke gerichtet waren, zog sich zurück und setzte sich wieder auf das Geländer. Er ordnete seine wirren Gedanken, sah aber nur noch das schmale Gesicht mit den tiefliegenden Augen, der weißen Haut und dem glatten dunklen Haar. Er hatte sich in Donna Dark verliebt. Ihm war klar, daß höhere Mächte ihn an diesen Ort geführt hatten, damit er sich in sie verliebte. Es war vorherbestimmt gewesen, daß er in diesem Moment durch dieses Fenster geschaut hatte. Himmel, wie viele Jahre hatte er damit verschwendet, sie zu hassen! Hoffnungsloser Idiot! Blinde Fledermaus! Jetzt war nur eins zu tun – sie so schnell wie möglich zu heiraten. Alles andere konnte warten, nur das nicht. Sogar die Frage, was Donna darüber dachte, konnte warten.

Donna dachte eigentlich gar nichts. Sie begriff nicht so schnell wie Peter, was mit ihr passierte. Sie hatte Peter sofort erkannt, als sie ihn gesehen hatte, teils wegen der gleichen alten Erinnerung an einen frechen Jungen aus der Kirche, teils wegen der Fotos von ihm in den Zeitungen. Die waren allerdings nicht besonders gut – nicht halb so faszinierend wie der richtige Peter. Er ließ sich nur sehr ungern fotografieren und starrte immer in die Kamera, als sei sie sein schlimmster Feind. Aber Donna erkannte in ihm ihren Feind – und noch etwas anderes.

Sie bebte plötzlich vor Aufregung – dabei war sie noch vor wenigen Sekunden so gelangweilt gewesen – so müde – so angewidert, daß sie sich am liebsten vergiftet hätte.

Sie war sicher, daß Virginia es bemerkte. Oh, wenn er nur gehen würde, statt dort am Fenster zu stehen und sie anzustarren! Sie wußte, daß er heute abend nach Südamerika aufbrechen wollte; sie hatte gehört, wie Nancy Penhallow es Mrs. Homer erzählt hatte. Donna faßte sich an die Kehle, als bekäme sie keine Luft. Was war nur mit ihr los? Wen kümmerte es, ob Peter Penhallow an den Amazonas oder den Kongo ging? Sie, Donna Dark, Barrys untröstliche Witwe, doch nicht! Sicher nicht! Sie war doch nicht dieses wilde Geschöpf, das nur noch einen Wunsch hatte – zum Fenster zu eilen und sich Peter in die Arme zu werfen! Und vielleicht wäre Donna diesem verrückten Impuls gefolgt, wenn nicht Tante Becky die Augen aufgeschlagen hätte und Peter nicht vom Fenster verschwunden wäre.

Donna stieß ein Keuchen aus. Es kam nach dem allgemeinen Seufzer und fiel niemandem auf außer Virginia. Sie nahm Donnas Hand und drückte sie mitfühlend.

„Liebling, ich habe alles gesehen. Es muß furchtbar hart für dich gewesen sein. Du hast es tapfer getragen."

„Was – was habe ich ertragen?" stammelte Donna.

„Nun, daß dieser schreckliche Peter Penhallow dich so angestarrt hat und ihm der Haß aus den Augen sprach."

„Der Haß – oh, denkst du, er haßt mich – wirklich?" japste Donna.

„Natürlich tut er das. Er haßt dich, seit du Barry geheiratet hast. Aber du läufst keine Gefahr, ihn wiederzusehen, Liebling. Er bricht heute abend zu einer seiner gräßlichen Forschungsreisen auf, also mach dir keine Sorgen."

Donna machte sich nicht direkt Sorgen. Sie glaubte nur, daß sie sterben würde, wenn Peter Penhallow fortginge – einfach so, ohne ein Wort oder noch einen Blick. Es war nicht auszuhalten. Sie wollte mit ihm auf unbekannte Meere hinausfahren – den Kochtopf afrikanischer Kannibalen riskieren – oh, was dachte sie für verrückte Dinge? Und was sagte Tante Becky?

„Jeder über vierzig, der bereit ist, sein oder ihr Leben noch einmal genauso zu leben, hebe die Hand!"

Tempest Dark war der einzige, der die Hand hob.

„Tapferer Mann! Oder ein glücklicher Mann? Was von beidem?" fragte Tante Becky ironisch.

„Ein glücklicher", sagte Tempest lakonisch. Er war wirklich glücklich. Er hatte fünfzehn schöne Jahre mit Winnifred Penhallow gehabt und war zu allem bereit, um sie noch einmal zu erleben.

„Möchtest du dein Leben noch einmal leben, Donna?" flüsterte Virginia gefühlvoll.

„Nein – nein!" sagte Donna. Die Jahre, in denen Peter Penhallow sie gehaßt hatte, noch einmal zu durchleben, wäre unerträglich.

Virginia sah bekümmert und sehr erstaunt aus. Diese Antwort hatte sie nicht erwartet. Sie hatte das Gefühl, daß etwas zwischen sie und Donna getreten war – etwas, das die wunderbare Harmonie trübte, die immer zwischen ihnen geherrscht hatte. Sie hatte immer gesagt, daß sie einander ohne Worte verstanden, weil jede die Gedanken der anderen lesen konnte. Aber jetzt konnte Virginia Donnas Gedanken nicht lesen, was vielleicht auch gut war. Sie fragte sich unbehaglich, ob der Fluch von Tante Beckys Opal schon anfing zu wirken.

„So, kommen wir zur Sache", sagte Tante Becky.

Den Schweinen sei Dank, dachte der ertrunkene John grimmig.

Tante Becky sah sich triumphierend im Zimmer um. Sie hatte die Vorfreude so lange genossen wie möglich. Sie hatte sie alle da, wo sie sie haben wollte –

alle frustriert und wütend – bis auf ein paar Ausnahmen, die gegen ihr Gift immun waren und die sie aus genau diesem Grund nicht verachtete. Aber der Rest? Wie sie da hockten und den Krug anstarrten, bereit, denjenigen in Stücke zu reißen, der ihn bekam! In ein paar Minuten würden sie erfahren, wer der Glückliche war. Oder nicht? Tante Becky kicherte. Sie würde noch eine Bombe platzen lassen!

XI. Ein Jahr Aufschub

Ihr brennt alle darauf zu erfahren, wer den Krug bekommt", sagte sie, „aber ihr werdet euch noch etwas gedulden müssen. Ich wollte euch eigentlich heute sagen, wem ich ihn vermachen will, aber ich habe eine bessere Idee. Ich habe beschlossen, den Krug einem Treuhänder anzuvertrauen, der ihn ab dem letzten Oktober ein Jahr in seine Obhut nehmen soll. Dann – und nicht eher – erfahrt ihr, wer ihn bekommt."

Eine verblüffte Stille trat ein – unterbrochen von einem Lachen von Stanton Grundy. „Na so was!" sagte er lakonisch.

„Wer ist der Treuhänder?" fragte William Y. heiser. Dabei wußte er es schon.

„Dandy Dark. Ich habe mich für ihn entschieden, denn er ist unter allen Männern, die ich je gekannt habe, der einzige, der ein Geheimnis für sich behalten kann."

Alle sahen Robert Dark an, der sich unbehaglich wand, als er im Mittelpunkt der Aufmerksamkeit stand. Keiner war einverstanden. Dandy Dark war ein Niemand – sein Spitzname sagte es ja schon. Der Name war an ihm hängengeblieben, ein Überbleibsel aus der Zeit, in der er ein Dandy gewesen war – heute wäre niemand auf die Idee gekommen, den dicken, nachlässig gekleideten alten Mann mit dem Doppelkinn, dem ungekämmten Haar und den Hamsterbacken so zu nennen. Nur seine kleinen, tiefliegenden schwarzen Knopfaugen schienen Tante Beckys Meinung zu rechtfertigen, er könne ein Geheimnis für sich behalten.

„Dandy wird mein alleiniger Testamentsvollstrecker und nimmt den Krug ab Ende Oktober für ein Jahr in Verwahrung", wiederholte Tante Becky. „Mehr erfahrt ihr anderen nicht. Ich werde euch nicht sagen, was dann entschieden wird. Es kann sein, daß ich Dandy einen versiegelten Brief übergebe, der den Namen des Bedachten enthält. In diesem Fall kann Dandy den Namen herausfinden oder nicht. Oder es ist ebensogut möglich, daß ich in dem gleichen Brief verfüge, daß der Besitzer durch das Los entschieden wird. Oder vielleicht ermächtige ich Dandy, selbst zu entscheiden, wer den Krug bekommt – er muß nur bedenken, was für eine Meinung ich von gewissen Leuten und gewissen Dingen hatte. Falls ich mich also für letzteres entschieden habe, ist es an euch allen, von jetzt an auf euer Verhalten zu achten. Der Krug darf nicht an jemanden gehen, der ein bestimmtes Alter überschritten hat – oder an jemanden, der nicht verheiratet ist, obwohl er meiner Ansicht nach verheiratet sein sollte, oder an jemanden, der zu oft verheiratet war. Es bekommt ihn auch keiner, dessen Gewohnheiten mir mißfallen. Er darf nicht jemandem übergeben werden, der streitlustig ist oder seine Zeit mit Fiedeln verschwendet. Es bekommt ihn auch keiner, der flucht oder trinkt. Auch niemand, der unzuverlässig oder unehrlich oder extravagant ist. Ich fand es immer schrecklich, zuzusehen, wie Leute Geld verschwenden, auch wenn es nicht mein eigenes ist. Den Krug darf keiner bekommen, der keine schlechten Angewohnheiten hat und nie etwas Schändliches getan hat", mit einem Blick auf den untadeligen William Y. „Er darf nicht an jemanden gehen, der Dinge anfängt und sie nicht zu Ende bringt oder schlechte Gedichte schreibt. Andererseits dürfen diese Dinge meine oder Dandys Entscheidung in keiner Weise beeinflussen. Und falls das Los entscheiden sollte, spielt es natürlich keine Rolle, was ihr tut oder laßt. Und außerdem kann ihn auch jemand bekommen, der gar nicht auf der Insel lebt. Jetzt wißt ihr alles, was ihr wissen müßt."

Tante Becky sank in ihre Kissen zurück und weidete sich an den Mienen ihrer Verwandten. Niemand wagte etwas zu sagen, aber was sie dachten! Und sie sahen einander an, als wollten sie sagen: „Also, *du* hast schon mal keine Chance. Du hast ja gehört, was sie gesagt hat."

Alle alten Junggesellen und Jungfern sinnierten darüber, daß sie praktisch aus dem Rennen waren. Titus Dark und der ertrunkene John waren gebrandmarkt, weil sie fluchten. Chris Penhallow, ein lustiger Witwer, der allein lebte und Geige spielte, wenn er eigentlich tischlern sollte, fragte sich, ob er es anderthalb Jahre aushalten würde, die Geige nicht anzurühren. Tom Dark, der als Junge ein Glas Marmelade aus der Speisekammer seiner Tante gestohlen hatte, grübelte, ob Tante Becky ihn gemeint hatte, als sie von unehrlichen Leuten gesprochen hatte. Himmel, wie lange einem manche Sachen nachhingen! Abel Dark, der vor vier Jahren ein Gerüst aufgebaut hatte, um sein Haus zu streichen, hatte nur ein kleines Stück gestrichen und das Gerüst stehenlassen. Er dachte, daß er nun wirklich fertigwerden mußte. Sim Dark fragte sich unbehaglich, ob Tante Becky ihn angesehen hatte oder nicht, als sie von unzuverlässigen Personen gesprochen hatte. Sie schaffte es immer, daß ihre Äußerungen gehässig klangen. Und Penny Dark kam schlagartig auf die Idee, daß es für ihn Zeit sei, zu heiraten.

Homer Penhallow und Palmer Dark fragten sich, ob sie ihren alten Zwist nicht lieber begraben sollten. Sie waren nie die besten Freunde gewesen, jedenfalls nicht mehr seit dem Tag in der Schule, als eine Gruppe von Jungen mit Homer Penhallow als Anführer dem kleinen Palmer Dark die Hose ausgezogen hatte und er eine Meile im Hemd nach Hause gehen mußte. Auch wenn diese Geschichte noch Jahre später nicht vergessen war, herrschte noch keine offene Feindschaft zwischen ihnen – bis zu der Geschichte mit den Kätzchen. Homer Penhallows Katze ging in Palmer Darks Scheune und warf drei Kätzchen, die erst entdeckt wurden, als sie alt genug waren, herumzulaufen. Palmer Dark, der gerade keine Katzen hatte, beanspruchte sie für sich – geboren in seiner Scheune und aufgewachsen auf seinem Grund und Boden. Homer wollte die Kätzchen haben, aber Palmer, der sich seiner Sache sicher war, schnippte nur verächtlich mit den Fingern. Dann machte sich Homers Katze der Undankbarkeit schuldig. Sie ging nach Hause und nahm die Kätzchen mit. Homer triumphierte offen. Was für einen Streich er Palmer damit spielte! Palmer wartete seine Zeit mit unheilverkündender Ruhe ab. Eines Sonntags, als Homer mit der ganzen Familie in der Kirche war, ging Palmer in Homers Scheune, fing die Kätzchen ein und trug sie in einem Beutel nach Hause. Am nächsten Tag erschien Homers Katze und schaffte es, eins zurückzuholen. Die anderen beiden sperrte Palmer ein, bis sie sie vergessen hatte. Also meinte Palmer, er sei besser weggekommen. Er hatte die beiden schönen getigerten Kätzchen und Homer nur ein häßliches kleines Ding mit Flecken, das auch noch an Husten litt. Palmer erzählte die Geschichte der ganzen Familie, und seitdem herrschte zwischen ihm und Homer offener Krieg. So ging es schon seit Jahren, obwohl alle beteiligten Katzen längst da waren, wo gute Katzen hingehen.

„Jetzt habt ihr alles erfahren, was ihr erfahren werdet, ihr könnt also gehen“, sagte Tante Becky. „Achtet darauf, daß ihr Gutes denkt. Ich hinterlasse euch allen meine Verzeihung. Ich hatte einen sehr amüsanten Nachmittag. Der Himmel wird mir danach reichlich langweilig vorkommen, kein Zweifel. Da wir vom Himmel reden, wollen vielleicht einige von euch etwas für mich tun?“

Was für eine Frage! Niemand antwortete, auch wenn der ertrunkene John gern eine Nachricht an Toynbee Dark geschickt und ihm gebeichtet hätte, daß er nie die drei Dollar zurückbezahlt hatte, die er sich vor seinem Tod von ihm geliehen hatte. Aber da Tante Becky auf Erden nie mit Toynbee gesprochen hatte, war es unwahrscheinlich, daß sie es im Himmel tun würde, also war es verschwendete Puste, sie zu fragen. Außerdem war es zu spät. Tante Becky sagte: „Ambrosine, machen Sie die Türen zu.“

Ambrosine schloß die Schiebetüren vor Tante Becky und dem Krug. Die Zungen lösten sich, auch wenn sie immer noch leise sprachen. Sie sagten alles oder jedenfalls das meiste von dem, was sie gedacht hatten. Es herrschte große Unzufriedenheit. Die Darks fühlten sich betrogen, die Penhallows fanden, daß die Darks alles bekommen hatten. Was für eine Idee, der alten Ambrosine Winkworth den Diamantring zu geben!

XII. Nach dem Empfang

Der ertrunkene John stand auf und marschierte hinaus. Er konnte nur eins tun, und das tat er gründlich. Er knallte die Tür zu. „Die Frauen sollen es unter sich ausmachen", sagte er.

Aber die Männer hatten eine Menge zu sagen, sobald sie draußen waren.

„Könnt ihr es glauben?" sagte William Y. und sah sich um, als appelliere er an die ganze Welt.

„Tante Becky hat keinem zuviel vermacht, oder?" kicherte Murray Dark.

Dandy Dark blähte sich auf. Er war noch nie im Leben von irgendeiner Wichtigkeit gewesen; nur die Tatsache, daß er der einzige Mann in der Gegend war, der eine Bulldogge hatte, verschaffte ihm ein wenig Aufmerksamkeit. Und nun war er mit einem Schlag die wichtigste Person der Familie geworden.

„Alle Frauen werden sich wünschen, ich wäre alleinstehend", gluckste er. Aber seine Miene war unergründlich – mit Absicht. Es bestand keine Gefahr, daß er das Geheimnis verraten würde.

„Zu geizig, um etwas herzugeben – nicht einmal ein Geheimnis", murmelte Artemas Dark.

„Die Heiden wüten schon", sagte Stanton Grundy zu Onkel Pippin. „Wenn nicht in einem Monat alle wegen des Kruges zerstritten sind, will ich für den Rest meines Lebens mit Iren kämpfen! Nimm dich in Acht, Pippin."

„Oh, halt den Mund", sagte Onkel Pippin schnippisch.

„Nun, sie hat viele Leichen im Keller auferstehen lassen", sagte Palmer Dark.

„Seit dem Hundekampf in der Kirche habe ich nicht mehr solchen Spaß gehabt", sagte Artemas Dark.

„Tante Becky konnte uns alle noch nie leiden", sagte Hugh. „Sie will uns alle wahnsinnig machen."

„Sie ist nicht wie andere Frauen", knurrte der ertrunkene John.

„Keine Frau ist wie die andere", sagte Grundy.

„Du weißt nicht viel über Frauen, John", sagte Sim Dark.

Kein Mann läßt sich gern sagen, daß er nichts über Frauen weiß – vor allem, wenn er zwei Ehefrauen beerdigt hat. Im ertrunkenen John stieg eine kalte Wut auf.

„Also, ich weiß etwas über dich, Sim Dark, und wenn du nicht endlich aufhörst, Lügen über mich zu verbreiten, was du schon seit Jahren tust, mußt du mit mir rechnen."

„Aber du willst sicher nicht, daß ich die Wahrheit über dich erzähle“, sagte Sim fassungslos.

Der ertrunkene John reagierte nicht mit Worten – das konnte er nicht, weil er nicht wagte, in Tante Beckys Nähe zu fluchen. Er spuckte nur aus.

„Eine Frechheit, den Krug so zu vererben“, brummte William Y.

„Ihr solltet dankbar sein, daß sie nicht die Bedingung gestellt hat, daß jeder einen Salto in der Kirche macht“, sagte Artemas. „Sie hätte es getan, wenn ihr die Idee gekommen wäre.“

„Das hätte dir gefallen, da bin ich sicher“, erwiderte William Y. „Du machst ein Gesicht wie die Grinsekatze bei dem bloßen Gedanken!“

Oswald Dark drehte sich um und musterte den wütenden William Y. „Sieh dir den Mond an“, sagte er milde und machte eine Handbewegung in Richtung der blassen, silbernen Blase, die über dem Tal schwebte. „Sieh dir den Mond an“, wiederholte er beharrlich und legte William Y. seine lange schmale Hand auf den Arm.

„Himmel, ich habe den Mond schon gesehen – hundertmal!“ schnaubte William Y. verächtlich.

„Aber kann man ein Bildnis perfekter Schönheit – wie den Mond – zu oft sehen?“ fragte Oswald und richtete seine großen grauen Augen forschend auf William Y., der unwirsch den Arm wegzog und Oswald und seinem Mond den Rücken kehrte.

„Der Krug sollte nicht in ein Haus kommen, in dem keine verantwortungsvolle Frau lebt“, sagte Denzil Penhallow säuerlich. Jeder wußte, daß Mrs. Dandy phasenweise verrückt war wie ein Rebhuhn im November.

„Wenn jemand etwas gegen meine Frau sagen will, tut er es besser nicht in meiner Gegenwart“, erwiderte Dandy drohend. „Ich schlage ihm das Gesicht ein!“

„Jederzeit“, sagte Denzil gehorsam.

„Bitte, laßt uns den Anstand wahren“, bat Onkel Pippin nervös.

„Pippin, geh nach Hause und steck deinen Kopf für drei Tage in Terpentin“, donnerte der ertrunkene John.

Onkel Pippin sank in sich zusammen. Das kam daher, dachte er, daß sie bei Tante Becky nichts zu essen bekommen hatten. „Der Teufel soll den Krug holen“, murmelte er.

„Ich glaube nicht, daß der Teufel so entgegenkommend ist“, sagte der unbezähmbare Grundy.

Die Frauen kamen heraus, und die Männer holten ihr Auto oder ihr Pferd, je nach Geldbeutel oder Alter. Tempest Dark, der zu Fuß ging, schlenderte durch die Pforte und dachte, daß er diese Komödie bis zum Ende sehen wollte. Er würde lange genug leben, um zu erfahren, wer den Krug bekam.

Titus Darks Frau war auf dem Nachhauseweg in Tränen aufgelöst und beschwor ihn, sich das Fluchen abzugewöhnen.

„Verdammt, das kann ich nicht“, stöhnte Titus. „Und ich bin nicht der einzige in unserer Sippe, der flucht. Denk nur an den ertrunkenen John.“

Der ertrunkene John weiß, wann man fluchen darf und wann nicht – und du weißt es nicht“, schluchzte Mrs. Titus. „Es ist nur für etwas über ein Jahr, Titus. Du mußt aufhören zu fluchen, sonst gibt Dandy uns den Krug nie.“

„Ich glaube nicht, daß Dandy etwas zu melden hat. Tante Becky wird es niemand anderen entscheiden lassen“, sagte Titus. „Ich würde nur monatelang leiden, ohne daß es sich lohnt, verd – . Außerdem, Mary, wie soll es jemand mit mir aushalten, wenn ich nicht fluchen darf? Wenn ich zehn Minuten geflucht habe, bin ich lammfromm. Ist das nicht besser, als alles hinunterzuschlucken und Mordlust zu haben? Sieh dir nur dieses Pferd an. Ich muß fluchen, sonst macht es keinen Schritt. Es versteht gar keine andere Sprache.“

Aber Titus versprach, es zu versuchen. Er sinnierte darüber, daß es verdammt schwer sein würde. Diese Frauen waren so verdammt unvernünftig. Aber er mußte es probieren und wollte verwünscht sein, wenn er es nicht tat. Das Rennen um den Krug war eröffnet, und der Teufel würde den Letzten holen.

Gay stahl sich allein davon. Sie kannte eine kleine, mit Farnkraut überwucherte Ecke unten an der Seitenstraße; dort wollte sie Noels Brief lesen. Sie sah so glücklich aus, daß der Mondmann den Kopf schüttelte.

„Nimm dich in Acht“, flüsterte er warnend. „Es ist gefährlich, zu glücklich zu sein – die Mächte des Himmels mögen das nicht. Sieh nur, wie oft sie meinen Mond vor mir verbergen.“

Aber Gay lachte ihn nur aus und rannte weiter, den Seitenpfad hinunter und zur Pforte unter den Apfelblüten hinaus. Gay liebte Apfelblüten. Es schmerzte sie immer, daß sie nur so kurze Zeit überdauerten – milchige, wunderbare Blüten. Natürlich kamen etwas später die Rosen. Aber hätte man nur die Apfelblüten und die Rosen gleichzeitig haben können! Gay verspürte eine Gier nach Schönheit. Sie wollte alle Arten auf einmal, jetzt, da das Leben selbst im Begriff war, wunderbar zu erblühen und all die kommenden Tage es nicht erwarten konnten, geboren zu werden. So ist die Jugend. Sie will alles auf einmal und begreift nicht, daß etwas für herbstliche Tage aufgespart werden muß. Abwarten? Unsinn! Alles sofort! Gay dachte das nicht, sie fühlte es nur, als sie die Straße hinuntereilte, süß und jungfräulich wie die Apfelblüten.

„Ein nettes kleines Ding, wenn du mich fragst“, kicherte Stanton Grundy bewundernd und gab Onkel Pippin einen Rippenstoß.

„Ich frage dich aber nicht“, sagte Onkel Pippin ärgerlich. Er hatte ein Gefühl für das Schickliche. Man durfte sich ruhig über alte Jungfern und dicke verheiratete Frauen lustig machen, aber junge Dinger wie Gay sollte man in

Ruhe lassen. Grundys anzügliches Grinsen erniedrigte alles. Hatte der Mann denn vor nichts Achtung? Und warum tat er nichts gegen seinen Mundgeruch? Die Zeitschriften machten soviel Werbung für Gegenmittel!

Gay las ihren Brief in der Farnkraut-Ecke, küßte ihn und steckte ihn wieder in ihren Ausschnitt. Nur eine schreckliche Sache stand darin. Noel schrieb, daß er erst Samstag kommen könne. Sie hatten in der Bank soviel zu tun. Mußte sie drei ganze Tage überstehen, ohne ihn zu sehen? Konnte sie das? Eine kleine Gruppe von Gänseblümchen, die vor einem mit Flechten bedeckten, alten Stein wuchsen, nickte ihr zu. Sie pflückte eine von ihnen – es waren magische Gänseblümchen, die wußten, ob man geliebt wurde oder nicht. Weise Gänseblümchen. Gay zupfte ein winziges weißes Blütenblatt nach dem anderen ab. „Er liebt mich – er liebt mich nicht – er liebt mich!“ Gay holte den Brief wieder hervor, küßte ihn und legte die ausgerissenen Blütenblätter hinein. Sie war jung und hübsch und sehr verliebt. Und er liebte sie. Die Gänseblümchen hatten es gesagt. Was für eine Welt! Der arme alte Mondmann! Als ob man zu glücklich sein könnte! Und als würde Gott einen nicht glücklich sehen wollen! Die Menschen waren doch zum Glücklichsein geschaffen! Und war es nicht das Wunderbarste überhaupt, daß sie und Noel einander begegnet waren und sich ineinander verliebt hatten! Wo es doch so viele andere Mädchen gab, für die er sich hätte interessieren können! Sie stand im Mittelpunkt eines herrlichen Zaubers, der ihr ganzes Leben verändert hatte.

XIII. Am gleichen Nachmittag

Donna kam gemeinsam mit Virginia heraus. Sie fing sich langsam wieder, aber sie wußte noch nicht genau, was passiert war. Sie wußte, daß Peter auf dem Geländer saß und sie vorhatte, erhaben in ihrer dunklen Witwenwürde und gesenkten Blickes an ihm vorbeizurauschen. Aber dann mußte sie doch aufschauen. Sie tauschten wieder einen unvergeßlichen Blick. Diesmal fiel es Virginia auf, und sie war etwas durcheinander. Es sah nicht aus wie ein haßerfüllter Blick. Sie packte Donna am Arm, als sie die Treppe hinuntergingen.

„Donna, ich glaube, dieses Schwein Peter ist dabei, sich in dich zu verlieben."

„Oh – meinst du – meinst du wirklich?" sagte Donna.

Virginia konnte ihren Ton überhaupt nicht deuten. Aber es mußte ein entsetzter sein. „Ich befürchte es. Wäre es nicht schrecklich für dich? Was für ein Glück, daß er heute abend nach Südamerika abreist. Stell dir nur vor, wie es wäre, wenn er anfinge, dich zu umwerben."

Donna stellte es sich vor. Ein seltsamer Schauer aus Entsetzen und Freude überlief sie. Sie war erleichtert, daß der ertrunkene John ihr genau in diesem Moment zurief, sie solle sich beeilen. Sie flüchtete zu seinem Wagen, und auf der Treppe blieb eine verwirrte und etwas verstörte Virginia zurück. Was war in Donna gefahren?

Mrs. Foster Dark ging nach Hause und verzehrte ihr Abendessen unter Happys Geige, die an der Wand hing. Murray Dark ging nach Hause und dachte an Thora. Artemas Dark sinnierte bekümmert darüber, daß er es nicht schaffen würde, sich ein Jahr lang nicht zu betrinken. Crosby Penhallow und Erasmus verbrachten den Abend mit ihren Flöten – alles in allem recht angenehm, auch wenn Crosby ein paar Sticheleien von Erasmus wegstecken mußte, weil die alte Becky in ihn verliebt sei. Peter Penhallow ging nach Hause und packte seinen Koffer aus. Er hatte die ganze Welt nach dem geheimnisvollen Sinn des Lebens abgesucht, und nun hatte er ihn in einem Blick aus Donna Darks Augen gefunden.

War er wahnsinnig? Dann willkommen, Wahnsinn!

Der große und der kleine Sam gingen über windgepeitschte Felder nach Hause, und unterwegs kaufte der kleine Sam von dem kleinen Mosey Gautier ein Los für die Lotterie, die Pfarrer Sullivan in Chapel Point veranstalten wollte, um Geld für das Altenheim für Seemänner zusammenzubekommen. Der große Sam kaufte keins. Er wollte nichts mit Katholiken und deren Treiben zu tun haben, und er dachte, daß der kleine Sam sein Geld viel besser anlegen konnte. Sie mußten an die Bekehrung der Heiden denken!

„Es kommt nichts Gutes dabei heraus", bemerkte er säuerlich.

Der kleine Sam ging nach Hause, verbannte den alten Krug der Darks aus seinen Gedanken und setzte sich hin, um sein Lieblingsbuch zu lesen – Foxes *Book of Martyrs*[11]. Der salzige Wind, den sogar sein abgehärtetes und unromantisches Herz liebte, wehte zum Fenster herein.

Der große Sam ging zu den Klippen hinunter und fand Frieden, indem er dem Golf die erste Strophe seines Epos vortrug.

---

11 Das *Book of Martyrs* (1563) von John Foxe (1516 – 1587): Schilderung der Leiden der Protestanten im England unter Königin Mary I.

XIV. Whispering Winds

Denzil Penhallow sagte Margaret, daß sie zu Fuß nach Hause gehen müsse, denn er und seine Frau waren bei den William Y.s zum Tee eingeladen. Margaret war insgeheim froh darüber. Es war nur eine Meile, und es war Juni. Außerdem hatte sie so die Gelegenheit, haltzumachen und Whispering Winds zu sehen.

Whispering Winds war das kleine Geheimnis, das das Leben der armen Margaret erträglich machte. Es war der Regenbogen an dem grauen Himmel ihres Lebens. Es war das kleine Haus an der Seitenstraße nach Bay Silver, in dem Tante Louisa Dark gewohnt hatte. Nach ihrem Tod vor zwei Jahren hatte ihr Sohn Richard, der in Halifax lebte, es geerbt. Es stand zum Verkauf, aber niemand hatte es je kaufen wollen – das heißt, niemand außer Margaret, die kein Geld hatte, um irgend etwas zu kaufen und die man für einen solchen Plan ausgelacht hätte. Hatte sie nicht ein wunderbares Zuhause bei ihrem Bruder? Was in aller Welt wollte sie mit einem eigenen Haus?

Margaret wollte es – unbedingt. Sie hatte Tante Louisas kleines Haus immer geliebt. Sie hatte ihm den geheimen Namen Whispering Winds gegeben und träumte sich alle möglichen Albernheiten zusammen. Als sie an der Seitenstraße ankam, bog sie ab und erreichte bald den Weg, der zu ihrem Haus führte. Es war ein alter, alter Weg, grasbewachsen und zerfurcht, gesäumt von verblichenen, alten grauen Fichten. Es folgte eine Birkenallee – dann junge Tannen dicht an dicht – und am Ende des Weges stand das kleine Haus. Es war einst weiß gewesen, aber jetzt war es ebenso grau wie die Fichten. Es sonnte sich in den letzten Strahlen des Tages, und seine Fenster blinzelten ihr freundlich zu. Hinter dem Haus ragte ein steiler Hügel empor, auf dem junge Ahornbäume vom Wind gezaust wurden, und zu seiner Rechten erahnte man ein purpurfarbenes Tal. In einer Ecke stand ein alter Brunnen, über dem ein Apfelbaum seine Blütenblätter verstreute. Zur Linken erstreckte sich ein kleines Feld im Schatten eines Fichtenwaldes. Der Duft des Klees wehte bis nach Whispering Winds. Die Luft schimmerte golden wie ein heller Weißwein, und die Ruhe war ein Segen.

Margaret hielt vor Entzücken den Atem an.

Whispering Winds war ein Haus, in das man sich auf den ersten Blick verliebte, ohne daß man sagen konnte, warum. Vielleicht lag es daran, daß sein rotes Dach vor dem grünen Hügel so schön aussah. Sie liebte es sehr. Sie ging durch den alten Garten, der immer verwahrloster wirkte. Sie sehnte sich danach, ihn zu pflegen und das Unkraut zu jäten. Der Pfad war überwuchert, die Vergißmeinnicht wuchsen wild. Das Haus und der Garten riefen nach jemandem, der sich um sie kümmerte. Beide gehörten zusammen – man konnte sie nicht trennen. Das Haus schien im Garten gewachsen zu sein, und die Büsche und Reben hielten es fest. Wenn sie nur dieses Haus haben könnte – und dazu ein Baby – sie würde nicht mehr verlangen. Nicht einmal Tante Beckys Krug. Margaret gestand sich bekümmert ein, daß sie für eine Weile aufhören mußte, Gedichte zu schreiben, sonst hatte sie keine Chance, den Krug zu bekommen. Und sie wünschte ihn sich immer noch. Da sie Whispering Winds nie bekommen würde, wollte sie wenigstens den Krug. Dandy Dark war immer nett zu ihr gewesen. Wenn es bei ihm lag, wer den Krug bekam, hatte sie bessere Aussichten, als wenn Tante Becky entschied. Die grausame alte Tante Becky, die sich vor versammelter Sippschaft über sie, ihre kläglichen kleinen Gedichte und ihre Altjüngferlichkeit lustig gemacht hatte. Margaret wußte, daß sie vielleicht albern, verwelkt, kindisch, unwichtig und unerwünscht war, aber es tat weh, wenn darauf herumgeritten wurde. Sie tat doch niemandem etwas, warum konnte man sie nicht in Ruhe lassen? Denzil und Mrs. Denzel stichelten auch immer an ihr herum und machten Bemerkungen über „das gesegnete Dasein der Ledigen“, und ihre Nichten und Neffen lachten sie ganz offen aus. Aber hier, in diesem entlegenen, schattigen kleinen Garten, vergaß sie alles. Die Dinge schmerzten sie nicht mehr. Wenn sie nur für immer hierbleiben könnte, hier, wo die Rotkehlchen abends in den Ahornbäumen zwitscherten. Sie konnte ihnen ewig zuhören.

Aber bald war es Zeit, nach Hause zu gehen. Mrs. Denzil erwartete sicher, daß sie das Abendessen für die Familie machte und half, die Kühe zu melken. Sie sagte Whispering Winds bedauernd Lebewohl und machte sich auf den Weg zu dem schmucklosen quadratischen Haus in dem Garten ohne Bäume, in dem Familie Denzil Penhallow wohnte. Sie ging hinauf in ihr scheußliches kleines Zimmer mit Blick auf den Hühnerhof, das sie mit Gladys Penhallow teilen mußte. Gladys war da und hatte Besuch von ein paar Freundinnen, die wie immer laut dachten, und zwar so laut sie konnten. Es herrschte ständig Lärm, nie hatte man eine ruhige Minute. Margaret hatte Kopfschmerzen. Sie wünschte, sie wäre nicht zu Tante Beckys Empfang gegangen. Es hatte ihr nichts gebracht. Und was den alten *Pilgrim's Progress* anging, so konnte er ihretwegen getrost auf dem Dachboden von The Pinery liegenbleiben.

Wie hübsch Gay Penhallow heute ausgesehen hatte! Und so jung! Wie war es, achtzehn zu sein? Margaret hatte es vergessen – wenn sie es je wirklich gewußt hätte. Was war zwischen Hugh und Joscelyn vorgefallen? Und wie konnte Thora Dark, die verheiratet war, es wagen, so anziehend auf andere Männer zu wirken? Wie mochte es sein, wenn ein Mann einen so ansah, wie – sie hatte es beobachtet – Murray Thora angesehen hatte? Er hatte kein Recht, die Frau eines anderen Mannes so anzuschauen. Armer Lawson! Es war schrecklich, die Sehnsucht in Naomis Augen zu sehen. Wie aufgeregt Ambrosine wegen des Rings war! Margaret gönnte es ihr. Vielleicht bedeutete der Ring Ambrosine soviel wie ihr Whispering Winds. Allerdings waren die Finger der armen alten Ambrosine zu dünn und knotig, um Ringe zu tragen. Margaret betrachtete zufrieden ihre eigenen schmalen, wohlgeformten Finger. Niemand konnte behaupten, daß sie keine schönen Hände hatte. Roger Dark war ein netter Kerl, warum fand er kein nettes Mädchen, das er heiraten konnte? Es hieß, er sei verrückt nach Gay Penhallow, die ihn keines Blickes würdigte. Da war es wieder – um sie herum wurde soviel Liebe verschwendet, und sie hungerte nach einem bißchen! Plötzlich kam Margaret die Idee, daß Gott nicht gerecht war. Sie schauderte und drängte den Gedanken beiseite – es war Blasphemie! Es klang wie etwas, das dieser gräßliche Grundy-Mensch sagen würde. Arme Cousine Robina! Peter Penhallow, so erzählte man sich, würde auf eine neue Entdeckungsreise gehen. Er schien das Leben in vollen Zügen zu genießen, aber Margaret beneidete ihn nicht. Sie wollte nie fort von zu Hause. Was sie wollte, war ein Platz, an dem sie Wurzeln schlagen und in Ruhe alt werden konnte. Margaret dachte, daß ihr das Altwerden nichts ausmachen würde, wenn man sie dabei in Frieden ließ. Aber es war schwer, in Würde zu altern, wenn man ständig dafür ausgelacht wurde, daß man nicht mehr jung war. Doch in ihrer Familie gab es für Frauen nur einen Lebensweg. Natürlich konnten sie Krankenschwester, Lehrerin oder Schneiderin oder so etwas werden, um die Zeit bis zur Heirat totzuschlagen, aber die Darks und die Penhallows nahmen einen nicht ernst.

XV. Joscelyns Beichte

Sagen Sie Joscelyn Dark, daß ich sie sehen will, bevor sie nach Hause geht, Ambrosine“, befahl Tante Becky. Joscelyn war den kurzen Weg von Bay Silver zu Fuß gekommen und wollte auch zu Fuß zurückgehen. Palmer Dark hatte ihre Mutter und ihre Tante im Auto gebracht. Sie hatte schon wieder genug von Tante Becky, aber sie ging gehorsam ins Schlafzimmer zurück. Immerhin hatte die arme Seele nicht mehr lange zu leben.

Tante Becky lehnte sich in ihre Kissen zurück. Sie starrte ernst auf eine kleines alte Ferrotypie, die neben ihrem Bett an der Wand hing. Das Bild war nicht besonders schön – fand jedenfalls Joscelyn. Aber sie sah es ja auch nicht mit Tante Beckys Augen. Joscelyn sah nur einen rundlichen, wichtigtuerischen alten Mann mit fransigem Backenbart und eine magere kleine Frau in einem grotesken Kleid. Tante Becky sah einen großen, gutgelaunten Mann, dessen Lebensfreude alle angesteckt hatte, und ein Mädchen mit funkelnden Augen, das mit seinem Witz und seiner schelmischen Art jede Gesellschaft aufmuntern konnte und das viele spannende Liebesgeschichten erlebt hatte. Tante Becky seufzte und wandte sich Joscelyn zu. Das Feuer in ihren Augen war erloschen, die Schärfe aus ihrer Stimme verschwunden. Sie sah genau wie das aus, was sie war – eine sehr alte, sehr kranke, sehr müde Frau.

„Setz dich, Joscelyn. Ich liege hier und frage mich, wie viele Leute froh sein werden, wenn ich tot bin? Und traurig sein wird niemand. Und ich wünschte, ich hätte etwas anders gelebt, Joscelyn. Ich habe mich immer über sie lustig gemacht – und keinen verschont – sie haben alle Angst vor mir. Ich bin für sie eine Dämonin. Es war herrlich, zu sehen, wie sie sich wanden. Aber jetzt – bin ich mir nicht mehr so sicher. Ich habe das teuflische Gefühl, daß ich lieber ein gütiges, sanftes, ungefährliches Geschöpf hätte sein sollen wie – nun ja, wie Annette Dark zum Beispiel. Als sie starb, waren alle traurig – obwohl sie nie im Leben etwas Gescheites gesagt hat. Aber sie war klug genug, zu sterben, bevor sie zu alt wurde. Das sollten Frauen tun, Joscelyn. Ich bin zu lange aufgeblieben. Keiner wird mich vermissen.“

Joscelyn sah Tante Becky ruhig an. Sie wußte, daß Tante Beckys Worte in gewisser Weise stimmten. Und sie spürte die Bitterkeit in der Seele der alten Frau, die sich hinter all ihrer zur Schau getragenen Ironie und Bissigkeit verbarg. Sie wollte sie trösten, ohne Lügen aufzutischen. Joscelyn konnte Lügen weder erzählen noch leben, was ihr das Leben in der Familie sehr schwermachte.

„Ich denke, Tante Becky, daß wir dich alle viel mehr vermissen werden, als du glaubst – sogar viel mehr, als wir es uns selber vorstellen können. Du bist wie – wie Senf. Manchmal beißt du – und eine Überdosis von dir ist ziemlich furchtbar – "

„Wie heute zum Beispiel", warf Tante Becky mit einem matten Lächeln ein.

„Aber du gibst den Dingen Würze, die ohne dich fade wären. Und du kommst mir vor wie – ich weiß nicht, wie ich es ausdrücken soll – der Kern der Darks und der Penhallows. Wir werden nicht mehr die gleiche Familie sein, wenn du nicht mehr da bist. Du hast immer alles interessant gemacht. Wenn es heute ein ganz normaler Nachmittag gewesen wäre – wenn wir hergekommen wären und du nett zu uns gewesen wärst – "

„Und euch etwas zu essen serviert hätte – "

„Dann wären wir alle wieder gegangen und hätten den Nachmittag vergessen. Es hätte einfach nichts gegeben, an das man sich hätte erinnern können. Aber dieser Nachmittag wird im Gedächtnis bleiben – und im Gespräch! Wenn die Mädchen alte Frauen sind, werden sie ihren Enkelkindern davon erzählen – und dadurch wirst du noch fünfzig Jahre nach deinem Tod weiterleben, Tante Becky."

„Ich habe oft gedacht, daß die Welt furchtbar langweilig wäre, wenn alle engelsgleich gut und vollkommen wären", räumte Tante Becky ein. „Daß ich mir wünsche, ich wäre mehr wie Annette gewesen, liegt wohl nur daran, daß ich so müde bin. Sie war lieb und gut und uninteressant – hat nie im Leben ein böses Wort gesagt. Und ich war viel hübscher als sie, merk dir das! Aber Crosby liebte sie. Also, Joscelyn, jetzt verrate ich dir etwas ganz Verrücktes. Es gab einmal eine Zeit, in der ich meine Seele geopfert hätte, wenn Crosby mich geliebt hätte. Ich hätte alles dafür gegeben und getan, nur eines nicht – zu sein wie Annette! Nicht einmal für Crosby wollte ich sein wie Annette, auch wenn ich jetzt albern werde und wünschte, ich wäre gewesen wie sie. Ich piesacke die Leute lieber, als sie zu langweilen. Aber – "

Tante Becky hielt inne und sah Joscelyn ernst an. Joscelyn hatte sich gut gehalten. Sie sah sehr gut aus. Das Abendlicht, das durch das Fenster hinter ihr fiel, formte einen zittrigen rosa Heiligenschein um ihren Kopf. Aber ihre Augen – Tante Becky wollte das quälende Rätsel um Joscelyns Augen lösen.

„Ich habe dich nicht hierbleiben lassen, um über meine eigenen Gefühle zu reden. Ich werde sterben, und ich habe keine Angst vor dem Tod. Ist es nicht seltsam? Früher hatte ich solche Angst davor. Aber bevor ich sterbe, will ich dich etwas fragen. Ich habe dich bisher nie gefragt – tu mir diesen letzten Gefallen. Was ist zwischen dir und Hugh schiefgegangen?"

Joscelyn fuhr zusammen – errötete – erbleichte – und machte Miene, aufzustehen.

„Nein, bleib sitzen! Wenn du es nicht erzählen willst, werde ich dich nicht dazu drängen. Es ist nicht meine Neugier, Joscelyn, die liegt hinter mir. Ich würde nur einfach gern die Wahrheit wissen, bevor ich sterbe. Ich erinnere mich an eure Hochzeit. Ich habe nie einen so glücklichen Bräutigam gesehen! Und du wirktest auch ganz zufrieden – jedenfalls, als du gerade hereinkamst. Ich weiß noch, daß ich dachte, ihr beide wäret füreinander geschaffen – die Art Menschen, die heiraten und eine Familie gründen sollten. Und ich möchte wissen, was all das ruiniert hat."

Joscelyn saß ein paar Minuten schweigend da. Zu ihrer eigenen Überraschung hatte sie den sonderbaren Wunsch, Tante Becky alles zu erzählen. Tante Becky würde es verstehen – sie war sicher, daß Tante Becky es verstehen würde. Seit zehn Jahren lebte sie im Schatten von Mißverständnissen, Mißbilligung und Mißtrauen. Es machte ihr nichts aus, jedenfalls meinte sie das – die innere Flamme, die ihr Leben erleuchtet hatte, war ihr Schutz gewesen. Aber heute hatte sie das Gefühl, daß es ihr doch mehr ausgemacht hatte, als ihr klar gewesen war. Ihre Seele war wund, und dieses Gefühl war alt, nicht neu. Sie würde es Tante Becky erzählen. Niemand sonst würde es je erfahren. Es war wie eine Beichte an einem Grab. Und es würde ihr vielleicht helfen – sie heilen. Sie beugte sich vor und begann leise zu reden.

Tante Becky lag reglos da und hörte zu, bis Joscelyn zu Ende gesprochen hatte. „Das war es also", sagte sie, als die leidenschaftliche Stimme verstummt war. „Darauf wäre keiner von uns je gekommen. Ich jedenfalls nicht. Ich dachte, es wäre vielleicht nur eine Kleinigkeit – so viele Tragödien im Leben beginnen mit kleinen, albernen, lächerlichen Dingen! Niemand hat je erfahren, warum Roger Penhallow sich vor vierzig Jahren erhängt hat – niemand außer mir. Er hat es getan, weil er achtzehn Jahre alt war und sein Vater ihn geschlagen hatte. Ah, was ich alles über diese Sippe weiß! All die Dinge, die ich heute erzählt habe, weiß niemand sonst. Aber noch mehr habe ich verschwiegen. Aber warst du nicht sehr grausam, Joscelyn?"

„Was hätte ich sonst tun sollen?" sagte Joscelyn. „Ich konnte nicht anders."

„Mit deinem spanischen Blut nicht, nehme ich an. Jedenfalls werden wir es auf dein spanisches Blut schieben. Alles, was in deinem Zweig der Penhallows verkehrt ist, wird diesem spanischen Einschlag angekreidet. Zum Beispiel, daß Peter Penhallow es so eilig hatte, geboren zu werden. Es muß auch an dem spanischen Blut liegen, daß ihr euch alle so Hals über Kopf verliebt. Die meisten Nachfahren von Kapitän Martin haben sich auf den ersten Blick verliebt – oder gar nicht! Ich dachte, du wärest von dem Fluch verschont geblieben – Hugh hat dich so lange umworben. Hast du je bereut, daß du es getan hast, Joscelyn?"

„Nein – nein – nein", rief Joscelyn.

„Zwei ‚nein' zuviel", sagte Tante Becky.

„Ich sage dir die ganze Wahrheit“, sagte Joscelyn langsam. „Es stimmt wirklich – ich habe es nie bereut. Man kann es nicht bereuen, wenn man getan hat, was man tun mußte. Aber es tat mir leid – und zwar die ganze Zeit –, daß ich es tun mußte. Ich wollte es nicht. Ich wollte Hugh nicht so verletzen – und ich wollte Treewoofe für mich. Ich will es immer noch – du ahnst nicht, wie sehr ich Treewoofe haben will – und das ganze schöne Leben, das ich dort geplant hatte. Es war furchtbar, es aufgeben zu müssen. Aber ich konnte nicht anders, Tante Becky – ich konnte nicht.“

„Nun, Gott segne dich, Kind. Je weniger wir darüber reden, desto besser. Du wirst mich wahrscheinlich heute abend hassen, weil du es mir erzählt hast. Du wirst das Gefühl haben, ich hätte es dir entlockt – mit dem Trick, alt und jämmerlich zu sein.“

„Nein, du hast es mir nicht entlockt. Ich wollte es dir sagen. Ich weiß nicht, warum – aber ich wollte. Und ich bin froh, daß du mir keine allzu großen Vorwürfe machst, Tante Becky.“

„Ich mache dir gar keine Vorwürfe. Ich würde sogar glauben, daß du recht hattest, wenn ich jung genug wäre, um das zu glauben. Gott stehe uns allen bei, was für eine Welt! Was für Dinge passieren den Leuten – ohne Sinn und Verstand! Frank hat nie geheiratet, nicht wahr? Meinst du, es ging ihm so wie dir?“

Joscelyn schoß das Blut ins Gesicht. „Ich weiß nicht. Er ist ja am nächsten Morgen abgereist. Manchmal denke ich, daß es so war – als ich ihn ansah – oh, Tante Becky, du erinnerst dich doch daran, was Virginia Penhallow über ihre erste Begegnung mit Ned Powell gesagt hat. Die ganze Familie hat darüber gelacht. ‚Als ich ihm in die Augen sah, wußte ich, daß er für mich bestimmt war.‘ Natürlich war es albern. Aber Tante Becky – genau das Gefühl hatte ich auch.“

„Natürlich.“ Tante Becky nickte verständnisvoll. „Wir alle haben manchmal so ein Gefühl. Es ist nicht lächerlich, wenn man es fühlt, sondern erst, wenn man es in Worte faßt. Es ist nicht dafür gedacht, in Worte gefaßt zu werden. Nun ja, ich konnte nicht den Mann bekommen, den ich wollte, also habe ich beschlossen, den Mann zu wollen, den ich bekommen konnte. So hat Craig Penhallow es auch gesehen. Kennst du die Geschichte von Craig Penhallow und der Allee von Treewoofe, Joscelyn?“

„Nein.“

„Nun, dir ist doch bestimmt etwas Merkwürdiges an den Fichten aufgefallen, nicht wahr? Die Allee hat Lücken!“

Joscelyn nickte. Tante Becky konnte ihr kaum etwas über das Aussehen der Bäume in der Allee von Treewoofe erzählen, das sie nicht schon wußte.

„Vor dreißig Jahren hat Treewoofe dem alten Cornelius Treverne gehört. Craig hat seiner Tochter Clara den Hof gemacht. Und eines Abends gab Clara ihm einen Korb, und zwar auf eine sehr grobe Weise. Craig war wütend. Er stürmte aus dem Haus und die Straße hinunter. Der arme alte Cornelius hatte den ganzen Tag damit verbracht, eine Hecke aus kleinen Fichtenschößlingen auf beiden Seiten dieser langen Straße zu pflanzen. Ein anstrengender Tag, jawohl! Und was, glaubst du, hat Craig getan, um sein Mütchen zu kühlen? Als er vorbeistapfte, riß er ein paar von Cornelius' Bäumchen auf der rechten Seite aus – noch einige Schritte – dann ein paar auf der linken Seite – und so weiter. Du kannst dir vorstellen, wie es aussah, als er am Ende der Straße angekommen war. Und du kannst dir vorstellen, was der alte Cornelius dachte, als er es am nächsten Morgen entdeckte. Er fand nie die Zeit, neue Bäume zu pflanzen – Cornelius hatte ein Talent, Dinge aufzuschieben. Er war ein guter Mann, furchtbar gut. Es war ein Segen, daß er keine Söhne hatte, denn die wären sicher auf die schiefe Bahn geraten, um die Familie im Gleichgewicht zu halten. Aber eilig hatte er es nie. Also wuchsen nur die Bäume, die noch da waren. Was Craig betraf, so ging es ihm viel besser, nachdem er mit der Straße fertig war. Und andere Mütter hatten auch noch schöne Töchter – Maggie Penhallow war genauso hübsch wie Clara Treverne. Oder jedenfalls brachte sie ihre Augen und Hände so gut zur Geltung, daß sie als hübsch durchging. Weißt du, Craig war wie ich. Er beschloß, vernünftig zu sein. Vielleicht war dein Weg vernünftiger, Joscelyn – und vielleicht sind wir allesamt Dummköpfe, und die erhabenen Götter des Mondmannes lachen über uns. Joscelyn – und ich weiß nicht, ob ich dir das erzählen sollte –, aber ich denke, ich sollte es, weil du es wohl noch nicht weißt, und die Dinge, die wir nicht wissen, tun manchmal sehr weh, auch wenn das alte Sprichwort etwas anderes sagt. Hughs ganze Familie setzt ihm zu, daß er in die Staaten gehen und sich scheiden lassen soll. Das haben schon mehrere getan. Die Leute prahlen damit, daß es auf Prince Edward Island seit der Charlottetown-Konferenz[12] keine einzige Scheidung gegeben habe. Völliger Unsinn! Es gab schon ein Dutzend."

„Aber – aber – sie sind hier nicht – legal, oder?" stammelte Joscelyn.

„Doch, mehr oder weniger. Man drückt jedenfalls die Augen zu. Denk dran, ich sage nicht, daß Hugh es tun wird. Aber sie liegen ihm in den Ohren, jawohl. Die Zeiten haben sich in den letzten zehn Jahren etwas geändert. Eine Scheidung geht bei uns nicht so einfach – aber in Hughs Fall würde man es gutheißen. Mrs. Jim Trent ist die treibende Kraft dahinter, soweit ich weiß. Sie hat so lange in den Staaten gelebt, daß sie die dortigen Ansichten übernommen hat. Und sie und Pauline Dark verstehen sich so gut wie zwei Katzen, die aus der gleichen Schüssel trinken. Pauline ist so verliebt in Hugh wie eh und je."

„Es kümmert mich nicht", sagte Joscelyn steif und erhob sich zum Gehen. Sie sagte Tante Becky recht kurz angebunden auf Wiedersehen.

12 Auf der Charlottetown-Konferenz wurde 1864 Kanada gegründet.

Tante Becky lächelte geheimnisvoll, als sie gegangen war. Ich habe Joscelyn Dark dazu gebracht, eine einzige Lüge in ihrem Leben zu erzählen, selbst wenn sie nie wieder eine erzählen sollte, dachte sie. Arme, dumme kleine Romantikerin. Ich weiß nicht, ob ich sie beneiden oder verachten soll. Aber ich erinnere mich, daß ich mich selbst auch einmal so ernst genommen habe. Gott, was ist mit jungen Mädchen los? Der Sohn des alten Cy Dark!“

XVI. Joscelyns Geheimnis

Joscelyn ging durch den schimmernden duftenden Juniabend. Langsam, denn sie hatte es nicht eilig, nach Hause zu kommen. Ihre Mutter und Tante Rachel würden empört über den Nachmittag sprechen und erwarten, daß sie ebenso empört war. Langsam, weil das unwillkommene Gefühl, daß eine Veränderung bevorstand, sie begleitete. Langsam, weil sie wieder die Geschichte durchlebte, die sie Tante Becky erzählt hatte.

Sie war ganz sicher gewesen, daß sie Hugh liebte, als sie schließlich versprochen hatte, ihn zu heiraten. Sie war während ihrer kurzen Verlobung glücklich gewesen. Alle waren glücklich gewesen – und zufrieden – bis auf Hughs Mutter, Mrs. Conrad Dark, und seine Cousine zweiten Grades, Pauline Dark. Es kümmerte Joscelyn nicht, ob Pauline zufrieden war oder nicht, aber sie bedauerte, daß Mrs. Conrad es nicht war. Mrs. Conrad mochte sie nicht – sie hatte sie nie gemocht. Joscelyn hatte sich nie vorstellen können, warum – bis heute nachmittag, als Tante Becky das Geheimnis mit ihrer Bemerkung über Alec gelüftet hatte. Joscelyn wußte, daß Mrs. Conrad sie schon seit ihrer ersten Begegnung verabscheute – die Sache mit dem Unterrock, der unter dem Kleid hervorschaute, hatte es klargestellt. Heutzutage, im Zeitalter der Unterröcke, gibt es drei verschiedene Möglichkeiten, einem Mädchen zu sagen, daß der Unterrock zu sehen ist. Man kann es als Freundin sagen, die sich verpflichtet fühlt, Bescheid zu geben, damit der Schaden behoben wird, bevor es eine andere merkt, die es als Panne betrachtet, die auch ihr passieren kann. Man kann es als gleichgültige Zuschauerin erzählen, die eigentlich nichts mit der Sache zu tun hat, aber andere so behandelt, wie sie selbst behandelt werden will. Oder man kann es mit unterdrückter Schadenfreude sagen, voller Genugtuung über das Malheur, und sie wissen lassen, daß man das verhängnisvolle Kleidungsstück gesehen hat und daß man seine eigene Meinung über ein Mädchen hat, das so nachlässig ist.

Mrs. Conrad Dark hatte es auf die letzte der drei Arten gesagt, und Joscelyn wußte, daß sie eine Feindin war. Aber das trübte das Glück ihrer Verlobung nicht. Joscelyn gab ebensowenig wie Peter Penhallow auf die Meinung anderer Leute. Solange Hugh sie liebte, spielte es keine Rolle, was Mrs. Conrad dachte, und Joscelyn wußte, wie sehr Hugh sie liebte.

Kurz nach ihrer Verlobung stand der Hof Treewoofe in Three Hills zum Verkauf. Treewoofe war nach irgendeinem Ort in Cornwall benannt, der alten Heimat der Trevernes. Das Haus stand auf einem Hügel mit Blick auf das Tal von Bay Silver, und Hugh kaufte den Hof wegen dieser herrlichen Aussicht. Die meisten seiner Verwandten fanden die Idee, einen Hof nur deshalb zu kaufen, weil er schön war, sehr amüsant und verdächtigten Joscelyn, ihm den Floh ins Ohr gesetzt zu haben. Glücklicherweise war der Boden gut, wenn auch vernachlässigt, und das Haus fast neu. Hugh hatte kein schlechtes Geschäft gemacht, auch wenn die Winterstürme ihn manchmal wünschen ließen, er hätte ein geschützteres Haus gewählt. Und der Blick war natürlich wunderschön. Alle Darks und Penhallows hatten genug Sinn für Schönheit, um das zu sehen. Es bestand kein Zweifel, daß der alte Cornelius den Preis um hundert Dollar erhöht hatte, nur wegen der Aussicht. Aber es war ein einsamer, abgelegener Flecken Erde, und die meisten fanden, daß Hugh einen Fehler gemacht hatte.

Hugh und Joscelyn hatten keine Bedenken. Sie beide liebten Treewoofe. Der Glanz vieler Sonnenuntergänge hatte diesen Hügel geflutet und riesige Wolken ihren Schatten auf ihn geworfen. Eines Abends, nachdem er es gekauft hatte, waren er und Joscelyn hingegangen, aber sie hatten nicht die Straße genommen, sondern einen kleinen, krummen, zugewachsenen Pfad, der durch die Buchenwälder führte und voller Überraschungen war, die ein direkter Weg niemals bieten kann. Sie waren wie Kinder durch das Haus und den Obstgarten gerannt und standen schließlich vor der Vordertür und schauten nach unten. Sie sahen den Hügel – die Bauernhöfe und Wälder unten im Tal – Joscelyns eigenes Zuhause, das aus der Ferne aussah wie ein Puppenhaus – die spiegelblanke Schönheit von Bay Silver – den Hafen – und noch viel weiter den riesigen Golf, an diesem Abend ein graues Meer mit silbernen Streifen – und Joscelyn hatte es vor Entzücken den Atem verschlagen. All das jeden Tag zu sehen – jeden Tag den herrlichen Wind um die Nase zu spüren, der vom Hafen bis zu ihrem Gipfel heraufkam. Und oh, wie würde die Morgendämmerung über den Wiesen in der Tiefe sein?

„Wir werden hier oben drei gute Nachbarn haben“, sagte Joscelyn. „Den Wind, den Regen und die Sterne! Die sind hier immer in der Nähe. Ich habe mir schon immer gewünscht, auf einem Hügel zu wohnen. Im Tal bekomme ich keine Luft.“

Als sie sich umdrehte, sah sie den alten Garten – und dahinter die blühenden Obstbäume. Ihr Zuhause, in dem es keine Geister der Vergangenheit gab, sondern nur die Verheißungen der Zukunft. Ungeborene Augen schauten aus den Fenstern – ungeborene Stimmen sangen in den Zimmern – ungeborene Füße rannten durch den alten Obstgarten. Wunderbare Morgen – unbekannte herrliche Jahre warteten hier auf sie. Freunde würden zu Besuch kommen – Kameraden an die Tür klopfen – seidene Kleider würden in ihren Zimmern rascheln – Gäste und Lachen würden das Haus füllen. Was für ein Heim sie aus Treewoofe machen würden! Der ganze Reichtum des Lebens würde ihnen gehören.

Joscelyn sah ihr Gesicht und das von Hugh in dem langen Spiegel, der über dem Kamin in der Ecke hing und über dem eine faszinierende schwarze Katze thronte. Junge, glückliche Gesichter. Hugh legte den Arm um sie und drückte sie an sich.

„Das ist ein alter Spiegel, Schatz. Viele Frauen haben schon hineingeschaut. Aber keine war so schön wie meine Königin."

Die Hochzeit fand im September statt. Milly, Joscelyns leichtsinnige jüngere Schwester, war Brautjungfer. Frank Dark war Trauzeuge. Joscelyn hatte Frank Dark noch nie gesehen. Er lebte in Saskatchewan. Sein Vater Cyrus Dark war mit seiner damals noch kleinen Familie dorthin gegangen, und Frank und Hugh waren in den Jahren, die Hugh im Westen verbracht hatte, Freunde gewesen. Frank kam für die Hochzeit nach Osten und traf erst am Nachmittag des Festtages ein. Joscelyn sah ihn zum erstenmal, als ihr Onkel Jeff sie hereinführte und neben ihrem wartenden Bräutigam stehenließ. Joscelyn hob den Blick und erwartete, Hugh zu sehen – und stattdessen sah sie Frank Dark, der Hughs Braut mit unverhohlener Neugierde musterte.

Frank Dark „sah so aus, wie er hieß", wie man in der Familie sagte. Er hatte seidiges schwarzes Haar, ein schmales gebräuntes Gesicht und dunkle glänzende Augen. Ein wirklich gutaussehender Bursche, dieser Frank Dark. Neben ihm wirkte Hugh zu groß, knochig und unfertig. Und in diesem Augenblick wußte Joscelyn Penhallow, daß sie Hugh Dark nie geliebt hatte, daß sie nur Freundschaft für ihn empfand. Sie liebte Frank Dark, den sie nie zuvor gesehen hatte.

Die Zeremonie war schon in vollem Gang, als Joscelyn aufging, was geschehen war. Sie dachte immer, daß sie, wenn sie es einen Moment eher begriffen hätte, noch einen Rückzieher hätte machen können. Aber als sie zur Besinnung kam, sagte Hugh schon „Ja", und Franks Schatten fiel auf den Boden vor ihr, als sie „Ja" sagte, ohne eigentlich zu wissen, was sie sagte. Im nächsten Augenblick war sie Hugh Darks Frau – und leidenschaftlich verliebt in einen anderen Mann! Und im gleichen Moment schwor sich Hugh, daß ihr nie ein Leid widerfahren sollte, wenn er es verhindern konnte.

Joscelyn begriff nie, wie sie den Abend überstand. In der Erinnerung kam er ihr immer vor wie ein Alptraum. Hugh küßte sie auf den Mund – zärtlich – besitzergreifend. Joscelyn verspürte einen leidenschaftlichen Widerwillen. Milly küßte sie ebenfalls – unter Tränen –, und dann beugte sich Frank Dark vor, lächelte, gratulierte und küßte sie auf die Wange. Es war das erste und das letzte Mal, daß er sie berührte, aber selbst heute, zehn Jahre später, brannte dieser Kuß auf Joscelyns Wange, wenn sie daran dachte.

Es folgte eine wahre Orgie an Küssen. Auf Hochzeiten bei den Darks und Penhallows küßte jeder die Braut und alle anderen, die geküßt werden konnten oder wollten. Joscelyn hatte trotz aller Verwirrung noch einen einzigen klaren

Gedanken – niemand, wirklich niemand, durfte die Stelle küssen, die Frank geküßt hatte. Sie stellte ihre Lippen und die linke Wange zur Verfügung, aber die rechte nicht. Einer nach dem anderen kam mit Glückwünschen, Tränen oder Lachen – Joscelyn spürte die Tränen ihrer Mutter, der ertrunkene John erdrückte sie beinahe, sie hörte Onkel Erasmus einen der schmutzigen kleinen Witze flüstern, die er immer auf Hochzeiten von sich gab, sie sah die kalte, gehässige Miene von Mrs. Conrad, die ihr keinen Kuß gab – sie sah Pauline Darks blasse, bebende Lippen – Paulines Kuß war kalt wie ein Grab – und sie hörte die fröhliche alte Tante Charlotte flüstern: „Sag ihm mindestens einmal pro Woche, daß er wunderbar ist.“ Es war alles nur ein Traum – sie mußte jeden Moment aufwachen!

Als die Tortur der Gratulationen vorüber war, kam die Tortur des Abendessens. Joscelyn wurde ausgelacht, weil sie keinen Bissen hinunterbrachte. Onkel Erasmus machte noch einen zotigen Witz und handelte sich einen schmerzhaften Rippenstoß seiner Frau ein. Nach dem Essen führte Hugh seine Braut heim. Die übrigen jungen Leute, unter ihnen auch Frank Dark, blieben in Bay Silver, um die ganze Nacht durchzutanzen. Joscelyn trug einen Mantel über ihrem prächtigen Brautkleid – Hugh hatte sie gebeten, so mit ihm nach Hause zu kommen.

Die Fahrt nach Treewoofe verlief schweigend. Hugh spürte, daß Joscelyn nicht reden wollte. Er selbst war so glücklich, daß er auch nicht reden wollte. Worte konnten alles verderben. Auf Treewoofe hob er sie aus dem Wagen, nahm ihre Hand – wie kalt die Hand war! Sie hatte Angst, seine kleine Braut – und führte sie über den Rasen und über die Schwelle der Tür. Er wollte sie mit dem kleinen Vers willkommen heißen, den er zu diesem Anlaß gedichtet hatte. Hugh hatte die Gabe zu reimen, die dann und wann in der Familie auftrat und sich manchmal bei Leuten bemerkbar machte, bei denen man es am wenigsten erwartet hätte. Er hatte sich diese Szene hundertmal ausgemalt – er würde eine Braut in weißer Seide und mit weißem Schleier über seine Schwelle führen – aber keine Braut mit so weißen Lippen und aufgerissenen, entsetzten Augen. Endlich merkte Hugh, daß irgend etwas ganz und gar nicht stimmte. Das war nicht die mädchenhafte Scheu und Verwirrung einer glücklichen Braut.

Sie standen in der Eingangshalle von Treewoofe und starrten einander an. Im Kamin flackerte ein Feuer – Hugh hatte es eigenhändig angezündet, bevor er gegangen war, und seinen Gehilfen gebeten, dafür zu sorgen, daß es nicht ausging. Das rosa Licht erleuchtete die Halle und fiel auf seine schöne goldene Braut – die nicht mehr die seine war.

„Joscelyn – mein Liebling – was ist los?“

Sie fand die Sprache wieder. „Ich kann nicht mit dir leben, Hugh.“

„Warum nicht?“

Sie sagte es ihm. Sie liebte Frank Dark und konnte deshalb nicht die Frau eines anderen Mannes sein. Ihre Augen waren nicht mehr blau oder grün, sondern Flammen.

Es war ein schrecklicher Moment. Als er vorüber war, öffnete Hugh die Tür sperrangelweit und sah Joscelyn an, sein zorniges Gesicht war weiß wie Rauhreif. Er sagte nur ein Wort: „Geh."

Joscelyn war gegangen, geisterhaft in Satin und Tüll, hinaus in die kalte Septembernacht, in der der Mond silbern schien. Halb ging sie, halb rannte sie zurück nach Bay Silver, erfüllt einem wilden Triumphgefühl. Als sie am Friedhof vorbeikam, war ihr, als würden ihre dort beerdigten Angehörigen versuchen, sie aufzuhalten. Ihr Vater allerdings nicht. Er lag ganz still in seinem Grab – stiller, als er je zu Lebzeiten dagelegen hatte. Er hatte spanisches Blut in den Adern gehabt. Mrs. Clifford Penhallow hätte ein Lied davon singen können. Ihre Familie – und sie selbst auch – war der Meinung gewesen, daß sie wegen Cliffords Launen ein schweres Leben gehabt hatte. Aber als sie Witwe geworden war, stellte sie fest, daß es eine ganze Menge größerer Schwierigkeiten gab, die er ihr verheimlicht hatte.

Joscelyn machte sich nichts vor. Sie war nach Recht und Gesetz Hughs Frau und konnte keinen anderen Mann heiraten. Der Gedanke an eine Scheidung kam ihr nie. Aber sie hatte die Freiheit, ihrer Liebe treu zu sein – der wunderbaren Leidenschaft, die so plötzlich ihre Seele erfüllt und ihr Flügel verliehen hatte, so daß sie eher über die Straße schwebte als ging. Dieses Hochgefühl vertrieb Furcht und Scham, nichts konnte sie rühren, nicht einmal das, was ihr unweigerlich bevorstand. In dieser aufgewühlten Stimmung erschien sie wieder im Haus ihrer Mutter, und die entsetzten Tänzer flohen, als hätten sie ein Gespenst gesehen. Als Joscelyn mit dem Rauhreif der Herbstnacht auf ihrem Brautschleier nach oben ging, fragte sie sich, ob Frank sie sah und was er wohl dachte. Aber Frank war nicht da. Zehn Minuten, nachdem Hugh und seine Braut gegangen waren, kam ein Telegramm für Frank Dark. In Saskatchewan lag Cyrus Dark im Sterben. Frank packte sofort seine Koffer, die er noch gar nicht fertig ausgepackt hatte, um den frühen Bootszug zu erreichen. So entkam er vielleicht den Peitschenhieben, die ein Rasender auf Treewoofe ihm zudachte und die er nun wirklich nicht verdient hatte.

Frank Dark kehrte in den Westen zurück, ohne je zu erfahren, daß die Braut seines Freundes sich in ihn verliebt hatte. Er hatte nicht beabsichtigt, daß sie sich in ihn verliebte, obwohl er sie sehr hübsch fand. Sie hatte sogar Geld. Hugh hatte eben immer Glück.

XVII. Das Jordanwasser

Joscelyn blieb an der Pforte ihres Zuhauses stehen und sah es mit einigem Widerwillen an. Das alte Haus von Clifford Penhallow war pedantisch sauber, altmodisch und schmucklos, aber die Touristen, die im Sommer nach Bay Silver kamen, fanden es sehr niedlich, und es war ein Postkartenmotiv. Das Haus stand auf einer kleinen Landzunge, die in die Bucht mündete. Auf einer Seite reichte das Dach fast bis zum Boden. Die Fenster waren hoch und schmal. Umgeben war es von einem kleinen grünen Garten, in dem nichts wuchs außer Rasen, den Rachel Penhallow jeden Tag fegte. Zur Rechten standen ein paar Bäume – eine Fichte, ein Ahorn und drei Apfelbäume inmitten eines kleinen Steinwalls. Zur Linken führte eine kleine Pforte auf eine Wiese – oh, alles war so sauber, ordentlich und kahl –, auf der sich ein paar Weidenbäume im Wind wiegten und auf der Mrs. Clifford ihre Kuh stehen hatte. Dahinter sah man eine schnurgerade blaue Linie (den Hafen), Dünen und einen diesigen Sonnenuntergang.

Zehn Jahre lang war es für Joscelyn nur ein Ort gewesen, an dem sie ihr seltsames, zurückgezogenes Traumleben führte. Sie verlangte auch gar nicht mehr. Aber jetzt war ihr plötzlich diese sonderbare Abneigung bewußt geworden. Sie hatte es nie besonders gemocht. Es stand zu tief – sie sehnte sich nach dem Wind und der Aussicht eines Hügels. Sie wollte nicht hineingehen. Sie konnte ihre Mutter und Tante Rachel durch das Wohnzimmerfenster sehen. Offenbar stritten die beiden sich wieder einmal. Sie hörten sich an wie keifende Fischweiber. Streiten war das einzige, was sie konnten. Keine der beiden hatte spanisches Blut in den Adern. Joscelyn wußte, was sie erwartete, wenn sie hineinging – sie würden den ganzen Nachmittag noch einmal durchkauen und ihr irgendwie das Gefühl geben, sie sei schuld daran, daß sie nicht bekamen, was sie wollten. Das konnte sie jetzt nicht ertragen – also umrundete sie die Wiese, als wolle sie an die Küste, und als sie außer Sichtweite war, schlüpfte sie durch das Dickicht aus Zaunrosen, durch die Küchentür und schlich nach oben in ihr Zimmer. Mit einem Seufzer der Erleichterung und Müdigkeit sank sie in den Stuhl am offenen Fenster.

Plötzlich war sie müde wie noch nie. Würde ihr Dasein ewig so bleiben? Sie hatte seit Jahren nicht an die Zukunft gedacht, weil es keine Zukunft für sie gab – nur die seltsame Gegenwart, in der ihre geheime Liebe brannte wie die Flamme eines Altars, und sie mußte dafür sorgen, daß sie nicht erlosch, wie eine ergebene Priesterin. Aber jetzt dachte sie an die Zukunft. Eine Zukunft mit zwei alten Frauen, die ständig stritten – einer verbitterten geizigen Tante und einer Mutter, die immer darüber klagte, daß sie „wie eine Sklavin" schufte und keine Anerkennung bekomme. Milly, die fröhliche, verantwortungslose Milly, war schon lange verheiratet und außer Haus. Joscelyn war erleichtert gewesen, als sie ging, weil Milly sie für eine dumme Gans hielt, aber jetzt vermißte sie Millys Lachen. Wie still und reglos alles war. Aber oben auf Treewoofe würde der Wind wehen. Dort war es immer windig. Sie konnte von ihrem Sitzplatz aus ganz Treewoofe im Licht eines seltsam roten rauchigen Sonnenuntergangs sehen. Geliebtes Treewoofe! Auf eine seltsame Art schien es immer noch ihr zu gehören, wenn sie an Winterabenden zusah, wie der Mond über dem verschneiten Hügel aufging oder im Herbst die Sterne über den nebligen Feldern blinkten. Eine Wolke zog vorbei – eine Wolke, die aussah wie eine Frau mit langen, wehenden, nassen Haaren. Sie dachte an Pauline Dark – Pauline, die immer noch Hugh liebte. Konnte es sein, daß Hughs Familie wirklich von ihm erwartete, er würde sich in den USA scheiden lassen? Würde Pauline jemals die Herrin von Treewoofe sein? Pauline mit ihrem schmalen, gehässigen Lächeln, reserviert wie eine Katze. Bei diesem Gedanken schlugen die Wogen des Heimwehs über Joscelyn zusammen. Treewoofe gehörte ihr – ihr, auch wenn sie ihr Erbe nie antreten konnte. Hugh würde nie eine andere Frau ihren Platz einnehmen lassen. Es wäre ein Sakrileg. Joscelyn schauderte wieder. Ihr wurde bitter bewußt, daß der Frühling ihres Lebens weit zurücklag. Sie war nicht mehr jung – und alles, was sie vom Leben gehabt hatte, war ein kühler, gleichgültiger Kuß auf die Wange, die seither kein anderer Mund mehr berührt hatte. Und doch hätte sie für diesen Kuß ihre Seele gegeben.

Tante Rachel kam herein und hielt sich nicht mit der nutzlosen Formalität auf, vorher anzuklopfen. Sie hatte geweint, und ihre knollige Nasenspitze war sehr rot. Aber sie hatte einen Trost – Mercy Penhallow hatte nicht Tante Beckys Jordanwasser bekommen, Gott sei Dank. Sie, Rachel Penhallow, war jetzt die einzige Frau in der Familie, die so eine Flasche hatte. Penny Dark zählte nicht, weil Männer solche heiligen Dinge nicht verstanden.

„Wie hat dir der Nachmittag gefallen, Joscelyn?"

„Gefallen – der Nachmittag – oh, es war lustig", sagte Joscelyn.

Tante Rachel starrte sie an. Für sie war der Nachmittag schrecklich und skandalös gewesen, und sie wäre nie auf die Idee gekommen, ihn lustig zu finden.

„Wir haben natürlich keine echte Chance, den Krug zu bekommen. Das habe ich deiner Mutter schon gesagt, bevor wir hingegangen sind. Und jetzt sind unsere Aussichten noch schlechter als je zuvor. Dandy Dark und Mrs. Conrad sind Cousin und Cousine ersten Grades. Wenn du nicht so verrückt gewesen wärst – "

Joscelyn wand sich wie immer bei Tante Rachels Sticheleien. Sie haßte Tante Rachel, sie hatte sie schon immer gehaßt. Es war ihr ein tröstlicher Gedanke, daß es in ihrer Macht stand, Tante Rachel zutiefst zu demütigen. Tante Rachel, die sich so viel darauf einbildete, diese Flasche Jordanwasser zu besitzen – eine von denen, die ein Wanderprediger einst verkauft hatte, weil er Geld für seine Mission brauchte. Sie und Theodore Dark waren die einzigen in der Familie gewesen, die eine gekauft hatten. Die Flasche stand mitten auf dem Kaminsims im Salon, und Tante Rachel staubte sie jeden Tag voller Ehrfurcht ab.

Als Joscelyn noch ein kleines Mädchen gewesen war, hatte sie sich eines Tages allein im Salon wiedergefunden. Sie war tollkühn auf einen Stuhl gekletterte und hatte die heilige Flasche in die Hand genommen. Es war eine hübsche Flasche mit einem rautenförmigen Glasstöpsel, und Tante Rachel hatte liebevoll eine blaue Seidenschleife um den Flaschenhals gebunden. Aber irgendwie war es Joscelyn gelungen, die Flasche fallenzulassen. Glücklicherweise landete sie auf den weichen, samtigen Rosen, die einen von Mrs. Cliffords berühmten Häkelteppichen zierten, und war deshalb nicht zerbrochen. Aber der Pfropfen rutschte heraus, und bevor die entsetzte Joscelyn vom Stuhl springen und die Flasche aufheben konnte, war das kostbare Jordanwasser schon bis auf den letzten Tropfen ausgelaufen. Im ersten Augenblick war ihr vor Schreck das Blut in den Adern gefroren. Selbst mit zehn hatte sie nicht geglaubt, daß dieses Wasser irgend etwas Besonderes oder gar Heiliges war – dafür hatte sie die ironischen Bemerkungen ihres Vaters zu gut verstanden. Aber sie wußte, wie Tante Rachel reagieren würde. Dann kam ihr ein schelmischer Gedanke. Zum Glück war sie allein im Haus. Sie ging aus dem Zimmer und füllte die Flasche mit Wasser aus dem Eimer in der Küche. Es sah genau gleich aus, und Tante Rachel fiel nie ein Unterschied auf.

Joscelyn hatte das nie einer Menschenseele erzählt und dabei weniger an sich selbst gedacht als an Tante Rachel. Die Flasche mit dem vermeintlichen Jordanwasser war das einzige, was Tante Rachels Leben irgend einen Sinn gab. Es war das einzige, was sie liebte – und eigentlich auch ihren Gott, obwohl sie entsetzt gewesen wäre, wenn es ihr jemand gesagt hätte.

Und Joscelyn hätte Tante Rachel und ihr Märtyrer-Gehabe nie ertragen, wenn sie sich nicht der Macht bewußt gewesen wäre, die sie über sie hatte.

„Wo hast du die Flasche mit dem Jakobsöl hingestellt, als du die Speisekammer geputzt hast?“ fragte Tante Rachel. „Ich will meine Gelenke einreiben. Es wird Regen geben. Ich hätte nicht aufhören sollen, Flanell zu tragen. Jeder Mensch sollte bis Ende Juni Flanell tragen.“

Joscelyn ging wortlos hinaus und holte das Jakobsöl.

XVIII. Ein enttäuschtes Haus

Hugh Dark lehnte eine Weile an der Pforte von Treewoofe, bevor er hindurchging. Er sah sich das Haus auf dem Hügel an, das sich tiefschwarz von dem stumpfen Rot des Himmels abhob – das Haus, von dem er einst gedacht hatte, daß Joscelyn Penhallow seine Herrin werden würde. Er fand, daß es einsam aussah – als ob es nichts mehr vom Leben erwarten würde. Aber es hatte nichts von der Totenruhe eines Hauses an sich, das sein Leben hinter sich hatte. Es sah aus, als ob es nie gelebt hätte, es strahlte die Enttäuschung eines Betrogenen aus, es war seines Geburtsrechts beraubt worden.

Vor seiner Heirat hatte Hugh gern so dagestanden und sein Haus angesehen, wenn er heimkam, und die Träume eines jungen Mannes geträumt. Er stellte sich vor, wie er zu Joscelyn nach Hause kommen würde. Er würde einen Moment warten, bevor er eintrat, und zu all den Fenstern aufblicken, in denen in verschneiten Winternächten oder Sommerabenden oder Herbstdämmerungen immer warmes Licht schien. Er würde an die Bedeutung jedes Fensters denken – das Eßzimmer, in dem sein Abendessen bereitstand, die Küche, in der Joscelyn auf ihn wartete, und vielleicht oben ein schwach erleuchtetes Zimmer, in dem kleine Kinder schliefen. Sie ist das Licht meines Hauses, würde er denken. Hübsch? Das Wort klang zu billig und abgedroschen für Joscelyn. Sie war wunderschön, wie eine Perle oder ein Stern oder eine goldene Blume. Und sie gehörte ihm. In stürmischen Winternächten und verregneten Herbstabenden würde er mit ihr am Feuer sitzen und glückliche Stunden verbringen, während draußen der Wind heulte. An Sommerabenden würde er mit ihr durch die blaue Dämmerung des Obstgartens gehen und sie aufs Haar küssen.

Jahrelang hatte er sein Haus nicht angesehen, wenn er heimkam. In gewisser Hinsicht haßte er es. Aber heute abend war er rastlos und unglücklich. Erst nachdem er Joscelyn gesehen hatte, begriff er wirklich, wie leer sein Leben war. Leer wie sein Haus. Es war immer noch schwer zu glauben, daß die Ereignisse seiner Hochzeitsnacht tatsächlich geschehen waren. Wir können nie glauben, daß schreckliche Dinge wirklich passiert sind. Noch Jahre später denken wir ungläubig an sie zurück. So ging es auch Hugh. Joscelyn mußte im Haus sein und auf ihn warten. Wenn er nur geduldig hier an der Pforte stehenblieb, würde er sehen, wie sie in der Tür Ausschau nach ihm hielt und ihr langes goldenes Haar im Licht hinter ihr wie eine Krone schimmerte.

Würde er die Scheidung einreichen, von der seine Mutter und seine Schwestern ständig sprachen? Nein! Er schlug wütend mit der Faust auf den Torpfosten. Dann würde Frank nach Hause kommen und Joscelyn heiraten, und er sollte sie nie bekommen!

Im Haus brannte kein Licht. Seine alte Haushälterin war wohl nicht da. Hugh ging mürrisch hinein, aber nicht durch die Vordertür, obwohl es der kürzeste Weg war. Er wußte, daß sie abgeschlossen war. Er hatte sie in der Hochzeitsnacht hinter Joscelyn abgeschlossen und seitdem nie wieder geöffnet. Er ging durch die Küchentür hinein und zündete eine Lampe an. Er war unruhig und tigerte durch das ganze Haus – das staubige, unordentliche Haus. Es war einsam und unzufrieden. Die Stühle wollten, daß man auf ihnen saß, die Spiegel wollten, daß man in sie hineinschaute, die Zimmer wollten Kinder, die in ihnen spielten. Die Wände wollten von Lachen widerhallen. Seit dem Abend der Hochzeit war in diesem Haus nicht mehr richtig gelacht worden. Ein Haus, in dem niemand lacht, ist ein jämmerliches Etwas.

Schließlich betrat er die Halle, in deren Kamin noch immer die Asche jenes Abends lag. Seine Haushälterin hatte die Anweisung, nichts in der Halle anzurühren. Überall lag dicker Staub, und der Spiegel war zur Wand gedreht. Er haßte ihn, weil er einst Joscelyns Gesicht zurückgeworfen hatte und es nie wieder tun würde. Die Uhr auf dem Kaminsims tickte nicht. Sie war an jenem Abend stehengeblieben und würde nie wieder aufgezogen werden. Für Hugh Dark war die Zeit stehengeblieben, als er Joscelyn angesehen und begriffen hatte, daß sie nicht mehr ihm gehörte.

Vor der Uhr lagen ein Ehering und ein kleiner Diamantring. Sie lagen dort, seit Joscelyn sie von den Fingern gezogen hatte.

Das Mondlicht schaute durch die Glasscheibe der Vordertür hinein wie ein blasses, hoffnungsloses Gesicht. Hugh dachte an einen alten Spruch, den er irgendwo gehört oder gelesen hatte – „Gott hatte ihn zum Narren gehalten“. Ah, das hatte Gott wahrhaftig getan.

Er würde nach draußen gehen und in der Nacht umherstreifen, wie er es oft tat, um quälende Gedanken loszuwerden. Zu Hause konnte er nur an Joscelyn denken, wenn er unterwegs war, hatte er den Kopf frei für seine Pläne – wie er mit seinem Hof Geld verdienen würde und welche Aussichten er in der Lokalpolitik hatte. Aber erst mußte er seine Katze füttern. Das arme Ding hatte Hunger, es kauerte auf der Schwelle zur Küche und sah ihn vorwurfsvoll an. Es war nicht die Katze, deretwegen er und Joscelyn sich angeblich verkracht hatten.

Wenigstens, dachte Hugh bitter, weiß eine Katze immer, was sie will.

XIX. „Haß ist nur Liebe, die ihr Ziel verfehlt hat“

So endete Tante Beckys berühmter letzter „Empfang“ mit all seiner Komik und Tragik, Eifersüchteleien und Triumphen, und man kann zu dem Schluß kommen, daß die meisten Leuten beim Abschied nicht mehr so glücklich waren wie bei der Ankunft. Ausnahmen waren vielleicht die beiden Sams, die nicht von Liebe oder Ehrgeiz getrieben waren und keine Ahnung hatten, was für dunkle Wolken bald ihr Leben verdüstern würden – Gay Penhallow – und vielleicht Peter. Er sagte auf dem Nachhauseweg zu Nancy:

„Nancy – Nancy, ich habe mich verliebt – wirklich – wirklich – und es ist wunderbar. Warum habe ich mich früher nie verliebt?“

Nancy schnappte nach Luft, als Peter auf zwei Rädern um eine Kurve raste. „Was meinst du? Und in wen?“

„Donna Dark.“

„Donna Dark!“ Nancy keuchte wieder, als Peter nur haarscharf an Spencer Howeys Gespann vorbeischrammte. „Aber Peter, ich dachte immer, du würdest sie hassen!“

„Das habe ich auch. Aber liebste Nancy, kennst du nicht das Sprichwort: ‚Haß ist nur Liebe, die ihr Ziel verfehlt hat?‘“

2. Ein Rad im anderen[13]

I. Die Beerdigung

Auf dem Nachhauseweg dachten die meisten Familienmitglieder, daß es Unsinn sei, von Tante Beckys Tod zu reden. Wer so vor Energie und Spottlust sprühte, würde noch Jahre leben. Roger mußte sich irren.

Aber Roger hatte recht wie immer. Nicht einmal eine Woche nach dem berühmten Empfang starb Tante Becky – sehr friedlich und ohne Aufhebens. Und sauber. Tante Becky bestand darauf, sauber zu sterben. Ambrosine mußte das Bett neu beziehen und die Decke glätten, bis kein Fältchen mehr da war.

„Ich habe reinlich gelebt und werde auch reinlich sterben", sagte Tante Becky und faltete die Hände. „Und ich bin froh, daß ich nicht im Schlaf sterbe. Roger hat gesagt, es könnte passieren. Ich will alle meine Sinne beieinanderhaben, wenn ich sterbe."

Sie hatte das Leben hinter sich. Als sie in dieser letzten Stunde zurückblickte, erkannte sie, wie wenig wirklich wichtig gewesen war. Der Haß, den sie gehegt hatte, erschien ihr jetzt bedeutungslos – ebenso wie ein Großteil der Liebe. Was sie einst für groß gehalten hatte, war jetzt unbedeutend, und ein paar Kleinigkeiten nahmen riesige Ausmaße an. Kummer und Freude berührten sie beide nicht mehr. Aber sie war froh, daß sie Crosby Dark gesagt hatte, daß sie ihn geliebt hatte. Ja, das war gut. Sie schloß ihre eingefallenen alten Augen und öffnete sie nicht wieder.

Natürlich fand die Beerdigung im Familienkreis statt, und bis auf einen kamen alle, sogar Mrs. Allan Dark, die selbst todkrank war, aber beschlossen hatte – so hieß es –, zu leben, bis sie erfuhr, wer den Krug bekommen würde. Die Ausnahme war Tom Dark, der mit einer ausgerenkten Schulter im Bett lag. Am Abend zuvor, als er auf der Bettkante saß und darüber brütete, ob es irgendeine Möglichkeit gab, Dandy Dark das Geheimnis zu entlocken, hatte er geistesabwesend beide Füße in ein Schlafanzugbein gesteckt. Dann stand er auf und fiel hin – seine erschrockene Frau glaubte zunächst, er habe einen epileptischen Anfall. Nur wenige Verwandte hatten Mitleid mit ihm, was seine Schulter betraf. Sie fanden, daß es ihm recht geschah, weil er neumodische Sachen trug. Mit einem ordentlichen Nachthemd wäre das nicht passiert.

Thekla Penhallow, die immer aussah, als sei ihr kalt um die Nase, erschien in tiefschwarzer Trauerkleidung auf dem Begräbnis. Einige der anderen Frauen

13 Hezekiel 1, 16.

fragten sich unbehaglich, ob sie das auch hätten tun sollen. Tante Becky hatte Trauerkleidung allerdings gehaßt und sie „ein Relikt aus barbarischen Zeiten“ genannt. Aber wer wußte schon, was Dandy davon hielt?

Alles verlief nach Plan – bis auf eine Sache. Der Sarg von Tante Becky, die sich nie etwas aus Blumen gemacht hatte, wurde mit eben diesen überhäuft. Aber wenigstens respektierte die Familie ihre Wünsche bezüglich künstlicher Blumen. Alle Blumen waren echt und selbst gepflückt und dufteten nur nach den Dingen, die Tante Becky ein Leben lang gekannt – und vielleicht geliebt hatte.

Tante Becky sah auf eine strenge Art schön aus in dem Sarg, den einige viel zu teuer fanden. Sie trug ihren weißen Schal, und die kalten weißen Lippen schwiegen nun für immer über all die Familiengeheimnisse, die sie gekannt hatte. Sie sah so schön aus, daß einige ihrer Angehörigen, die sie jahrelang für eine verhärmte, unliebenswürdige mit strähnigem Haar und runzligem Gesicht gehalten hatten, überrascht waren. Crosby Dark, dem ihre Liebeserklärung auf dem Empfang noch peinlich gewesen war, fühlte sich jetzt geschmeichelt. Die Liebe dieser erhabenen alten Königin war eine Auszeichnung. Die anderen betrachteten sie mit Interesse, Respekt und mehr Kummer als erwartet. Und nicht zuletzt mit einem leisen Schaudern. Sie sah aus, als könne sie jeden Moment die Augen mit dem schrecklichen inquisitorischen Blick öffnen und irgendeine ebenso schreckliche Frage auf sie abfeuern. Das hätte ihr ähnlich gesehen.

Es wurden nur wenige Tränen vergossen. Mrs. Clifford weinte, aber das tat sie auf jeder Beerdigung ausgiebig. Auch Grace Penhallow weinte, was so ungewöhnlich war, daß ihr Mann unwirsch flüsterte: „Warum heulst du denn? Du hast sie doch immer gehaßt!“

„Darum weine ich ja“, sagte Grace matt. Sie konnte nicht erklären, wie sinnlos ihr dieser alte Haß plötzlich vorkam, und seine Sinnlosigkeit machte sie traurig. Sie fühlte sich, als habe sie alles verloren.

Reverend Trackley hielt eine sehr schöne Rede, wie die meisten fanden. Onkel Pippin allerdings dachte bei einigen Ausdrücken, die Mr. Trackley verwendete: Oh, er trägt reichlich dick auf! Tante Becky war wohl kaum so eine Heilige gewesen. Und als Mr. Trackley sagte, Gott habe sie zu sich genommen, dachte der ertrunkene John schamlos: Er kann sie behalten! William Y. war dessen keineswegs so sicher, wie es der Pfarrer zu sein schien. Tante Becky, so sinnierte er, war nie ein Mitglied der Kirche gewesen. Aber sie war eine Penhallow. Eine Penhallow war überall am richtigen Ort – damit tröstete sich William Y.

Der Trauerzug von The Pinery bis zum Friedhof von Rose River war, wie Camilla am Abend stolz zu Ambrosine sagte, der längste, den es je in der Familie gegeben hatte. Der Himmel war dicht bewölkt, nur dann und wann brach die Sonne durch. Gelegentlich ging unten am Hafen ein Regenschauer über den Fichten nieder, sehr zur Erleichterung der Abergläubischen.

Tante Becky wurde im Familiengrab von Theodore Dark neben ihrem Mann und ihren Kindern unter einer blühenden Eberesche beigesetzt. Die vielen vergessenen Gräber auf dem Friedhof boten einen traurigen Anblick. Männliche und weibliche Familienmitglieder waren hier beerdigt – Männer und Frauen, die gewonnen hatten, und Männer und Frauen, die verloren hatten. Ihre Verrücktheiten und Abenteuer, ihre Heldentaten und Fehler, ihr Glück und Unglück waren mit ihnen begraben und vergessen worden. Und nun nahm Tante Becky ihren Platz unter ihnen ein.

Die Leute hatten es nach der Trauerfeier nicht eilig, nach Hause zu kommen. Ein Begräbnis war auch ein Familientreffen. Sie fanden sich in kleinen Gruppen zusammen und unterhielten sich, und ihnen war leichter ums Herz als vor dem Begräbnis, denn Camilla hatte ihnen erzählt, daß die schreckliche Todesanzeige nur ein Scherz von Tante Becky gewesen war. Sie hatte ihnen nur zum Abschluß noch einen ordentlichen Schrecken einjagen wollen.

„Gott sei Dank", sagte William Y. Seit er die Todesanzeige gehört hatte, hatte er kaum noch geschlafen.

Alle begegneten Dandy Dark nach außen hin mit einem neuen Respekt. Leute, die sonst nur Notiz von ihm nahmen, wenn sie mit ihm zusammenstießen, gingen auf ihn zu und sprachen ihn an. Er spürte seine Wichtigkeit als Testamentsvollstrecker, aber hielt sich nicht zuviel darauf zugute. Die Leute waren sicher, daß er schon wußte, wer den Krug bekommen würde. Wenn Tante Becky es ihm nicht erzählt hatte, hatte er zweifellos den Brief nach dem Empfang aufgedampft. Artemas Dark fragte sich während des Gottesdienstes, ob es eine Chance gab, Dandy betrunken zu machen und ihm so das Geheimnis zu entlocken. Er kam betrübt zu dem Schluß, daß es nicht klappen würde. Dandy hatte noch nie Alkohol angerührt. Zu geizig – und zu wenig abenteuerlustig, dachte Artemas. Titus Dark grübelte, ob es etwas bringen würde, Sams Ouija-Brett zu befragen. Es hatte angeblich magische Kräfte. Aber hieße das nicht, sich mit dunklen Mächten einzulassen? Er wußte, daß Mr. Trackley es so sah.

Palmer Dark und Homer Penhallow nickten einander beschämt zu. Der junge Jimmy Dark lachte darüber, aber Palmer und Homer taten so, als hätten sie es nicht gehört.

„Gut, daß sie sich endlich versöhnt haben", sagte Onkel Pippin. „Es hatte ja auch keinen Sinn, so einen uralten Streit ewig weiterzuführen."

„Vieles, das wir tun, hat keinen Sinn", sagte Stanton Grundy. „Ohne die eine oder andere Fehde wäre das Leben langweilig."

Alle waren voller Erwartung. Abel Dark war schon fast mit dem Streichen seines Hauses fertig, und Miller Dark hatte tatsächlich mit seiner Familienchronik angefangen und einen genauen Stammbaum erstellt. Chris Penhallow hatte nie eine Geige angerührt. der ertrunkene John und Titus Dark hatten eine ganze Woche lang nicht geflucht – oder es hatte sie niemand fluchen hören. Titus merkte man die Mühe an, aber der ertrunkene John sah nicht allzu grimmig aus, als er über den Friedhof marschierte und dabei über die Gräber trampelte, um sich die Gräber von Jennie und Emmy anzusehen und seine eigene Inschrift zu lesen. Ambrosine Winkworth trug ihren Diamantring, was alle sehr unpassend fanden. Mrs. Toynbee Dark besuchte treu die Gräber ihrer beiden Ehemänner. Die Leute sagten, Nan Penhallow hätte wenigstens für das Begräbnis auf Lippenstift verzichten sollen.

„Sie ist ein loses Frauenzimmer“, sagte Rachel Penhallow.

„Sie versucht, mit jedem Mann zu flirten – sogar mit Pa“, sagte Mrs. William Y.

„Der kleine Sam hat neulich abend gesehen, wie sie im Badeanzug Muscheln gesammelt hat“, sagte Mercy Penhallow.

„Ja, und ich wette, sie würde es auch tun, wenn sie gar nichts anhätte“, sagte Mrs. Clifford bitter. „Was für ein schlechtes Beispiel für unsere Mädchen! Was hielt der kleine Sam davon?“

„Nun, du kennst doch die Männer“, sagte Mercy. „Er sagte natürlich, daß es unanständig sei, aber daß sie ganz gut aussehen würde, wenn sie etwas mehr auf den Rippen hätte.“

„Meine Güte!“ war alles, was Mrs. Clifford herausbrachte, aber es klang nicht überzeugend.

Mrs. William Y. sah Nan düster an. Nan trug ein Kleid, das für Mrs. William Y. eine Frechheit war. „Ich würde das Mädchen gern fragen“, sagte sie bitter, „ob sie mit diesen bloßen Knien vor ihren Schöpfer treten will.“

„Nackt und beschämt“, zitierte Mrs. Clifford vage.

„Oh, ich denke, du übertreibst“, sagte Stanton Grundy, der gerade vorbeikam. „Nackt und *nicht* beschämt.“

„Immerhin hat sie hübsche Knie“, sagte Mrs. William Y. hochnäsig. Stanton Grundy war es nicht gestattet, sich über eine Penhallow lustig zu machen!

Hughs widerspenstige Locke ringelte sich, als er seinen Hut zum Gebet abnahm, und Joscelyn hatte wieder den unsinnigen Wunsch, hinzugehen und sie zu glätten. Später sah sie, daß Pauline mit ihm redete und dabei zu Treewoofe hinaufschaute. Joscelyn störte sich an letzterem mehr als an ersterem. Dann kam Sim Penhallow und erzählte ihr, daß er gehört habe, Hugh würde Treewoofe verkaufen. Er wollte sehen, wie sie reagierte. Joscelyn ließ sich nicht anmerken, wie elend sie sich auf einmal fühlte. Sie nahm die Nachricht gleichgültig auf, und Sim rächte sich auf gemeine Weise.

„Du hast alles gründlich vermasselt, mein Mädchen.“

Joscelyn wandte ihm wortlos den Rücken zu. Sim ging und dachte, Hugh hätte Glück gehabt, sie losgeworden zu sein, und Joscelyn starrte Treewoofe an, das dämmerig, streng und wunderschön auf seinem fernen Hügel thronte. Oh, ganz bestimmt würde Hugh es nicht verkaufen. Aber hatte Pauline nicht einmal gesagt, daß sie um nichts auf der Welt auf so einem tristen Hügel leben wolle?

Übertriebene Gerüchte über den Wert des Kruges hatten schon die Runde gemacht, und angeblich hatten geheimnisvolle Sammler Tante Becky phantastische Summen dafür geboten. Einem weiteren Gerücht zufolge sollte der ehrlichste Mensch in der Familie den Krug bekommen. Eine Gruppe aus Männern stand in der Nähe des Grabes und sprach darüber.

„Müssen wir ein ganzes Jahr ohne Lügen leben?“ sagte Onkel Pippin traurig, aber seine jungen blauen Augen funkelten schelmisch.

„Das dürften nur wenige von uns durchhalten“, sagte Stanton Grundy.

„Uns!“ grunzte Onkel Pippin beleidigt vor sich hin.

Penny Dark ging wie immer zu dem Grabstein, den er am schönsten fand. Den hatte Stephen Dark aufgestellt, als Andenken an eine Ehefrau, die er gehaßt hatte. Der Grabstein galt als eine der Sehenswürdigkeiten von Rose River. Ein lebensgroßer Engel mit ausgebreiteten Flügeln auf einem hohen weißen Sockel aus Marmor. Es hatte Stephen Dark, der seiner Frau nie einen Cent mehr gab als unbedingt nötig, tausend Dollar gekostet. Wer das Monument an einem regnerischen Tag sah, bewunderte es. Dann tropfte das Wasser von der Nase des Engels.

Penny stapfte an Margaret Penhallow vorbei, ohne sie auch nur zu bemerken. Sie fand seine krummen Beine krummer denn je und verabscheute seine buschigen Augenbrauen.

Adam Penhallow war in düsterer Stimmung, und ihm war nicht nach Gesellschaft. Seine Frau hatte am Tag zuvor Zwillinge zur Welt gebracht. Nicht, daß Adam etwas gegen die armen Zwillinge hatte, aber er dachte traurig: Damit ist der Krug für uns verloren. Tante Becky hat Zwillinge gehaßt.

Murray Dark besuchte mit Thora ein paar Gräber und ging zufrieden nach Hause.

Der Mondmann war auch da, wanderte über den Friedhof und sprach mit den Toten. Es war gruselig. „Weißt du noch, wie ich dich zum erstenmal geküßt habe, Lisa?“ sagte er zu dem Grab einer Frau, die vor fünfzehn Jahren gestorben war. Eine Gruppe junger Leute, die es mit anhörte, kicherte. Für sie war der Mondmann immer alt und verrückt gewesen, und sie konnten sich nicht vorstellen, daß er einmal anders gewesen war – jung und gesund, mit wachem Blick und einem Mund, der geküßt werden wollte.

„Was meinst du – woran denken sie da unten?“ fragte er William Y., der nie etwas dazu gemeint hatte und bei dem bloßen Gedanken schauderte. Oswald war wirklich zu gut Freund mit den Toten. Sie standen vor einem Grabstein mit einer berühmten Inschrift: „Sie starb an gebrochenem Herzen." Das Mädchen mit dem gebrochenen Herzen, das in dieser vernachlässigten Ecke versteckt lag, war weder eine Dark noch eine Penhallow gewesen, und für diese Gnade war die Familie dankbar. Aber der Mondmann sah den bemoosten alten Stein milde an. „Um die Wahrheit zu sagen, könnte diese Zeile auch auf vielen anderen Grabsteinen hier stehen", sagte er. „Zum Beispiel deine Mutter, William Y. Würde es nicht auch auf ihren Stein passen?"

William Y. wandte sich ab, ohne zu antworten, und Gay Penhallow nahm seinen Platz ein. Sie konnte nichts dafür, daß sie hübsch war mit einem eleganten kleinen Hut aus schwarzem Samt, den sie tief ins Gesicht gezogen hatte und der mit winzigen kleinen Flügeln verziert war, die aussahen wie schwarze Schmetterlinge. Der Hut war viel zu schön für ein Begräbnis, dachten die älteren Frauen.

Aber der Mondmann lächelte sie an. „Bleib heute abend nicht zu lange auf dem Ball", flüsterte er. „Sie haben dort einmal zu lange getanzt – und da kam Satan."

Sein Ton ließ Gay ein wenig frösteln. Und woher wußte er, daß sie tanzen gehen wollte? Sie hatte es niemandem verraten, weil sie wußte, daß viele aus der Familie es mißbilligen würden, wenn sie sie am Abend nach einer Beerdigung tanzen ging. Dieser komische alte Mondmann wußte alles.

Der Mondmann wandte sich an Amasa Tyler, der in der Nähe stand, und sagte: „Hast du dir schon einen Sarg ausgesucht? Du wirst bald einen brauchen!"

Amasa, der jung und kerngesund war, lächelte nur geringschätzig. Aber als er einen Monat später bei einem Autounfall ums Leben kam, fiel den Leuten wieder ein, was der Mondmann gesagt hatte, und sie schüttelten den Kopf. Woher hatte er es gewußt? Man konnte sagen, was man wollte – es war etwas dran an der Sache mit dem Zweiten Gesicht.

Wie immer nahm niemand Notiz von dem kleinen Brian Dark. Er hatte seinen Onkel gebeten, ihn mit auf die Beerdigung zu nehmen. Duncan Dark hatte zuerst abgelehnt, sich dann aber von Mr. Conway umstimmen lassen.

„Ach, nimm das Kind mit", sagte Mr. Conway. „Er hat sonst so wenig Spaß!"

Und Duncan Dark, der ausnahmsweise guter Laune gewesen war, hatte ihn mitgenommen.

Brian wußte nichts von Tante Becky und interessierte sich auch nicht für sie. Aber er sah die Chance, einen kleinen Strauß Wildblumen auf das Grab seiner Mutter zu legen – das tat er immer, wenn es sich einrichten ließ, denn sie hatte keinen Grabstein, und niemand sonst besuchte ihr Grab. Wenn sie einen Stein gehabt hätte, hätte die Zeile über das gebrochene Herz auch dort stehen können, aber Brian wußte nichts davon. Er wußte nur, daß er keinen Vater hatte, daß er eine Schande war und niemand ihn liebte. Auf der Beerdigung sprach keiner mit ihm – nicht aus Unfreundlichkeit, sondern weil einfach niemand auf die Idee kam. Wenn jemand daran gedacht hätte, hätte man mit ihm gesprochen, denn alle hatten Laura Darks Schmach vergessen, und wenn nicht, waren sie trotz all ihrer Fehler und Vorurteile nicht so grausam, ihr Kind dafür büßen zu lassen. Außerdem war Duncan Dark höchst unsympathisch, und die Familie hatte wenig mit ihm zu tun. Aber Brian glaubte, den Grund zu kennen – seine eigene Existenz war eine Schande. Er wäre gern zu den anderen Jungen gegangen, aber leider war der große Marshall Tracy unter ihnen, der ihm einmal in der Schule sein kümmerliches Pausenbrot weggenommen und es zertrampelt hatte. Also ließ er es bleiben. Er wußte, daß er den anderen Jungen sowieso nicht willkommen gewesen wäre. Er war ein schüchternes, schmächtiges, verträumtes kleines Geschöpf, und die anderen Jungen in der Schule piesackten ihn deswegen. Deshalb hatte er keine Freunde und war fast immer allein. Manchmal wünschte er sich, wenigstens einen einzigen Kameraden zu haben. Ihm kamen die Tränen, als er sah, wie eine nett aussehende Frau dem kleinen Ted Penhallow einen Kuß gab. Ted mochte es nicht, aber Brian, der in seinem Leben noch keinen Kuß bekommen hatte, an den er sich erinnerte, beneidete ihn. Er wünschte sich, jemanden zu haben, der ihn küßte. Es schien soviel Liebe auf der Welt zu geben, aber für ihn war keine übrig.

Alle haben Freunde, nur ich nicht, dachte er, und ihm tat das Herz weh. Nachdem er seiner Mutter einen kleinen Strauß aufs Grab gelegt hatte, ging er an Margaret Penhallow vorbei. Margaret hätte ihn angesprochen, aber er war schon weg, bevor sie dazu kam. Er mochte ihr Aussehen – ihre schönen Augen blickten gütig –, aber er war zu schüchtern, um stehenzubleiben. Margaret, die die arme Laura Dark gekannt und gemocht hatte, fand es sehr traurig, daß ihr Sohn so mürrisch und häßlich war. Kränklich sah er auch aus. Aber wahrscheinlich ließ Alethea Duncan ihn hungern.

II. Die Prügelei

Für Peter Penhallow war es die erste Beerdigung in der Familie gewesen. Mrs. Lawyer Dark aus Summerside hatte ihn aufgehalten und gefragt, warum er nicht am Dienstagabend zu ihr zum Essen gekommen war.

„Zum Essen?“ wiederholte Peter unbestimmt. „Ach – ich hatte keinen Hunger.“ Er hatte das unglückselige Essen völlig vergessen. Er hatte den Dienstagabend damit verbracht, zu grübeln, wie er Donna Dark für sich gewinnen konnte. Wenn er sich ihrer sicher gewesen wäre, wäre er einfach zum ertrunkenen John gegangen und hätte sie für sich verlangt. Aber er mußte erst wirklich sicher sein, bevor er das tat. Also ging er auf der Beerdigung kühn auf sie zu. Sie war natürlich mit Virginia zusammen. Sie hatten auch den vorigen Abend gemeinsam verbracht, weil es geregnet hatte. Virginia und Donna hatten es zu ihrem Ritual gemacht, jeden verregneten Abend zusammen zu verbringen. Sie saßen in Virginias „Kemenate“, wie sie es gern nannte, in der es nach Weihrauch duftete – für Virginia war es „eine subtile Andeutung exotischer Romantik“. Als Donna es einmal zu Hause ausprobiert hatte, hatte der ertrunkene John das Weihrauchfaß aus dem Fenster geschleudert und ihr verboten, jemals wieder solchen Gestank in seinem Haus zu verbreiten.

Donna versuchte immer noch, Barrys Andenken treu zu bleiben. Mit Virginias gefühlvoller Unterstützung schaffte sie es, Peter für eine Stunde zu vergessen und sich an Barry zu erinnern. Es war, als würde ein Wind über ein fast erloschenes Feuer hinwegstreifen und etwas schwelende Asche noch einmal zu einer lodernden Flamme anfachen. Zu Hause angekommen, holte sie Barrys Briefe hervor und las sie zum tausendsten Mal. Aber sie wirkten plötzlich leblos – wie eine Schatulle, aus der man den Schmuck geraubt hatte – eine Vase ohne Blumenduft – eine Lampe, deren Licht ausgegangen war. Peter Penhallows sprühende Lebendigkeit hatte das blasse Phantom Barry verdrängt.

Virginia war sehr argwöhnisch. Wie konnte Peter es wagen, Donna anzusprechen? Er hielt ihr sogar die Hand hin – und Donna nahm sie!

„Ich dachte, du seist unterwegs nach Südamerika“, sagte Donna.

„Ich habe die Reise verschoben“, sagte Peter und starrte sie an. „Ich denke, ich werde sie nachholen – als Flitterwochen.“

„Oh“, sagte Donna und sah ihn an.

Augen können in einer Sekunde sehr viel sagen, vor allem, wenn sie aussehen wie zwei Seen, in denen ein Stern funkelt, und so kamen Donnas Augen Peter vor. Und was für einen herrlichen Mund sie hatte. Er wußte jetzt, worauf er ein Leben lang gewartet hatte – die Gelegenheit, diese Lippen zu küssen. Natürlich war ihre Nase etwas unregelmäßig – zu sehr wie die des ertrunkenen John. Alles in allem hatte er Hunderte Frauen gesehen, die hübscher waren. Aber diese Donna hatte einen besonderen Zauber an sich – einen mächtigen Zauber. Und ihre Stimme war so sanft und kehlig und sommerlich. Was für eine Stimme für Liebesgeflüster! Peter zitterte davor – Peter, der nie Furcht gekannt hatte. Wenn er sich ihrer sicher gewesen wäre, hätte er den Arm um sie gelegt und mit ihr den Friedhof verlassen. Aber er war sich nicht sicher, und ehe er sich versah, hatte Virginia Donna gepackt und schleifte sie zu dem Familiengrab der Richard Darks. Dort hätte Barry beerdigt sein sollen, und auch wenn er es nicht war, stand dort ein Denkmal zu seinen Ehren. Nebenan war das Grab von Ned Powell.

Virginia kniete schon seit zehn Minuten und betete stumm; ihr langer schwarzer Schleier wehte malerisch im Wind.

„Ich bin letzte Nacht aufgewacht, und mir war, als hörte ich ihn nach mir rufen“, murmelte sie, und ihre Stimme klang tränenschwer. Virginia konnte jederzeit Tränen in ihren Ton einfließen lassen.

In Donna stieg plötzlich ein neues Gefühl auf – Widerwillen und Ungeduld. War Virginia wirklich besser als die alte Cousine Matilda Dark, die ständig wegen ihres lieben verstorbenen Ehemannes jammerte? Wann hörte Trauer auf, schön zu sein und wurde lächerlich? Donna wußte es. Wenn es eine abgedroschene Trauer war – nur noch ein Geist des echten Kummers. Aber sie hatte Barry wirklich geliebt. Als die Nachricht von seinem Tod kam, hatte sie geglaubt, der Schmerz würde sie zerreißen. Es war ihr ganz natürlich erschienen, ihr ganzes Leben seinem Andenken zu widmen. Was zitierte Virginia da, als sie Barrys Gedenkstein kummervoll anstarrte?

Oh, den alten Vers von Mrs. Browning:

Unless you can think when the song is done
No other is soft in the rhythm,
Unless you can feel when left by one
That all other men go with him,
Unless you can dream that his faith is fast
In behoving or unbehoving,
Unless you can die when the dream is past--
Oh, never call it loving.[14]

„Das trifft so sehr auf uns beide zu, nicht wahr, liebste Donna?“ schluchzte Virginia.

---

14 Aus: Elizabeth Browning, *A Woman's Shortcomings.*

Donna wurde noch ungeduldiger. Einst hatte sie diesen Vers sehr schön und rührend gefunden, und er war es auch immer noch. Aber er paßte nicht mehr zu ihr. Eine geheimnisvolle Stunde des Wandels hatte geschlagen. All die Melancholie und Ekstase ihrer jungen Liebe gehörten in ein Buch, auf dessen letzter Seite „Ende“ stand. Plötzlich fiel es ihr wie Schuppen von den Augen, und sie sah Virginia und sich als das, was sie waren. Sie waren verliebt in den Kummer und machten ein Drama daraus – weiter nichts.

„Nun ja“, sagte sie kalt, „schließlich ist keine von uns gestorben.“

„Nei-in“, räumte Virginia widerstrebend ein. „Aber nach Neds – Tod – war ich wochenlang nahe daran, ins Wasser zu gehen. Das habe ich dir nie erzählt.“

Donna dachte, daß das die einzige Sache sein mußte, die Virginia ihr nicht erzählt hatte. Plötzlich kam es ihr vor, als habe sie zehn Jahre lang von nichts anderem gehört als von Virginias Gefühlen bei Neds Tod. Es war eine alte Geschichte und eine sehr langweilige noch dazu. Donna fragte sich, ob sie langsam herzlos wurde. Aber die arme Virginia war wirklich ermüdend. Donna war erleichtert, daß sie nie viel über ihre Gefühle bei Barrys Tod gesprochen hatte. Sie mußte sich nicht im Nachhinein wegen peinlicher Szenen schämen und wußte glücklicherweise nicht, wie viele von Virginias verrückten Auftritten ihr in die Schuhe geschoben wurden. Sie wandte sich abrupt ab und ging. Barry war schließlich nicht dort beerdigt. Es war albern, als Jammergestalt an einem Platz herumzustehen, an dem nur seine Großeltern begraben lagen. Sie glaubte keine Sekunde, daß Virginia auch nur daran gedacht hatte, sich zu ertränken. Dafür hatte sie mit zuviel Vergnügen ihre Trauerkleidung getragen und die romantische Rolle der jungen Kriegerwitwe gespielt – Donnas Gedanken wurden immer gehässiger und zynischer.

Tantchen Aber spazierte vorbei – eine seltsame kleine Gestalt in ihrem abgetragenen Schwarz und der altmodischen Haube mit der nachgemachten Fischadlerfeder. Tantchen Aber war fünfundsiebzig, aber, wie sie behauptete, kerngesund, und sie verbrachte den größten Teil ihrer Zeit damit, den Babys der Verwandtschaft auf die Welt zu helfen. Sie schaute den Grabstein von Barrys Großmutter an und seufzte.

„Sie war seine zweite Frau – aber sehr nett“, sagte sie. „Und war es nicht eine schöne Feier, meine Lieben? Aber – findet ihr nicht auch – ein bißchen zu fröhlich?“

„Tante Becky wollte eine fröhliche Feier“, erinnerte sich Donna.

Tantchen Aber schüttelte den Kopf, aber was sie gesagt hätte, würde man nie erfahren. Denn in diesem Augenblick ereignete sich der Skandal, und alle strömten zur Pforte, wo sich Leute zusammengefunden hatten. Vor dem Friedhof – oh, Gott sei Dank nicht *auf* dem Friedhof – prügelten sich zwei Männer. Es waren Percy Dark und David Dark, bisher friedliebende Freunde. Sie gingen aufeinander los, ohne Hut und ohne Mantel, mit roten Gesichtern und außer sich vor Wut. Niemand erfuhr jemals, wie der Streit angefangen hatte, nur daß es eine Bemerkung über den Krug gewesen war, die einer der beiden gemacht hatte. Nach einer verbalen Auseinandersetzung ließen sie die Fäuste sprechen. Percy rief „Ich werde dir deine Hochnäsigkeit schon austreiben!“ und schlug als erster zu. William Y. ging dazwischen und bekam einen Hieb auf die Nase, die heftig zu bluten begann und die er eine Woche lang nicht so hoch trug wie sonst. Mrs. David Dark fiel in Ohnmacht, und Mrs. Percy schämte sich so, daß sie sich für den Rest des Sommers nirgendwo mehr sehen ließ. Aber sie bewahrte die Fassung, fiel nicht um und wurde auch nicht hysterisch. Ohne sich von William Y.s Schicksal abschrecken zu lassen, drängte sie sich zwischen die beiden Kampfhähne und sagte David, er solle *sie* schlagen. Bevor David zustimmen oder ablehnen konnte, wurden er und Percy von hinten gepackt und zu ihren Autos geschleift. Die Prügelei war zu Ende, aber der Skandal nicht. Noch vor dem Abend hatte es sich überall herumgesprochen, daß zwei der Darks sich auf dem Begräbnis ihrer Tante um deren Besitz geschlagen hatten, bis ihre Ehefrauen sie getrennt hatten. Es dauerte Jahre, bis Gras über die Sache wuchs.

„Gott sei Dank war der Pfarrer schon weg, bevor sie angefangen haben“, schluchzte Mrs. Clifford.

Onkel Pippin tat so, als sei er entsetzt, aber insgeheim fand er, daß die Prügelei die Beerdigung interessant gemacht hatte und es ein Jammer war, daß Tante Becky den religiösen David und den frömmlerischen Percy nicht dabei gesehen hatte. Tempest Dark lachte zum erstenmal seit dem Tod seiner Frau wieder.

III. Das Haus der Turteltauben

Donna und Virginia gingen zusammen nach Hause. Virginia erzählte Donna ein paar haarsträubende Geschichten über Peter, vor allem die Gerüchte, er habe sich in Ostindien wie ein „Eingeborener" verhalten und mehrere Dutzend dunkelhäutiger Frauen gehabt. Donna glaubte kein Wort davon, wagte aber nicht, Peter zu verteidigen. Sie wußte ja fast nichts über ihn, vor allem nicht, was er über sie dachte. Existierte sie überhaupt für ihn? Bis das klar war, würde sie sich nicht festlegen. Sollte Virginia nur reden!

„Ich frage mich, ob es regnen wird", sagte Virginia, als sie an der Pforte des ertrunkenen John angekommen waren.

„Nein – nein, sicher nicht – es wird ein wunderbarer Abend. Der Mond wird die Wolken vertreiben", sagte Donna entschieden. Sie hatte in diesem Moment wirklich genug von Virginia. Außerdem hatte sie schrecklichen Hunger, und Virginia, die selber aß wie ein Spatz, schaffte es immer, daß sie sich wie ein Vielfraß vorkam.

„Ich wünschte, der Mond würde nicht scheinen. Ich hasse das Mondlicht – es erinnert mich immer an Dinge, die ich lieber vergessen würde", sagte Virginia bekümmert – und nicht wahrheitsgemäß. Denn Virginia wollte ganz bestimmt nichts vergessen. Aber Virginia kümmerte sich nicht um solche Feinheiten, wenn ihr eine Phrase einfiel, die sie für ergreifend hielt. Sie segelte in ihrer Trauerkleidung davon und fühlte sich unbehaglich. Donna war anders als sonst, aber was war der Grund? Es konnte nicht Peter sein. Es war absurd zu glauben, es sei Peter.

Es *war* Peter. Donna wußte es spätestens, als sie das langweilige, gemütliche Haus des ertrunkenen John betrat. Sie war in Peter Penhallow verliebt. Und wenn man Blicken glauben durfte, war es gegenseitig. Und was nun? der ertrunkene John würde die Wände hochgehen! Sowohl er als auch Thekla waren dagegen, daß sie wieder heiratete – wen auch immer. Aber ihre Phantasie reichte nicht aus, um sich vorzustellen, was es für Szenen geben würde, wenn sie Peter Penhallow heiraten wollte. Nun, er hatte ja noch nicht einmal um ihre Hand angehalten. Vielleicht würde er es nie tun. Wer in aller Welt lachte da oben? Oh, die dumme Thekla! Sie befolgte eisern jeden neuen Ratschlag für die Gesundheit. Diesmal lautete er, jeden Tag zehn Minuten zu lachen. Es ging Donna auf die Nerven, und sie war sehr gereizt, als sie zum Abendessen erschien.

Auch der ertrunkene John war schlechter Laune. Als er von der Beerdigung nach Hause gekommen war, war sein Lieblingsschwein krank, und er durfte nicht deswegen fluchen. Thekla versuchte, ihn zu besänftigen, und das wäre ihr normalerweise auch gelungen. Es gefiel ihm, daß seine Frauen versuchten, ihn zu beruhigen. Aber warum spielte Donna nicht mit? Sie saß geistesabwesend da und schwieg, als sei ihr seine Laune völlig egal. der ertrunkene John machte seinem Ärger Luft, indem er über jeden herzog, der auf dem Begräbnis gewesen war – vor allem über Peter Penhallow, und er bediente sich drastischer Worte.

„Hättest du ihn gern als Schwiegersohn?“ fragte Donna.

Der ertrunkene John dachte, daß Donna witzig sein wollte. Er gab ein bellendes Lachen von sich. „Lieber hätte ich den Teufel als Schwiegersohn“, sagte er und schlug auf den Tisch. „Thekla, wird dieses Messer eigentlich nie geschliffen? Zwei Frauen führen mir den Haushalt, und wir haben kein anständiges Brotmesser!“

Donna ergriff nach dem Abendessen die Flucht. Sie konnte den Abend nicht im Haus verbringen. Sie war rastlos, unglücklich und einsam. Was hatte Peter mit den Flitterwochen in Südamerika gemeint? Wer war die Braut? Oh, sie hatte alles satt. Die Welt hatte alles satt. Sogar der Mond sah verloren aus – wie eine Witwe des Himmels.

Donna ging den kurvigen Pfad bei Rose River entlang, bis sie zu einer kleinen Landzunge kam, die in den Fluß hineinragte. Hier stand ein verfallenes altes Haus inmitten eines alten Obstgartens. „Das Haus der Turteltauben“ hatte Onkel Pippin es getauft, weil hier oft Pärchen auf den Stufen saßen. Aber als Donna kam, war niemand da. Sie erschien gerade rechtzeitig, um Peter Penhallow zu begegnen, der sein Boot an einen Ast gebunden hatte und den zugewachsenen Pfad hinaufkam. Sie sahen sich an und wußten, daß es Schicksal war.

Peter hatte den Friedhof zutiefst deprimiert verlassen. Was war er nur für ein Dummkopf! Donna hatte ihm bewußt den Rücken gekehrt und war zu Barrys Grab – oder jedenfalls seinem Grabstein – gegangen, um zu weinen. Ihr Herz lag immer noch dort begraben. Peter hatte gelacht, als er Donna das zum erstenmal hatte sagen hören. Aber jetzt lachte er nicht mehr. Jetzt war es eine Tragödie.

In seiner Verzweiflung eilte er zu Jeffs Boot und begann, den Fluß hinunterzurudern. Er hatte die verrückte romantische Idee, so weit zu rudern, daß er Donnas Licht sehen konnte. Peter war so liebeskrank, daß er vor keinem jugendlichen Leichtsinn zurückschreckte. Das Tageslicht verschwand nach und nach. Zuerst schimmerte der Fluß blaßgolden, dann mattsilbern – dann wie eine Frau, die in der Dunkelheit wartete. Am Ufer funkelten die Lichter der Häuser. Er, Peter, hatte kein Zuhause. Jedenfalls kein Zuhause, in dem Donna war. In dem sie immer für ihn zu Hause sein würde. Und dann sah er sie den Weg hinaufkommen.

Als sie zur Besinnung kamen, saßen sie nebeneinander auf den Stufen des Hauses der Turteltauben zwischen zwei Ebereschen. Peter hatte „Guten Abend“ gesagt, aber „Sei gegrüßt, Göttin“ gemeint. Donna wußte später nicht mehr, was sie gesagt hatte.

Ringsum war die Nacht – mattes Sternenlicht – und duftender Wind. Zwei Bauernhöfe weiter sagte ein Hund der ganzen Umgebung seine Meinung.

Donna wußte jetzt, daß Peter sie liebte. Sie würde sein aufregendes Leben mit ihm teilen – Gegenden erforschen, die noch keine weiße Frau betreten hatte – gemeinsam würden sie Berge erklimmen, die bis in den Himmel reichten – sie würden auf den Gipfeln von Darién stehen – Nächte im Dschungel verbringen – schwüle Nächte, erfüllt von würzigem Duft – oder unter Sternen in der Wüste – hörte sie nicht schon die Glocken der Kamele läuten?

„Ich glaube, ich bin berauscht, seit ich dich bei Tante Beckys Empfang gesehen habe – vor einer Woche – vor einem ganzen Leben“, sagte Peter. „Berauscht von deinem teuflischen Zauber, Mädchen. Wenn ich denke, daß ich dich ein Leben lang gehaßt habe! Dich!“

Donna seufzte glücklich. Sie mußte diesen Augenblick für immer bewahren. Abenteuer – Geheimnis – Liebe – die drei bedeutsamsten Wörter in jeder Sprache würden wieder ihr gehören. Sie war in diesem Moment jung, furchtlos und selig, als hätte sie nie die harte Erfahrung gemacht, daß Freude sterben kann. Sie fand keine Worte, aber es schien auch keiner zu bedürfen. Sie wußte, daß sie schön war – sie trug ihre Schönheit wie ein Kleid. Auch die Nacht war schön – die schiefen alten Stufen waren schön – und der Hund war schön. Und Peter – war einfach Peter.

„Ist der Wind nicht herrlich?“ sagte Peter. „Ich hasse Abende ohne Wind. Sie scheinen so tot. Ich fühle mich gleich zehnmal lebendiger, wenn der Wind weht.“

„Ich auch“, sagte Donna.

Sie verbrachten schweigend ein paar herrliche Momente und dachten daran, wie wunderbar es war, daß sie beide den Wind liebten.

Der Mond kam hinter einer Wolke hervor. Silberne Lichter und schwarze Schatten huschten durch den alten Obstgarten. Peter schwieg so lange, daß Donna ihn fragen mußte, woran er dachte – nur um seine Stimme zu hören.

„An die Wolke, die am Mond vorüberzieht“, sagte Peter, der keine Ahnung hatte, wie eine Brautwerbung üblicherweise vor sich ging. „Es ist so gut wie eine Finsternis.“

„Wie silbern sie wohl erst leuchtet, wenn man sie vom Mond aus sieht“, sagte Donna verträumt. „Es muß wunderbar sein.“

„Wenn ich erst ein Flugzeug habe, fliegen wir in den Himmel und sehen die Wolken vom Mond aus“, sagte Peter. Er hatte bis dahin nie daran gedacht, sich ein Flugzeug zuzulegen, aber jetzt wußte er, daß er eines haben mußte, um mit Donna in den Himmel zu schweben. „Und ich schenke dir das Kreuz des Südens als Brosche. Oder hättest du lieber den Orion als Gürtel?“

„Oh“, sagte Donna. Sie stand auf und streckte die Arme nach dem Mond aus. Vielleicht wußte sie, daß sie wunderschöne Arme hatte, die in den durchsichtigen schwarzen Ärmeln wie Marmor schimmerten. „Ich wünschte, ich könnte jetzt in die Lüfte fliegen!“

„Mit mir?“ Peter stand auf und zog Donna an sich. Er küßte sie wieder und wieder. Donna erwiderte seine Küsse – schamlos, wie Virginia gesagt hätte. Aber keiner der beiden dachte an Virginia oder Barry oder alte Fehden. Sie waren allein mit Mondlicht, Schatten und Glanz.

„Mit mir?“ fragte Peter noch einmal.

„Ja, mit dir“, antwortete Donna zwischen den Küssen.

Peter sah ihr mit einem triumphierenden Lachen in die Augen. „Ich bin der einzige Mann der Welt, den du lieben kannst“, sagte er – arrogant, aber es stimmte. „Wann können wir heiraten?“

„Hihi – wie romantisch!“ kicherte Mrs. Toynbee Dark. Sie stand schon seit zehn Minuten an der Ecke des alten Hauses und hatte sie mit ihren finsteren, kleinen schwarzen Augen beobachtet.

„Hoho, meine geliebte Schleichkatze, da bist du also“, sagte Peter. „Freu dich mit mir, Witwe Toynbee, Donna hat versprochen, mich zu heiraten.“

„Ihr Herz ist also auferstanden“, sagte Mrs. Toynbee. „Eine interessante Vorstellung! Aber was wird der ertrunkene John dazu sagen?“

IV. Die Verlobung

Peter und Donna waren nicht die einzigen, die an jenem Abend „ihren Bund schlossen". Der Ausdruck stammte von Gay – sie fand, daß es viel wunderbarer klang, als einfach nur „sich verloben". Nan, die mit Gay und Noel auf den Ball wollte, ging mit ihr von der Beerdigung nach Hause und erzählte unterwegs, daß ihre Mutter sich entschieden hatte, auf der Insel zu bleiben, bis die Sache mit dem Krug geregelt war.

„Sie will erst wieder nach St. John zurück, wenn sie weiß, wer ihn bekommt. Arme Mama! Sie wird verrückt werden, wenn es nicht sie ist. Dad ist fast das ganze Jahr auf Geschäftsreise in China, also wird er uns nicht vermissen. Wir wohnen in Tante Beckys Zimmern auf The Pinery. Ein Jahr soll ich hier begraben sein, und dabei ist das Leben so kurz! Schrecklich!"

Gay war nicht begeistert. Sie wußte nicht, warum sie ein ungutes Gefühl dabei hatte, daß Nan bleiben würde, aber es war so. Sie sagte nicht viel und war erleichtert, als sie Maywood erreichten. Maywood war einst der Stolz der Familie gewesen, als Howard Penhallow noch gelebt hatte, aber seither war es verwahrlost. Die Dachziegeln waren schief, das Dach der Veranda einsturzgefährdet, und es mußte unbedingt gestrichen werden. Der Rasen war verwildert. Aber es hatte noch eine gewisse Schönheit an sich, wie es so dastand, unter dem steilen Hügel mit den dunklen Fichten, im Hintergrund das Saphirblau des Himmels und der Wellen, und Gay liebte es. Es kränkte und ärgerte sie, wenn Nan es eine „malerische alte Ruine" nannte.

Aber sie vergaß Nan und ihre Sticheleien völlig, als sie sich für den Ball umzog. Es war herrlich, sich für Noel hübsch zu machen. Sie würde ihr hellgelbes Seidenkleid und die neuen hochhackigen Schuhe tragen. In diesem Kleid fühlte sie sich wunderschön.

Alles war wunderbar, bis Nan hereinkam und sich neben sie stellte – vielleicht mit Absicht. Nan in einem dünnen Kleid, das man in der Hand hätte zusammenknüllen können – leuchtendrot mit einem Muster aus silbernen Weintrauben – das glatte aschgoldene Haar zurückgehalten von einem Reifen, geschmückt mit silbergrünen Blättern und einer roten Knospe. Gay schrumpfte in sich zusammen.

Neben ihr sehe ich hausbacken aus, das ist die traurige Wahrheit, dachte sie. Hübsch, ja, aber hausbacken.

Und ihre Augenbrauen sahen so schwarz und dicht aus neben Nans feinen Linien. Aber Gay machte sich selbst Mut. Das Rosa auf ihren Wangen war kein Make-up, und Nans Locken über den Ohren sahen aus wie ein Backenbart. Gay vergaß Nan, als sie durch den Garten zur Pforte rannte. Von dort aus konnte sie die Kurve der Straße nach Charlottetown sehen, in der Noels Auto auftauchen würde.

Sie sah Mercy Penhallow und ihre Mutter im Fenster der Veranda. Und sie wußte, daß die beiden höchstwahrscheinlich über Noel herzogen – Mercy jedenfalls. Als Gay angefangen hatte, sich mit Noel zu treffen, hatte ihre ganze Familie die Nase gerümpft. Warum mußten die Leute sich ständig in ihr Leben einmischen! Wie konnten sie es wagen, anzudeuten, Noel sei nicht gut genug für sie – diese Darks und Penhallows mit ihrer Inzucht! Wage es ja nicht, außerhalb der königlichen Familie zu heiraten! Gay warf verächtlich den Kopf in den Nacken, als sie auf ihren schmalen goldenen Füßen durch den Garten huschte.

Mercy Penhallow war noch nicht bei Noel angelangt. Sie und Mrs. Howard hatten die Beerdigung in allen Einzelheiten besprochen. Jetzt richtete Mercy den Blick ihrer blassen wäßrigen Augen auf Nan, die draußen auf der Veranda saß und eine Zigarette rauchte, sehr zum Entsetzen aller Bewohner von Rose River, die gerade vorbeikamen.

„Sie hält ihren Rücken wohl für wunderschön, sie zeigt soviel davon“, sagte Mercy. „Aber Zurückhaltung ist ja auch altmodisch.“

Mrs. Howard lächelte nachsichtig. Ihre Familie fand, daß sie *zu* nachsichtig war. Darum war es zwischen Gay und Noel Gibson so weit gekommen.

„Sie geht mit Gay und Noel auf den Ball im Country Club von Charlottetown. Mir wäre es lieber gewesen, wenn Gay nicht am Abend nach der Beerdigung tanzen gehen würde, aber die jungen Leute von heute empfinden solche Dinge nicht so wie wir früher.“

„Die ganze Welt ist verrückt nach Tanzen“, giftete Mercy. „Das junge Gemüse heute hat weder Manieren noch Moral! Und was Nan betrifft – es heißt, sie wolle sich einen Mann angeln. Nur Jungen im Kopf – man sagt mir, sie liefe die ganze Zeit hinter ihnen her.“

„Zu unserer Zeit haben die Mädchen die Jungen hinter sich herlaufen lassen“, lächelte Mrs. Howard. „Das war viel lustiger. Ich glaube – man sollte stehenbleiben, wenn man gefangen werden will.“

Mercy, die nie „gefangen“ worden war, ob sie wollte oder nicht, schniefte. „Ich nehme an, Gay ist immer noch verrückt nach Noel?“ sagte sie. „Warum machst du der Sache nicht ein Ende, Lucilla?“

Mrs. Howard sah bekümmert aus. „Wie könnte ich das? Gay weiß, daß ich ihn nicht mag. Aber das Kind ist in ihn vernarrt. Als ich eine Bemerkung über seinen Stammbaum gemacht habe, hat sie gesagt: ‚Mutter, Noel ist doch kein Pferd!‘“

„Und Roger ist verrückt nach *ihr*!“ stöhnte Mercy. „Ein großartiger Mann mit Geld wie Heu. Er könnte ihr alles geben – “

Außer Glück, dachte Mrs. Howard traurig. Aber sie dachte nicht laut, und Mercy schnatterte weiter. „Noel hat außer seinem Lohn keinen Penny, und ich bezweifle, daß er je mehr haben wird. Außerdem, wer sind diese Gibsons schon? Einfach nur Emporkömmlinge! Ich frage mich, was ihr armer Vater dazu gesagt hätte!“

Mrs. Howard seufzte. Sie war nicht so weltlich gesinnt wie einige ihrer Verwandten. Sie wollte nicht, daß Gay Roger heiratete, wenn sie ihn nicht liebte, nur weil er Geld hatte. Und sie warf Noel nicht vor, daß er keins hatte. Seine Gibsonheit wog schwerer. Mrs. Howard kannte ihre Gibsons, wie Gay sie nie kennen würde. Und sie hatte trotz Gays Spöttelei über den Stammbaum eine altmodische Überzeugung davon, was den Menschen im Blut lag. Als sie Noel zum erstenmal gesehen hatte, hatte sie gedacht: Ein Junge sollte noch nicht wissen, wie man seine Augen so einsetzt. Und er hat den Gibson-Mund.

Aber sie konnte es nicht ertragen, mit Gay zu streiten. Gay war alles, was sie hatte. Mercy verstand es nicht. Es war nicht so einfach, der Sache „ein Ende zu machen“. Gay hatte bei all ihrer Jugend und Sanftmut ihren eigenen Kopf, und Mrs. Howard konnte ihr Kind nicht unglücklich machen.

„Vielleicht flirtet er nur mit ihr“, war Mercys Antwort auf den Seufzer. „Die Gibsons sind sehr unbeständig.“

Das gefiel Mrs. Howard auch wieder nicht. Es war undenkbar, daß ein Gibson mit einer Penhallow „nur flirtete“. Sie störte sich an der Andeutung, daß er Gay vielleicht einfach fallenlassen würde.

„Ich fürchte, er meint er es nur allzu ernst, und ich glaube – ich bin sogar ziemlich sicher –, daß sie schon fast verlobt sind.“

„Fast verlobt? Lucilla, sei vernünftig. Entweder sind Leute verlobt oder nicht. Und wenn Gay meine Tochter wäre – “

Mrs. Howard verkniff sich ein Lächeln. Sie konnte sich des Gedankens nicht erwehren, daß sich weder Noel noch irgendein anderer Junge für Gay interessiert hätte, wenn sie Mercys Tochter gewesen wäre. Arme Mercy! Sie war so unscheinbar mit diesem schrecklichen schlaffen Hals und einem Gesicht, dessen Züge alle Angst voreinander zu haben schienen. Mrs. Howard empfand für sie das gönnerhafte Mitleid einer Frau, die selbst immer schön gewesen war und immer noch gut aussah.

Mrs. Howard war mit Abstand die beliebteste Frau in der Familie. Wo sie auch war, sie schien immer am richtigen Ort zu sein, ohne daß sie viel Aufhebens machte. Sie ging aus jedem Streit als Siegerin hervor, weil sie nie stritt – sie lächelte nur. Sie verstand von vielen Dingen nichts, aber sie wußte eine Menge über Liebe und Kochen, und damit kann es eine Frau weit bringen. Im Gegensatz zu vielen anderen griff sie nie zu Zuckerbrot und Peitsche, und etwas an ihr brachte die Leute dazu, ihr ihre Geheimnisse zu erzählen – ihre schönen Geheimnisse. Tante Becky hatte sich immer viel darauf eingebildet, daß sie alle Familiengeheimnisse als erste wußte, aber Mrs. Howard hatte vieles vor Tante Becky erfahren.

Stanton Grundy sprach nur selten nett von einer Frau, weil er den Ruf, beißenden Humor zu haben, wahren mußte. Aber sogar er hatte über Mrs. Howard gesagt, daß Gott bei ihr ausnahmsweise gewußt habe, was er tat, als er eine Frau erschuf.

Einige Familienmitglieder fanden, Mrs. Howard kleide sich zu auffällig für eine Witwe ihres Alters, aber Mrs. Howard lachte nur darüber. „Ich mag bunte Farben und werde sie tragen, bis ich sterbe“, sagte sie. „Ihr könnt mich in Schwarz beerdigen, wenn ihr wollt, aber solange noch ein Atemzug in mir steckt, trage ich Blau!“

„Da wir von Roger reden“, sagte Mercy, „er sieht in letzter Zeit jämmerlich aus. Dünn wie ein Strich. Grämt er sich Gays wegen? Oder ist er überarbeitet?“

„Ein bißchen von beidem, fürchte ich. Mrs. Gateway ist letzte Woche gestorben. Niemand auf der Welt hätte sie retten können, aber Roger nimmt es immer sehr schwer, wenn er einen Patienten verliert.“

„Er hat mehr Gefühl als die meisten Ärzte“, sagte Mercy. „Gay ist eine dumme Gans, wenn sie ihm um Noels willen einen Korb gibt. Mehr kann ich dazu nicht sagen!“

Mercy hätte sehr wohl mehr dazu sagen können, aber Mrs. Howard lenkte geschickt von dem unerwünschten Thema ab, indem sie das Gespräch auf Tante Beckys Krug brachte. Zwei von Mrs. Adam Penhallows Mietern in Indian Spring, Gerald Elmslie und Grosset Thompson, hatten sich wegen des Kruges zerstritten und waren ausgezogen. Es war ein schwerer Schlag für Mrs. Adam, die ohnehin nur mit Mühe über die Runden kam.

„Aber warum in aller Welt haben sich Gerald und Grosset über den Krug gestritten?“ fragte Mercy. „Sie haben doch nichts damit zu tun.“

„Oh, Gerald ist mit Vera Dark befreundet, und Grosset ist mit Sally Penhallow verlobt“, war die hinreichende Erklärung. Aber das füllte Mrs. Adams leeren Geldbeutel auch nicht.

„Ich denke, dieser Krug wird noch jemanden in den Wahnsinn treiben“, sagte Mercy.

Gay hielt an der Pforte nach Noel Ausschau. Sie stand unter einer alten Fichte, die aussah wie ein grimmiger, schwarzgekleideter, kummervoller Priester. Unzählige Abende hatte sie so nach ihm Ausschau gehalten. In der stillen Abendluft hörte sie deutlich das dröhnende Lachen des ertrunkenen John und störte sich daran. Wenn sie hier von Noel träumte, sollten nur schöne, leise Klänge zu hören sein – das Rauschen der Blätter – das halb gehörte, halb gefühlte Ächzen des Ozeans – das Seufzen des Windes. Es war die schönste halbe Stunde des Tages – diese goldenen, diesigen Minuten, bevor es wirklich dunkel wurde. Sie wollte sie ganz und gar Noel weihen – sie war jung und verliebt, und es war Frühling! Aber natürlich mußte der ertrunkene John herumschreien, und Roger mußte auftauchen, neben ihr stehenbleiben und auf sie herabschauen. Der große, grimmige Roger mit der Narbe! Wenigstens wirkte er auf Gay grimmig, wenn sie sein schmales Gesicht und den rotbraunen Haarschopf mit Noels Eleganz verglich. Aber sie mochte Roger sehr und hätte ihn noch mehr gemocht, wenn ihre Familie nicht gewollt hätte, daß sie ihn heiratete.

Roger sah sie an – ihr glänzendes goldbraunes Haar, ihre feinen schwarzen Brauen, die samtigen Augen mit den dichten Wimpern. Das Grübchen unter dem prächtigen roten Mund. Die cremeweiße Kehle über dem goldenen Kleid. Sie war schüchtern und liebenswert und eigenwillig wie der April, die kleine Gay. Wer konnte sie nicht lieben? Schon ihr Blick sagte: „Komm her und liebe mich.“ Was für eine sanfte Stimme sie hatte – eine der wenigen Frauenstimmen, die er je gern gehört hatte. Er war sehr kritisch, was Frauenstimmen anging, und reagierte sehr empfindlich auf sie. Nichts tat ihm mehr weh als eine unangenehme Stimme, nicht einmal ein häßliches Gesicht.

Sie war die Richtige für ihn – wenn sie es nur begreifen würde. Aber er machte sich keine Hoffnungen mehr. Er wußte, daß der verträumte Blick unter den Wimpern nicht ihm galt. Er wußte nur zu gut, daß sie auf einen anderen Mann wartete, gegen den er, Roger, ein Langweiler war. Plötzlich wurde ihm bewußt, daß er zweiunddreißig war und Gay erst achtzehn.

Warum in aller Welt, fragte er sich, mußte er Gay lieben, wenn es Dutzende Mädchen gab, die ihn sofort mit Freuden nehmen würden, wie er ganz genau wußte? Aber es war nun einmal so. Er liebte sie. Und er wollte, daß sie glücklich war. Er war froh, daß auf dieser Welt jemand so glücklich sein konnte wie Gay. Aber ob dieser Gibson-Junge dafür sorgen würde, daß sie es blieb?

„Diese alte Pforte ist immer noch hier. Ich dachte, deine Mutter hätte sie abreißen lassen.“

„Das erlaube ich nicht“, sagte Gay. „Es ist meine Pforte. Ich liebe sie.“

„Ich mag alle Pforten“, sagte Roger. „Eine Pforte ist spannend – ein Versprechen. Vielleicht wartet etwas Großartiges dahinter, und man kann hineingehen. Eine Pforte ist ein Geheimnis – ein Symbol. Was würden wir beide, du und ich, Gay, wohl entdecken, wenn wir durch diese Pforte gingen?“

„Eine kleine grüne Wiese mit Veilchen im Sonnenuntergang“, lachte Gay. „Aber wir gehen nicht hindurch, Roger – das Gras ist feucht, ich würde meine neuen Schuhe ruinieren.“

Sie sah ihn an, als sie lachte – nur für einen Moment, aber es war der Moment, in dem Noels Auto um die Kurve sauste, und sie merkte es nicht. Als sie zum Haus zurückging und Roger an der geschlossenen Pforte stehenließ, fand sie Noel vor, der neben Nan auf der Treppe saß. Die beiden waren sich vorher noch nie begegnet, aber es sah aus, als würden sie einander schon ein Leben lang kennen. Und Nan schaute mit dem Blick zu Noel auf, der jeden Mann sofort zum Schmelzen brachte, aber auf Frauen nicht die gleiche Wirkung hatte. Ein seltsamer, eisiger kleiner Schauer überlief Gay.

„Ich habe Noel gerade gefragt, ob er sich die Haare mit der Brennschere kräuselt", sagte Nan in ihrem trägen, unverschämten Ton.

Beim Tanzen vergaß Gay ihre Schauer und alle anderen unerfreulichen Dinge. Noel sagte ihr wunderbare Dinge und sah noch wunderbarer aus, und als sie mit ihm in einer schattigen Ecke auf dem Balkon sah, floß ihr Glücksbecher beinahe über. Denn Noel flüsterte eine Frage, und Gay flüsterte ihre Antwort – lächelnd, errötend, und doch mit einem sonderbaren Kloß in der Kehle und seltsamerweise den Tränen nahe. Sie waren nicht mehr nur „fast" verlobt.

Für den Rest des Abends schwebte Gay – oder schien zu schweben – in einem rosa Nebel von etwas, das zu besonders war, um ihm einen Allerweltsnamen wie „Glück" zu geben. Auf dem Rückweg setzten sie Nan bei The Pinery ab und fuhren allein weiter nach Maywood. Der Abschied dauerte ewig und war so schön, weil sie sich so bald wiedersehen würden. Sie standen unter dem großen blühenden Apfelbaum an der Biegung des Weges, inmitten der zitternden Schatten der Blätter, die das Mondlicht warf. Ringsum lag eine zerbrechliche, unwirkliche Welt. Die Nacht war voller Wunder und Geheimnisse, es hatte noch nie eine solche Nacht gegeben. Als sie sich küßten, fragte sich Gay, wie viele Liebende auf der Welt jetzt so verzaubert dastanden – wie viele Schwüre im Sternenlicht gewispert wurden. Plötzlich bewegten sich die Zweige des alten Baumes wie in einer segenspendenden Geste. So viele Verliebte hatten hier gestanden – er hatte so viele Küsse versteckt. Viele der Lippen, die hier geküßt hatten, waren jetzt Staub und Asche. Aber das Wunder der Liebe erneuerte sich in jedem Frühling.

In ihrem mondhellen Zimmer zog Gay sich aus. Sie streute die weißen Blätter der Junirosen in die kleine blaue Dose mit Rosenmuster, die auf ihrem Tisch stand. Ihr Vater hatte ihr die Dose geschenkt, als sie noch ein Kind gewesen war, und hatte ihr gesagt, sie solle jedesmal eine Handvoll Rosenblätter hineintun, wenn sie an einem Tag rundum glücklich gewesen war. Jetzt war die Dose beinahe gefüllt. Es war nur noch Platz für eine Handvoll. Gay lächelte. Sie würde die Handvoll an ihrem Hochzeitstag hineintun und sie dann für immer verschließen, als Andenken an ihre Mädchenzeit.

Natürlich schlief sie nicht. Es wäre ein Jammer, einen Moment einer solchen Nacht mit Schlafen zu verschwenden. Es war schöner, wachzuliegen und an Noel zu denken, ja sogar schon ein wenig die Hochzeit zu planen. Sie würde im Herbst stattfinden. Sie dachte an ihr Brautkleid – Satin, so cremeweiß wie ihre Haut – „Deine Haut ist wie das Blütenblatt einer weißen Narzisse“, hatte Noel gesagt – schimmernde Seidenstrümpfe – Spitze wie Meeresschaum – einen schmalen Ehering aus Platin – „die schöne Mrs. Noel Gibson“ – „eine der bezauberndsten Bräute der Saison“ – ein kleines Haus irgendwo – vielleicht einer dieser niedlichen neuen Bungalows – mit gelben Gardinen, gelb wie der Sonnenschein an den Fenstern, und gelben Tellern, gelb wie die Ringe des Sonnenlichts auf dem Frühstückstisch, an dem Noel ihr gegenübersaß.

„Mein kleiner Liebling.“ Sie hörte diese Worte noch, die er unter dem Apfelbaum gesagt hatte und ihr dabei tief in die Augen blickte. Wie herrlich und unglaublich war es, daß er unter all den schönen Mädchen, die es auf der Welt gab und von denen er jede haben konnte, sie erwählt hatte.

Nur einmal dachte sie an die Warnung des alten Mondmannes: „Sei nicht zu glücklich!“ Der arme, verrückte alte Mondmann! Als ob man zu glücklich sein konnte! Und als ob Gott einen nicht glücklich sehen wollte! Die Menschen waren doch zum Glücklichsein geboren!

Diese Nacht werde ich immer lieben, dachte Gay. Der achte Juni wird immer der schönste Tag im Jahr sein. Ich werde ihn immer heimlich feiern, ganz für mich allein.

Und sie würden für immer zusammenbleiben. In guten und in schlechten Zeiten. Das Zwielicht des Morgens und des Abends würde schöner sein, weil sie zusammen waren.

Wenn ich tot wäre, dachte Gay, und Noel würde kommen und mich ansehen, würde ich wieder zum Leben erwachen.

Am nächsten Tag rief Nan Gay an. „Ich glaube, ich mag deinen Noel“, sagte sie. „Ich glaube, ich nehme ihn dir weg.“

Gay lachte triumphierend. „Das kannst du nicht“, sagte sie.

V. Eine schlaflose Nacht

Gay war nicht die einzige, die in dieser Nacht wach lag.

Weder Donna noch Peter schliefen.

Mrs. David Dark und Mrs. Palmer Dark lagen neben schnarchenden Gatten wach, schämten sich und fragten sich dumpf, warum das Leben so hart zu anständigen Frauen war, die immer versuchten, das Richtige zu tun.

Virginia lag wach und machte sich Sorgen.

Mrs. Toynbee lag wach und pflegte ihren Zorn.

Pauline Dark war wach und fragte sich, ob Hugh sich wirklich scheiden lassen würde.

Thora Dark wartete besorgt, daß ihr betrunkener, schimpfender Ehemann nach Hause kam.

Die Sams hingegen schliefen, obwohl beide allen Grund hatten, wachzuliegen – wenn sie es nur geahnt hätten.

Hugh Dark und Roger Penhallow schliefen tief und fest.

Sogar William Y. schlief, mit einem kalten Waschlappen auf der Nase. Alles in allem schliefen die Männer am besten, aber Tante Becky, die so traumlos in ihrem Grab schlummerte, schuf einen Ausgleich für die Frauen.

Auch Joscelyn machte kein Auge zu. Sie ging ins Bett und wälzte sich stundenlang ruhelos hin und her. Zuletzt stand sie leise auf, zog sich an und ging hinaus – ans Meer. Die Senken zwischen den Dünen waren vom Mondlicht erfüllt. Der kühle Wind raschelte im Gras der roten Felsen und brachte den kühlen, süßen Duft der Nacht. Funkelnde Schaumkronen schwappten an die Küste, und über dem Hafen hing Nebel. In der Ferne hörte sie den herzzerreißenden Ruf des Meeres, der seit Jahrtausenden erklang.

Sie fühlte sich alt, kalt, albern und leer. Angenommen, Hugh liebte Pauline wirklich und wollte frei sein. Sehr gut. Warum nicht? Liebte sie nicht Frank Dark? Warum konnte sie nicht praktisch denken: Nun, wenn Hugh sich scheiden läßt, bin ich auch frei, und vielleicht kommt Frank zurück? Nein, sie konnte nicht so denken. Die Vorstellung war allzu prosaisch und erstickte die reine Flamme der Liebe, die seit Jahren in ihrem Herzen brannte.

Die Morgendämmerung brach an, als sie sich auf den Rückweg machte. Sie hatte nicht erwartet, so früh jemandem zu begegnen, aber wer kam da im Morgentau über Al Griscoms stille weiße Wiese getrottet? Tantchen Aber, gebückt und mit einem grauen Kopftuch, aber ihre kleinen glänzenden Augen sahen Joscelyn neugierig an. Sie wirkte uralt und blutjung zugleich.

„Du bist früh unterwegs, Mrs. Dark."

Joscelyn haßte es, „Mrs. Dark" genannt zu werden, ebenso wie sie es haßte, einen Brief zu bekommen, der an „Mrs. Hugh Dark" adressiert war. Einmal, als sie ein juristisches Dokument mit „Joscelyn Dark" unterschreiben mußte, hatte sie den Federhalter hingeworfen und war mit schneeweißen Lippen aufgestanden. Tantchen Aber war die einzige in der Familie, die immer „Mrs. Dark" zu ihr sagte. Und es hatte keinen Sinn, Tantchen Aber zu brüskieren.

„Du auch, Tantchen."

„Oh, ich bin gar nicht ins Bett gegangen. Ich war die ganze Nacht bei Forest Myers. Ein kleines Mädchen – ein hübsches Baby, aber es hat den Myers-Mund, fürchte ich."

„Und Alice?"

„Alice ist wohlauf, aber sie tut sich sehr leid. Dabei war es gar keine schwere Geburt. Kein nennenswertes Geschrei. Es ist eine Freude, einer solchen Frau zu einem Kind zu verhelfen. Ich hätte dasselbe für dich tun können, in dem Haus da oben", Tantchen Aber machte eine Handbewegung in Richtung Treewoofe, das in dem fahlen grauen Licht langsam Gestalt annahm, „wenn du dich nicht so benommen hättest! Ich habe in dem Haus vielen Kindern auf die Welt geholfen – ich war da, als Clara Treewoofe geboren wurde. Was für ein Aufruhr! Der alte Cornelius – aber damals war er noch jung – war ganz außer sich, als wäre er noch nie Vater geworden. Am Ende mußte ich ihn in den Keller sperren, sonst wäre das Kind nie geboren worden. Die arme Mrs. Cornelius konnte sich nicht darauf konzentrieren, weil ihr Mann solchen Radau machte. Clara war das letzte Baby auf Treewoofe. Es wird Zeit, daß dort wieder welche geboren werden! Aber vielleicht ist es bald soweit. Ich höre, daß Hugh sich bei den Yankees scheiden läßt. Wenn das stimmt, läßt Pauline ihn sich nicht noch einmal durch die Finger schlüpfen. Aber sie wird nicht die Kinder bekommen, die du bekommen hättest, Joscelyn. Sie hat nicht die Figur dafür."

VI. Brian

Der kleine Brian Dark mußte nach der Beerdigung zu Fuß nach Hause gehen, weil sein Onkel Duncan auf die Idee kam, in die Stadt zu fahren.

„Denk daran, vor dem Melken die Steine auf dem Feld einzusammeln", sagte Onkel Duncan.

Brian hatte nie einen Tag zum Spielen – nicht einmal einen halben Tag. Er war sehr müde, denn er hatte vom frühen Morgen bis zum Nachmittag Steine eingesammelt, und er hatte Hunger. Er hatte immer Hunger, aber der Hunger in seinem Herzen war noch schlimmer als der körperliche Hunger. Und seine Mutter hatte keinen Grabstein. Würde er, wenn er groß war, genug Geld verdienen, um einen errichten zu lassen?

Als er bei Duncan Darks häßlichem gelben Haus inmitten der dürren Bäume ankam, zog er seinen schäbigen „besten Anzug" aus, schlüpfte in seine zerlumpte Arbeitskleidung und ging aufs Feld, um Steine zu sammeln. Das tat er bis zur Melkzeit, und sein Rücken schmerzte ebenso wie sein Herz. Dann half er Mr. Conway, die Kühe zu melken. Mr. Conway war der einzige Gehilfe in Brians Bekanntenkreis, der „Mr." genannt wurde. Mr. Conway sagte, er würde nicht für Leute arbeiten, die ihn nicht „Mr." nannten. Er war nicht schlechter als sein Brötchengeber, verdammt noch mal. Brian mochte Mr. Conway, der mehr aussah wie ein Dichter als wie ein Laufbursche. Er hatte welliges dunkelbraunes Haar, einen Schnurr- und einen Spitzbart und runde, glänzende braune Augen. Er war ein Fremder aus Nova Scotia und bezeichnete sich selbst als „Bluenose"[15]. Brian wunderte sich oft darüber, denn Mr. Conways Nase war nicht blau, sondern rot.

Als sie mit dem Melken fertig waren, schickte Tante Alethea – eine große, blonde, liederliche Frau, die sehr gerissen wirkte – ihn nach Little Friday Cove. Er sollte versuchen, den Sams einen Kabeljau abzuschwatzen.

„Beeil dich", ermahnte sie ihn. „Keine Bummelei, sonst erwischt dich der Mondmann!"

Sie erklärte nie, was der Mondmann tun würde, wenn er einen „erwischte". Vielleicht dachte sie, daß das Unbekannte einem mehr Angst einjagte als das Bekannte. Brian glaubte, daß er einen in Öl siedete und dann bis auf die Knochen abnagte. Er hatte vor dem Mondmann mehr Angst als vor dem Teufel. Er

15 „Bluenose": Umgangssprachliche Bezeichnung für einen Angehörigen der Church of Scotland.

hatte früher schreckliche Angst vor dem Teufel gehabt. Jemand hatte ihm erzählt, daß ein Junge ohne Vater den Teufel zum Vater habe, der eines Nachts kommen und ihn mitnehmen würde. Danach hatte er nächtelang schlecht geschlafen. Aber Mr. Conway hatte gesagt, es gebe keinen Teufel, und es mit so vielen „Verdammt noch mal“ bekräftigt, daß Brian ihm glaubte. Er wollte ihm glauben. Aber Mr. Conway verdammte auch den Himmel, und das war nicht so gut, denn es bedeutete, daß er seine Mutter nie wiedersehen würde. Mr. Conway ging nicht so weit, zu sagen, es gebe keinen Gott. Er räumte ein, daß es wahrscheinlich einen gab. Jemand mußte die Dinge regeln, auch wenn er sich als reichlich unfähig erwies.

„Es ist wohl ein junger Gott, der seiner Aufgabe noch nicht gewachsen ist, verdammt noch mal“, sagte Mr. Conway.

Brian war noch zu jung, um darüber schockiert zu sein. Ihm gefiel die Vorstellung von einem jungen Gott sogar, denn er hatte sich Gott immer als strengen, bärtigen alten Mann ausgemalt.

Wenn Brian nicht so müde gewesen wäre, hätte ihm der Spaziergang zur Little Friday Cove Freude gemacht. Er sah gern zu, wie die Lichter des Hafens im bläulichen Zwielicht aufflammten. Er sah gern zu, wie die geheimnisvollen Schiffe vorbeisegelten, mit Kurs auf ferne Küsten. Er stellte sich vor, daß er auf einem von ihnen mitfuhr. In Little Friday Cove traf er nur den großen Sam an, der schlechter Laune war. Ärger braute sich zusammen; es lag schon seit Tagen in der Luft. Er konnte nicht mehr die Augen davor verschließen. Der Hund Salt hatte letzte Woche den ganzen Montag gejault. Am Dienstag hatte der kleine Sam den Spiegel zerschmettert, vor dem er sich vierzig Jahre rasiert hatte. Am Mittwoch hatte der große Sam eine Reißzwecke auf dem Boden gesehen und vergessen, sie aufzuheben, am Donnerstag war er in der Fabrik unter Tom Applebys Leiter hindurchgegangen, und am Freitag – jawohl, Freitag – hatten der große und der kleine Sam beide beim Abendessen Salz verschüttet.

Der große Sam war entschlossen, nicht abergläubisch zu sein. Ein guter Presbyterianer gab nichts auf verschüttetes Salz und zerbrochene Spiegel. Aber er glaubte an Träume – das war ja in der Bibel ausdrücklich erlaubt. Und in der Nacht nach Tante Beckys Tod hatte er einen schrecklichen Traum gehabt – er hatte den Vollmond gesehen, der einmal kohlschwarz und dann wieder glühendrot war und auf die Erde zuraste. Kurz vor dem Zusammenprall wachte er mit einem Schrei auf, der die Stille der Frühlingsnacht meilenweit zerriß. Der große Sam, der seit vierzig Jahren akribisch Tagebuch über seine Träume führte, blätterte seine Notizen durch und fand, daß keiner so furchterregend gewesen war wie dieser.

Dann war da der besondere Klang des Meeresrauschens in letzter Zeit. Wenn die alte Dame Ozean kreischte wie eine Hexe, stand jemandem Kummer bevor.

„Der kleine Sam hat sich nach dem Abendessen davongemacht, ich weiß nicht, wohin“, sagte er zu Brian. „Ich wollte eigentlich selber Muscheln sammeln, aber ich war zu müde. Die Jahre machen sich langsam bemerkbar. Aber ich habe ja den Schlüssel zum Fischhaus und hole dir einen Kabeljau. Aber eigentlich sind sie alle zu schwer zum Tragen für dich. Möchtest du einen Teller Muschelsuppe? Es ist noch welche da. Der Mann kann Suppe kochen, sage ich dir.“

Brian wäre gern geblieben, denn sein Abendessen war höchst kärglich gewesen, aber die Dämmerung brach an. Er mußte nach Hause kommen, bevor es dunkel war, denn er hatte Angst. Er schämte sich für seine Feigheit, aber es war eben so. Manchmal dachte er, wenn nur jemand ihn geliebt hätte, hätte er nicht vor so vielen Dingen Angst gehabt. Er sah so klein und traurig aus, daß der große Sam dem armen kleinen Kerl eine Münze gab, damit er sich auf dem Nachhauseweg in dem kleinen Laden der Witwe Terlizzick Schokolade kaufen konnte. Aber Brian machte nicht bei dem Laden halt. Er mochte die Witwe Terlizzick nicht, ebensowenig wie die lärmende Menge von Nichtstuern, die an Sommerabenden bei dem Laden herumhingen. Er eilte mit dem schweren Kabeljau nach Hause und wurde sofort ins Bett geschickt – er mußte um vier Uhr aufstehen, um mit Mr. Conway ein paar Kälber auf den Markt zu bringen. Brian hätte gern eine Weile unter dem großen Apfelbaum gesessen und Maultrommel gespielt. Er mochte den alten Apfelbaum. Er kam ihm vor wie ein Freund – ein großes, gütiges, duftendes, blühendes Geschöpf, dessen ausgestreckte Arme Schutz boten. Und er spielte gern auf seiner kleinen Maultrommel. Einmal hatte er abends in einem Garten, in dem er Kartoffeln pflanzen sollte, gespielt, und zwei junge Leute – eine davon ein Mädchen in einem weißen Kleid – hatten dazu im mondhellen Obstgarten getanzt. Es war eine der wenigen schönen Erinnerungen in seinem Leben. Wenn er jetzt Maultrommel spielte, sah er sie wieder vor sich, wie sie endlos lange tanzten, anmutig wie Blätter im Wind, weiß, geheimnisvoll und wunderschön.

Aber Tante Alethea war unerbittlich, und Brian stieg die Leiter zu der Kammer über der Küche hinauf, in der er allein schlief und die er haßte. Er hatte Angst vor den Ratten, von denen es dort wimmelte. Ihm gefiel nur eins – daß er durch das Fenster ein Stückchen vom Meer und dem neblig blauen Festland sehen konnte – und die prachtvollen Sonnenuntergänge. Heute abend war die Dämmerung golden und rosa und die See blauschwarz. Und er sah die Lampe mit dem rosa Schirm im Fenster des Dollar-Hauses auf der anderen Seite der Straße. Er mochte die Lampe, diesen Farbklecks in der Dunkelheit. Als sie plötzlich erlosch, fühlte er sich schrecklich einsam. Ihm stiegen Tränen in die

Augen. Er war so ein kleines Geschöpf, allein auf einer großen, finsteren, feindlichen Welt. Brian schaute zum Himmel hinauf. Wie dunkel die Nacht war! Und wie hell die Sterne!

„Lieber Gott“, sagte er leise, „lieber junger Gott, bitte vergiß mich nicht.“

Er legte sich auf seine harte kleine Matratze. Er war froh, daß der Mond nicht schien. Mondhelle Nächte machten ihm Angst. Die Sachen, die von den Balken herabhingen, nahmen dann so seltsame Formen an. Und das Loch in der Wand, das zum Dachboden des Haupthauses führte, sah bei Mondschein so schwarz und bedrohlich aus. Wer wußte schon, was herauskommen würde? Im Dunkeln konnte er es nicht sehen. Es dauerte lange, bis er einschlief, aber schließlich tat er es doch, etwa zu der Zeit, als der kleine Sam nach Hause kam.

VII. Aurora

Der kleine Sam hatte auf der Beerdigung gehört, daß die Lotterie, für die er Mosey Gautier ein Los abgekauft hatte, am gleichen Abend stattfinden sollte. Also konnte er nach dem Essen auch gleich nach Chapel Point gehen und sehen, ob er Glück hatte.

Das hatte er.

Der kleine Sam schlief tief und fest in seiner Koje, und auf seinem Bauch lag Mustard zusammengerollt wie ein goldener Ball. Der kleine Sam wickelte das Päckchen aus, das er dabeihatte, betrachtete den Inhalt mit gehöriger Skepsis, schüttelte den Kopf und testete dann die Wirkung auf dem Regal mit der Uhr. Teils gefiel es ihm, teils fühlte er sich unbehaglich.

„Sie hat wirklich eine gute Figur“, sinnierte er mit einem Blick auf den schlafenden großen Sam. „Aber ich weiß nicht, was er von ihr halten wird – ich weiß es wirklich nicht. Und was wird der Pfarrer sagen?“

Diese Überlegungen raubten dem kleinen Sam nicht den Schlaf. Er schlief sofort ein, und Aurora, die Göttin der Morgenröte, hielt stundenlang Wache auf dem Regal und war das erste, was der große Sam sah, als er morgens die Augen aufschlug. Da stand sie, rank und schlank auf Zehenspitzen, und ein rotgoldener Sonnenstrahl fiel auf sie.

„Was zum Teufel ist das?“ sagte der große Sam und dachte, er träume immer noch. Er sprang aus seiner Koje, sehr zur Empörung seiner Katze, und stapfte durch das Zimmer. „Das ist kein Traum“, sagte er ungläubig. „Es ist eine Statue – eine nackte Statue!“

Salt, der am Fußende gelegen hatte, setzte Mustard nach. Er mochte Mustard ganz gern, aber er konnte sich nicht gefallen lassen, daß sie auf dem Boden saß und ihn angrinste. Das folgende Getöse weckte den kleinen Sam. Er setzte sich schläfrig auf und fragte, was der Krach zu bedeuten habe.

„Samuel Beelby Dark“, sagte der große Sam unheilvoll, „was ist das da oben?“

„Samuel Phemister Dark“, erwiderte der kleine Sam spöttisch, „das ist eine Statuette aus Alabaster – aus echtem Alabaster! Die habe ich gestern abend gewonnen, es war der fünfte Preis der Lotterie. Hübsch, nicht wahr?“

„Hübsch?“ polterte der große Sam. „Hübsch! Sie ist unanständig und obszön, jawohl! Nimm sie und wirf sie ins Meer, so weit es nur geht!“

Wenn der große Sam nicht so explodiert wäre, hätte der kleine Sam wahrscheinlich genau das getan, denn er hatte selbst Bedenken, was das Aussehen der Statue betraf und was Mr. Trackley dazu sagen würde. Aber er würde sich nicht von dem großen Sam einschüchtern lassen!

„Oh, ich glaube nicht, daß ich das tue“, erwiderte er kühl. „Sie bleibt, wo sie ißt, und wenn du krause Haare bekommst!“

Die dünnen Strähnen des großen Sam zeigten keine Spur von Kräuselung, aber sein roter Bart knisterte vor Empörung. Er begann wütend auf und ab zu marschieren und biß sich vor Wut in die Hände. Salt und Mustard flüchteten in verschiedene Richtungen und ließen die beiden Sams die Sache ausfechten.

„Es ist nicht richtig, irgendwelche Statuen zu haben, schon gar keine nackten! Es ist gegen die Zehn Gebote. ‚Du sollst dir kein Gottesbildnis machen –‘“

„Lieber Himmel, ich habe sie doch nicht gemacht und bete sie auch nicht an –“

„Das kommt noch – das kommt noch! Noch dazu ein katholisches Götzenbild. Wahrscheinlich ist es die Jungfrau Maria!“

Der kleine Sam blickte skeptisch drein. Er war zu dem guten alten Haß erzogen worden, den Presbyterianer gegen Katholiken und all deren Gebräuche hegten, aber nicht einmal ihnen traute er zu, daß sie die Jungfrau Maria splitternackt darstellen würden.

„Nein, ist es nicht. Ich glaube, ihr Name steht da unten – Aurora. Einfach nur ein Mädchen.“

„Meinst du, daß der Apostel Paulus jemals so etwas mit sich herumgetragen hat?“ rief der große Sam. „Oder“, hier fiel ihm noch etwas ein, das den kleinen Sam vielleicht mehr beeindrucken würde, „die arme alte Tante Becky, die noch nicht erkaltet ist?“

„Wahrscheinlich nicht. Paulus war ein Frauenhasser, genau wie du. Und was Tante Becky angeht, wir sind doch nicht auf ihren Krug aus, also warum sollten wir uns Sorgen machen? Nun hör auf, in deine Fäuste zu beißen, und tu so, als seist du erwachsen, auch wenn du es nicht bist, Sammy. Benimm dich wie ein Mann!“

„Danke, danke.“ Der große Sam wurde gefährlich ruhig. „Mir ist es sehr recht, mit dem Apostel Paulus auf eine Stufe gestellt zu werden. Mein Gewissen bestimmt mein Handeln, du verdorbener alter Sack!“

„Was für eine Wortwahl“, erwiderte der kleine Sam und nahm seine Hose vom Nagel, „und sie scheint dir nicht zu bekommen. Nimm besser ein bißchen Soda ein. Dein Gewissen, wie du es nennst, hat nichts damit zu tun – nur deine Vorurteile. Sieh dir nur diesen Schreiberling an! Hat er nicht auch ein halbes Dutzend solcher Statuen in seinem Sommerhaus am Fluß?“

„Wenn er so dumm ist, mußt du es dann auch sein? Denk an deine unsterbliche Seele, Sam Dark.“

„Heute ist mir nicht nach Denken“, sagte der widerspenstige kleine Sam. „Wenn du jetzt genug Dampf abgelassen hast, stell den Porridge-Topf auf den

Herd. Nach dem Frühstück wird es dir besser gehen. Auf nüchternen Magen kann man Kunstwerke nicht angemessen würdigen.“

Der große Sam starrte ihn wütend an. Dann schnappte er sich den Porridge-Topf, riß die Tür auf und schleuderte ihn hinaus. Der Topf rollte und hüpfte scheppernd die Felsen bis zu der sandigen Bucht hinunter. Salt und Mustard rannten hinterher.

„Eines Tages wirst du mich zum Äußersten treiben“, sagte der kleine Sam finster. „Du bist eine engstirnige, kleingeistige alte Jungfer, jawohl. Wenn du nicht eine schmutzige Phantasie hättest, würdest du keinen Koller bekommen, weil du die Beine einer steinernen Frau siehst! Deine eigenen sehen nicht so kunstvoll aus, wenn du in diesem Nachthemd herumhüpfst, das sage ich dir! Du solltest wirklich einen Schlafanzug tragen, Sammy!“

„Ich habe deinen alten Topf hinausgeworfen, um dir zu zeigen, daß ich es ernst meine“, brüllte der große Sam. „Ich sage dir, ich dulde kein nacktes Flittchen im Haus, Sam Dark. Ich bin nicht zimperlich, aber bei nackten Frauen ziehe ich die Grenze.“

„Schrei doch noch lauter! Es ist mein Haus“, sagte der kleine Sam.

„Oh, ja, richtig. Sehr gut. Sehr gut. Ich sage dir hier und jetzt: Es ist nicht groß genug für mich und dich und deine Rora!“

„Du bist nicht der erste, dem dieser Gedanke kommt“, sagte der kleine Sam. „Ich habe in letzter Zeit mehr als genug von dir.“

Der große Sam blieb stehen und versuchte, so ehrwürdig auszusehen, wie es eben geht, wenn man nur ein Nachthemd anhat. Er stellte ein Ultimatum, das den kleinen Sam zweifellos zur Vernunft bringen würde. „Ich habe eine Menge von dir hingenommen. Ich habe deinen Dickschädel jahrelang ertragen, aber diese Scheußlichkeit, Sam Dark, geht zu weit. Wenn sie bleibt, gehe ich!“

„Das kannst du selbst entscheiden. Aurora bleibt auf dem Regal stehen!“ erwiderte der kleine Sam und stiefelte hinaus, die Klippen hinunter, um seinen mißhandelten Porridge zu retten.

Das Frühstück verlief düster. Der große Sam sah sehr entschlossen aus, aber der kleine Sam machte sich keine Sorgen. Sie hatten letzte Woche einen schlimmeren Krach gehabt, als er den kleinen Sam dabei erwischt hatte, wie er ein Stück Rosinenauflauf klaute, das er für sich selbst beiseite gelegt hatte. Aber als die schweigende Mahlzeit vorüber war und der große Sam ostentativ eine alte, zerfledderte, ausgebeulte Reisetasche unter seiner Koje hervorzog und anfing, seine wenigen Habseligkeiten zu packen, begriff der kleine Sam, daß diese Krise etwas Ernstes war. Nun gut – nun gut. Der große Sam sollte nur nicht glauben, ihn soweit einschüchtern zu können, daß er Aurora aufgab. Er hatte sie gewonnen und würde sie behalten, und der große Sam konnte im Hades verschwinden. Der kleine Sam dachte wirklich „Hades“. Er hatte das

Wort bei seinen theologischen Studien aufgeschnappt und fand, daß es ehrenwerter klang als „Hölle".

Der kleine Sam beobachtete den großen Sam verstohlen, als er das Geschirr abwusch und Mustard fütterte, die an der Fensterscheibe kratzte. Die vielversprechende Morgensonne war trügerisch gewesen. Jetzt war es einer der düsteren, nebligen Morgen, wie der kleine Sam dachte, die einem die Stimmung verhagelten. Das kam von Leitern und Spiegeln.

Der große Sam packte sein Bild von Laurier[16] und das Schiffsmodell mit dunkelrotem Rumpf und weißen Segeln ein, das lange das Regal über seiner Koje geziert hatte. Diese Dinge gehörten unbestreitbar ihm. Aber mit der kleinen Bibliothek gab es Schwierigkeiten.

„Welche von den Büchern soll ich mitnehmen?" fragte er frostig.

„Welche du willst", sagte der kleine Sam und holte sein Backblech. Es waren sowieso nur zwei Bücher dabei, an denen ihm etwas lag: Foxes *Book of Martyrs* und *The Horrible Confession and Execution of John Murdoch (one of the Emigrants who lately left this country) who was hanged at Brockville (Upper Canada) on the 3rd day of September last for the inhuman Murder of His own brother.*

Als der kleine Sam sah, wie der große Sam letzteres einpackte, ließ er ein gräßliches Stöhnen hören.

„Ich lasse dir die Märtyrer und all die Groschenromane", sagte der große Sam abwehrend. „Was ist mit dem Hund und dem Kater?"

„Du nimmst am besten den Kater", sagte der kleine Sam und wog Mehl ab. „Sein Schnurrbart paßt gut zu deinem."

Das gefiel dem großen Sam. Mustard war sein Liebling.

„Und das Ouija-Brett?"

„Das kannst du behalten. Ich gebe mich nicht mit dem Teufel ab."

Der große Sam schulterte die Tasche, nachdem er die sich sträubende Mustard hineingestopft hatte, setzte seinen Sonntagshut auf und marschierte aus dem Haus und die Straße hinunter, ohne den kleinen Sam, der demonstrativ Rosinenauflauf machte, auch nur eines Blickes zu würdigen.

Der kleine Sam schaute ihm nach, bis er nicht mehr zu sehen war, und konnte es immer noch nicht glauben. Dann schaute er den weißen, wunderschönen Grund allen Übels an, der zufrieden auf dem Regal stand.

„Nun, er hat es nicht geschafft, dich loszuwerden, meine Schönheit, und ich will verdammt sein, wenn er es je tut. Nichts da, ich habe es gesagt und bleibe dabei. Und nun werde ich auch keine Ohrenschmerzen mehr haben, weil ich sein altes Epos nicht mehr hören muß! Und ich kann wieder meine Ohrringe tragen."

16 Wilfrid Laurier (1841 – 1919), Kanadas siebter Premierminister.

Der kleine Sam dachte wirklich, daß der große Sam zurückkommen würde, wenn sein Zorn sich abgekühlt hatte. Aber er unterschätzte dessen Prinzipientreue oder die Sturheit. Das erste, was er hörte, war, daß der große Sam Tom Wilkins' alte Hütte in Big Friday Cove gemietet hatte und dort wohnte. Aber nicht mit Mustard. Wenn auch der große Sam nicht zurückkam, Mustard tat es doch. Drei Tage nach ihrem unwürdigen Abmarsch in einer Tasche kratzte Mustard am Fenster. Der kleine Sam ließ sie herein und fütterte sie. Es war nicht seine Schuld, daß der große Sam nicht auf seine Katze aufpassen konnte. Er, der kleine Sam, würde kein Tier hungern lassen. Mustard blieb, bis der große Sam an einem Sonntag – er wußte ja, daß der kleine Sam in der Kirche sein würde und erinnerte sich an Homer Penhallows Taktik – nach Little Friday Cove kam und ihn holte. Aber es hatte keinen Sinn. Mustard kam wieder – und noch einmal. Nach dem dritten Versuch gab der große Sam es auf und war verbittert.

„Was soll ich auch mit dieser alten gelben Katze?" sagte er zu Stanton Grundy. „Bei Gott, ich brauche sie nicht. Aber eins tut weh – Sam wußte genau, daß das Vieh zurückkommen würde, deshalb hat er es mir einfach so überlassen. Dieser listige Fuchs! Ich höre, daß er gemeine, falsche Gerüchte über mich verbreitet und erzählt, ich würde bald krank werden, wenn ich nur von gesalzenem Kabeljau lebte, und zurückkommen, um mal wieder etwas Gutes zu essen zu bekommen. Er wird schon sehen, jawohl! Ich vergöttere meinen Magen nicht so wie er. Du hättest hören sollen, was er für einen Radau gemacht hat, weil ich ein Stück von einem verschimmelten alten Rosinenauflauf gegessen habe, den er für sich reserviert hatte, das gierige Schwein! Und zu behaupten, es würde mir zu einsam werden, weil ich doch so redselig sei. Ja, das hat er gesagt. Ich und einsam! Dieser Platz ist genau richtig für mich! Sieh dir nur die Landschaft an! Ich liebe die Natur und vor allem den Mond! Und die zufriedenen Kühe oben auf der Weide könnte ich stundenlang ansehen! Mehr Gesellschaft brauche ich sowieso nicht – Anwesende sind immer ausgeschlossen. Ich sage nicht", fügte der große Sam heftig hinzu, „daß der kleine Sam keine guten Seiten hatte. Was für einen Pflaumenpudding er machen konnte! Und die Muschelsuppe! Aber ich mußte doch an mein Seelenheil denken, nicht wahr? Und an meine Moral!"

3. Mittsommerwahnsinn

I. Mißbilligende Verwandte

Für Gay verliefen die ersten Wochen nach ihrer Verlobung mit Noel nicht ungetrübt. Das war in einer Familie wie der ihren nicht möglich. Bei den Darks und den Penhallows ging eine Verlobung die ganze Sippschaft etwas an, und jeder fühlte sich berechtigt, zu kommentieren und zu kritisieren, zu billigen oder zu mißbilligen, je nachdem. In diesem Fall war die Ablehnung einhellig, denn niemand aus der Familie mochte die Gibsons, und sie schonten Gays Gefühle nicht. Es kam ihnen einfach nicht in den Sinn, daß ein junges Mädchen von achtzehn Jahren Gefühle hat, auf die man Rücksicht nehmen muß, und so redeten sie nicht um den heißen Brei herum.

„Armes kleines Gänschen, ob sie immer noch so kichert, wenn sie erst mal ein paar Jahre mit ihm verheiratet ist?" sagte William Y. Er hatte Gay lachen hören, als sie und Noel eines Abends im Auto an ihm vorbeirasten. Der Gerechtigkeit halber muß erwähnt werden, daß William Y. es in Gays Anwesenheit nicht gesagt hätte, aber es wurde ihr sofort zugetragen. Sie lachte nur wieder. Und sie lachte auch, als Cousine Hannah aus Summerside sie fragte, ob es wahr sei, daß sie „einen gewissen jungen Mann" heiraten würde. Cousine Hannah wollte nicht „einen Gibson" sagen. Sie tat so, als würde es die Gibsons gar nicht geben. Sie bildeten sich vielleicht ein, daß es sie gäbe, aber sie waren nichts weiter als Spukgestalten des Teufels, an die anständige Menschen nicht glauben durften. Man sprach nicht offen über den Teufel, und ebensowenig sprach man über die Gibsons. Ihre Verachtung gab Gay einen kleinen Stich, obwohl sie lachte. Aber ein Brief von Noel, in dem es von „Liebling" nur so wimmelte, heilte die kleine Wunde schnell.

„Liebst du ihn wirklich?" fragte Mrs. William Y. ernst.

Gay wollte nein sagen, weil sie Mrs. William Y. verabscheute. Aber sie wollte auch ihr und allen anderen zeigen, was Noel ihr bedeutete. „Er ist der einzige Mann auf der Welt für mich, Tantchen."

„Hm! Dabei hat man unter fünfhundert Millionen Männern doch reichlich Auswahl", sagte Mrs. William Y. sarkastisch. „Aber so ging es mir auch einmal."

Mrs. William Y. war nicht bewußt, daß dies das Schrecklichste war, das Gay je gehört hatte. Mrs. William Y. konnte nicht gedacht haben, William Y. sei der einzige Mann auf der Welt. Natürlich hatte sie ihn geheiratet, aber das konnte nicht sein. In ihrem jugendlichen Egotismus konnte Gay sich nicht vorstellen, daß je eine Frau in William Y. verliebt gewesen war. Ihr war nicht klar, daß William Y. vor fünfundzwanzig Jahren als schlanker junger Mann mit üppigem Haarschopf ein richtiger Frauenheld gewesen war.

„Du könntest besser heiraten“, beharrte Mrs. William Y.

„Oh, ich nehme an, du meinst Roger“, rief Gay ärgerlich. „Ihr denkt alle, es gäbe keinen Mann außer Roger.“

„Den gibt es auch nicht“, sagte Mrs. William Y. vollkommen aufrichtig. Sie liebte Roger. Alle liebten ihn. Wenn Gay nur nicht so albern und romantisch gewesen wäre! Noel Gibsons Augen und Haare hatten ihr einfach den Kopf verdreht.

„Du hältst es wohl für sehr witzig, verheiratet zu sein“, sagte Mrs. Clifford.

Gay fand es überhaupt nicht „witzig“. So sah sie die Ehe nicht.

Aber Tante Rhoda Dark war genauso schlimm. „Ist dir klar, was für ein wichtiges Ereignis die Heirat im Leben eines jeden Menschen ist, Gay?“

Gay ließ sich zu einer frechen Antwort hinreißen, und Tante Rhoda schüttelte den Kopf über die Jugend von heute.

Rachel Penhallow bemerkte in Gays Gegenwart, daß bei den Gibsons Nierenkrankheiten in der Familie lagen.

Mrs. Clifford riet ihr: „Gib ihm nicht das Gefühl, daß er sich deiner zu sicher ist.“

Mrs. Denzil verdammte Noels Vater in Grund und Boden. „Man konnte ihn nur zu etwas bringen, wenn man ihn bat, das Gegenteil zu tun. Ich war dabei, als er einen Teller nach seiner Frau geworfen hat. Sie konnte zum Glück ausweichen, aber seitdem hat das Kaminsims eine Delle. Du kannst dir die Delle ansehen, Gay, wenn du mir nicht glaubst.“

„Was hat all das mit mir und Noel zu tun?“ platzte Gay heraus.

„Diese Dinge sind erblich! Man wird sie nicht los!“

Aber Tante Kate Penhallow glaubte nicht, daß Noel so stur wie sein Vater war. Sie dachte das Gegenteil – daß er schwach und leicht beeinflußbar sei. Sie mochte sein Kinn nicht, Onkel Robert mochte seine Augen nicht, und Cousin Amasa mochte seine Ohren nicht. „Sie liegen zu eng an. Kein erfolgreicher Mann hat solche Ohren“, sagte Cousin Amasa. Er hatte selbst abstehende Ohren, aber für erfolgreich hielt ihn trotzdem niemand.

„Man könnte meinen, die beiden seien die einzigen Menschen auf der Welt, die sich je verlobt haben“, sagte Mrs. Toynbee. Sie hatte drei Verlobungen hinter sich, und für sie war es natürlich kein solches Wunder wie für Gay und Noel.

„Die Gibsons sind alle sehr flatterhaft“, sagte Mrs. Artemas Dark, die mit einem verlobt gewesen war, bevor sie Artemas geheiratet hatte. Er hatte sie schlecht behandelt, aber insgeheim dachte sie manchmal, daß er ihr trotzdem lieber wäre als Artemas.

„Du solltest aus den Windeln heraus sein, bevor du heiratest“, knurrte der ertrunkene John. Er hatte gerade selbst genug Ärger und war sehr empfindlich, wenn es um Verlobungen ging.

All das amüsierte Gay nur. Es machte ihr nichts aus. Was ihr aber Sorgen machte, war die unterschwellige Mißbilligung derer, deren Meinung ihr wirklich wichtig war. Niemand hieß ihre Verlobung gut.

Ihre Mutter weinte bitterlich und wollte anfangs gar nicht zustimmen. „Ich kann dich natürlich nicht daran hindern, ihn zu heiraten“, sagte Mrs. Howard mit einer für sie ungewöhnlichen Bitterkeit. „Aber ich werde nie sagen, daß ich einverstanden bin – nie. Ich mochte ihn noch nie, Gay.“

„Warum – warum?“ rief Gay kläglich. Sie liebte ihre Mutter und haßte es, mit ihr uneinig zu sein. „Warum, Mutter? Was kannst du gegen ihn sagen?“

„Es steckt nichts in ihm“, sagte Mrs. Howard matt. Sie fand, daß das harmlos klang, und erkannte nicht, daß sie die härteste Anklage der Welt vorbrachte.

Alles in allem hatte Gay für ein paar Wochen eine schwere Zeit. Dann kam Cousine Mahala aus dem Westen zu Besuch – Cousine Mahala, die aussah wie ein attraktiver alter Mann mit ihrem kurzen grauen Haar und dem ausdrucksvollen klugen Gesicht, den etwas tiefliegenden Augen, den humorvollen Mund. Es war das Gesicht einer Frau, die gelebt hatte.

„Soll Gay ihn doch heiraten, wenn sie unbedingt will“, sagte sie zu der verzweifelten Mrs. Howard, „und laß sie die Höhen und Tiefen des Lebens selbst erfahren, wie wir es alle getan haben. Keine von uns hatte einen perfekten Mann!“

„Oh, Cousine Mahala, du bist die einzige in der ganzen Familie, die ein Herz hat“, rief Gay.

Cousine Mahala sah sie mit einem lustigen Funkeln in den Augen an. „O nein, Gay. Wir haben alle ein Herz, mehr oder weniger. Und alle außer mir wollen dich vor den Fehlern und Irrtümern bewahren, die wir begangen haben. Ich nicht. Fehler und Irrtümer passieren sowieso immer. Geh lieber deinen eigenen Weg als den eines anderen. Du wirst eine wunderschöne kleine Braut sein, Gay. So jung. Ich mag junge Bräute.“

„Tante Mavis hat mich gefragt, ob ich die Ehe für einen Witz hielte. Natürlich denke ich das nicht – “

„Das ist es auf keinen Fall“, sagte Cousine Mahala.

„Aber ich glaube auch nicht, daß es nur Quälerei ist – “

„Auch damit liegst du richtig“, sagte Cousine Mahala.

„Und was immer es ist, ich möchte es mit Noel versuchen und mit keinem anderen.“

Nach diesem Angriff von hinten gab Mrs. Howard nach, aber nur unter einer Bedingung. Gay und Noel mußten bis zur Hochzeit ein Jahr warten. Mit achtzehn war man zu jung zum Heiraten. Sie konnte Gay nicht so früh ziehen lassen. Und Mrs. Howard hatte noch einen Grund. Dandy Dark haßte die Gibsons. Er konnte über den Krug verfügen, und wenn Gay tatsächlich einen Gibson heiratete, rechnete Mrs. Howard nicht mehr mit einer Chance auf den Krug. Dieser geheime Gedanke machte sie hart gegen Gays Bitten und den feurigen Noel, die sie sonst wohl erweicht hätten. Noel akzeptierte die Bedingung widerwillig, Gay lächelnd. Sie war zuversichtlich, daß ihre Mutter während der Wartezeit ihre Meinung über Noel ändern würde. Sie konnte nichts tun, womit ihre Mutter nicht einverstanden war. Und es war herrlich, verlobt zu sein. Eine große Hoffnungstruhe mußte gefüllt werden. Natürlich wußte sie, was die Familie hoffte – daß in einem Jahr *sie* ihre Meinung ändern würde. Als ob irgend etwas sie dazu bringen könnte, Noel nicht mehr zu lieben. Sie küßte seinen Ring im Dunkeln, bevor sie schlafenging. Die gute Cousine Mahala! Wenn sie nur nicht so weit weg wohnen würde. Gay hätte sie gern sie in der Nähe gehabt, während sie sich auf ihre Hochzeit vorbereitete. Sie wußte, daß alle anderen – auch wenn sie stillschweigend übereingekommen waren, die Verlobung zu akzeptieren und das Beste daraus zu machen – mit ihrem schrecklichen Pragmatismus jede Romantik zerstören und insgeheim bedauern würden, daß es nicht Roger war.

Roger war wunderbar gewesen. Er hatte ihr mit seiner liebevollen Stimme Glück gewünscht – Roger hatte so eine schöne Stimme.

„Wenn ich den Wunschknochen[17] einer schwarzen Katze hätte, würde ich ihn dir geben“, sagte er. „Wenn man den Wunschknochen einer schwarzen Katze hat, bekommt man angeblich alles, was man will.“

„Aber ich habe doch alles, was ich will, Roger“, rief Gay. „Jetzt, da Mutter nachgegeben hat, habe ich keine Wünsche mehr, außer – außer – daß du“, Gay wurde rot, „daß alle so glücklich werden, wie ich es bin.“

„Ich fürchte, dafür braucht es mehr als den Wunschknochen einer schwarzen Katze“, sagte Roger. Aber ob er sich damit auf das „du“ oder das „alle“ bezog, wußte Gay nicht, und sie wagte auch nicht zu fragen. Sie tanzte zum Haus zurück, lächelte Roger über die Schulter zu und vergaß ihn dann völlig.

Roger überholte auf dem Nachhauseweg den Mondmann und bot ihm an, ihn mitzunehmen. Der Mondmann lehnte ab. Er stieg nie in ein Auto. Aber er sah Roger durchdringend an.

„Warum schenkst du deine Liebe nicht der silbernen Dame – dem Mond?“ fragte er. „Ich wäre nicht eifersüchtig. Alle Männer können die Dame Mond lieben, aber sie liebt keinen. Liebe tut nicht weh, wenn man nicht hofft, zurückgeliebt zu werden.“

„Das habe ich nie gehofft – aber es tut trotzdem sehr weh“, sagte Roger.

---

17 Wishbone: wie eine Wünschelrute geformter Gabelknochen bei Vögeln.

II. Noch ein unwillkommener Schwiegersohn

Tante Beckys Empfang war ein Schock für die Familie gewesen und die Schlägerei auf dem Friedhof eine Sensation, aber Donnas und Peters Verlobung schlug ein wie eine Bombe. Natürlich war das beinahe der Tod für den ertrunkenen John.

Peter und Donna hätten ihr Geheimnis gern gewahrt, bis sie ihre Pläne fertig hatten, aber sobald sie Mrs. Toynbee sahen, wußten sie, daß darauf keine Aussicht bestand. Donna ging in einem Zustand der Euphorie nach Hause, der bis drei Uhr nachts anhielt. Dann stürmten all die Schrecken und Zweifel auf sie ein, die zu dieser Stunde herumschleichen. Was – oh, was würde der ertrunkene John sagen? Natürlich konnte er nichts tun. Sie mußte nur zur Tür hinausgehen und mit Peter davonlaufen. Aber Donna war der Gedanke an ein Durchbrennen zuwider. Das gehörte sich einfach nicht für eine Dark oder Penhallow. Und wenn sie durchbrannte, hatte sie keine Aussichten mehr auf den Krug. Natürlich verglich sie den Krug nicht mit Peter. Aber wenn sie nur Peter *und* den Krug haben könnte! Donna glaubte, eine gute Chance zu haben, wenn die Entscheidung bei Dandy lag. Sie hatte sich immer gut mit ihm verstanden. Aber sie hatte einmal gehört, was Dandy über ein Paar gesagt hatte, das durchgebrannt war.

Und dann Virginia! Virginia würde ihr nie verzeihen. Nicht, daß Virginia wichtig war, wenn es um Peter ging. Aber Donna mochte Virginia – sie war die einzige Freundin, die sie je gehabt hatte. Und sie hatte Angst vor den Vorwürfen, die Virginia ihr machen würde. Am nächsten Morgen würde es ihr nicht mehr so gehen, aber nachts um drei hatte man Bedenken.

Es wurde genauso schlimm, wie Donna befürchtet hatte.

Am nächsten Tag sah Mrs. Toynbee den ertrunkenen John im Postamt, und er kam in einer Stimmung nach Hause, die seinem Ruf alle Ehre machte und noch verschärft wurde durch seinen Vorsatz, nicht zu fluchen. Aber trotzdem machte er seinem Ärger Luft.

Donna war mutig. Sie gestand furchtlos, daß sie Peter beim Haus der Turteltauben geküßt hatte, genau wie Mrs. Toynbee gesagt hatte. „Ich werde ihn heiraten, Daddy."

„Du bist verrückt!" sagte der ertrunkene John.

„Das glaube ich auch", seufzte Donna. „Aber oh, Daddy, es ist so eine schöne Verrücktheit!"

Der ertrunkene John bereute wie schon so oft, daß er Donna erlaubt hatte, als Teenager ein Jahr auf das Ladies' College in Kingsport zu gehen. Dort hatte sie diese pfiffigen, frechen Antworten gelernt, die ihm immer den Wind aus den Segeln nahmen. Er wagte nicht zu fluchen, aber er schlug auf den Tisch und verbot Donna, jemals wieder mit Peter Penhallow zu reden. Sollte sie es doch tun –

„Aber ich muß doch ab und zu mit ihm sprechen, Daddy. Meinen Ehemann kann ich ja nicht die ganze Zeit anschweigen."

Da war es wieder. Aber auch wenn Donna sich unbekümmert und furchtlos gab, zitterte sie innerlich. Sie kannte ihren ertrunkenen John. Als Peter am Nachmittag kam, empfing der ertrunkene John ihn an der Tür und fragte, was er wolle.

„Ich möchte zu Donna", sagte Peter fröhlich. „Ich werde sie nämlich heiraten."

„Mein lieber junger Mann", oh, welche Verachtung schnaubte der ertrunkene John in diese Worte!, „Sie tun sich selbst zu viel Ehre an!"

Er schlug Peter die Tür vor der Nase zu. Peters erster Gedanke war, ein Fenster einzuschlagen. Aber er wußte, daß der ertrunkene John imstande war, ihn wegen Hausfriedensbruchs anzuzeigen. Wo zum Teufel war Donna? Sie konnte wenigstens aus einem Fenster schauen!

Donna hatte Kopfschmerzen und lag weinend auf ihrem Bett, ohne zu ahnen, daß Peter ganz in der Nähe war. Thekla war so gemein gewesen. Sie hatte gesagt, daß ein Ehemann, ebenso wie eine Religion, jedem reichen sollte. Aber Thekla hatte sie ja schon immer gehaßt, weil sie überhaupt geheiratet hatte. Sie hatte keine Freunde – sie war allein in der feindlichen, gefühllosen Welt ihrer Familie. Aber sie würde Peter heiraten.

Es war nur nicht so einfach. Für Peter wäre es eine Kleinigkeit gewesen, eine Braut aus dem Kongo oder Yucatan zu entführen, wenn er gewollt hätte, aber er stellte fest, daß es etwas ganz anderes war, eine aus dem Stamm der Darks oder Penhallows zu ergattern. Er konnte Donna nicht einmal sehen, denn der ertrunkene John ließ ihn nicht ins Haus hinein und Donna nicht hinaus. Natürlich ging das nicht ewig so. der ertrunkene John konnte Donna nicht für immer einsperren, irgendwann hätten sie und Peter einen Weg zueinander gefunden. Aber die Sterne am Firmament, dachte die arme Donna, waren gegen sie. Eines Nachts nieste sie, in der nächsten Nacht brannten ihre Augen, und in der dritten Nacht kam Roger, der Donna sagte, sie habe die Masern.

Es wäre natürlich viel romantischer gewesen, wenn sie Tuberkulose oder Hirnhautentzündung oder Angina pectoris gehabt hätte. Aber eine ehrliche Chronistin muß die Wahrheit sagen. Donna Dark hatte die Masern und wäre fast daran gestorben.

Einmal kam dem verstörten Peter das Gerücht zu Ohren, sie liege in den letzten Zügen. Und er konnte sie nicht einmal besuchen. Als er nach Rose River raste, antwortete niemand auf sein Klopfen. Die Türen waren geschlossen, ebenso die Fensterläden. Peter dachte daran, einfach vor der Tür stehenzubleiben und zu brüllen, bis jemand aufmachte, aber er fürchtete, daß die Aufregung Donna schaden würde.

Roger kam vorbei und versuchte ihn zu beruhigen. „Donna ist nicht tot. Sie ist immer noch sehr krank und braucht viel Pflege, aber ich glaube, sie ist außer Gefahr. Ich hatte eine Lungenentzündung befürchtet. Sei nicht albern, Peter. Geh nach Hause und warte einfach in Ruhe ab, bis es Donna bessergeht. Der ertrunkene John kann dich nicht daran hindern, sie zu heiraten, auch wenn er es euch zweifellos so schwermachen wird wie irgend möglich."

„Roger, warst du jemals verliebt?" stöhnte Peter. „Nein, ausgeschlossen. Dann wärst du nicht so ein kalter Fisch. Außerdem hättest du dich in Donna verlieben müssen. Ich verstehe nicht, daß nicht jeder in Donna verliebt ist. Kannst du es verstehen?"

„Nichts leichter als das", sagte Roger kühl.

„Oh, ich nehme an, du bevorzugst üppige Frauen", höhnte Peter, „solche wie Sally William Y. – oder solche, die kaum aus den Windeln heraus sind, wie Gay Penhallow. Roger, du ahnst nicht, wie es ist, verliebt zu sein. Es ist die Hölle – und himmlisch zugleich – und schrecklich – und wunderbar. Oh, Roger, warum verliebst du dich nicht?"

Roger hatte nie in der Gefahr geschwebt, sich in Donna Dark zu verlieben. Er mochte sie und ihr Getue nicht einmal besonders, weil er nicht begriff, daß letzteres nur ein jämmerlicher Versuch war, einem leeren Leben einen Inhalt zu geben. Aber er hatte Mitleid mit Peter.

„Ich werde Donna eine Nachricht von dir überbringen."

„Einen Brief?"

„Nein, den könnte sie nicht lesen. Ihre Augen sind noch in schlechter Verfassung – "

„Hör zu, Roger. Ich muß Donna sehen – beim heiligen Pavian, ich muß. Gib deinem Herzen einen Stoß, Roger, und schmuggle mich hinein. Dir müssen sie die Tür aufmachen, und wenn ich erst einmal drin bin, bringen mich keine zehn Pferde wieder nach draußen, bis ich Donna gesehen habe. Ich traue dieser Thekla zu, daß sie sie ermordet – die ganze Bande setzt sie unter Druck – und dieses Biest Virginia sitzt Tag und Nacht bei ihr, wie ich höre, und hetzt sie sie gegen mich auf."

„Hör auf mit dem Unsinn, Peter. Stell dir nur vor, was für Folgen ein Tumult im Haus für Donna haben würde. Es würde sie um Wochen zurückwerfen, vielleicht wäre es sogar ihr Tod. Was immer man von Thekla hält, sie ist eine ausgezeichnete Pflegerin – und Donna ist zu sehr in dich verliebt, als daß jemand sie gegen dich aufhetzen könnte. Im Fieberwahn hat sie nur von dir phantasiert – du hättest das Gesicht des ertrunkenen John sehen sollen!“

„Hat sie phantasiert – mein armer Liebling? Oh, Roger Penhallow, verheimlichst du mir etwas? Ich bin dem Mondmann begegnet. Er hat mich so sonderbar angesehen. Es heißt, der Alte habe das Zweite Gesicht – er weiß, wann jemand sterben wird. Lungenentzündung war in dieser Familie immer tödlich – Donnas Mutter ist daran gestorben. Um Gottes willen, sag mir die Wahrheit – “

„Peter Penhallow, wenn du nicht sofort verschwindest, gebe ich dir zwei Tritte – einen für mich selbst und einen stellvertretend für den ertrunkenen John. Donna wird wieder gesund. Du stellst dich an, als seist du der erste Mann der Welt, der je verliebt war!“

„Das bin ich auch“, sagte Peter. „Du hast keine Ahnung von Liebe, Roger. Es heißt, du seist in Gay Penhallow verliebt. Also, ich habe ja nichts für Wickelkinder übrig, aber wenn, würde Noel Gibson sie mir nicht wegschnappen – dieser Modefritze! Du bist ein feiger Hund, Roger, du hast keinen Mumm in den Knochen.“

„Ich habe eben ein bißchen gesunden Menschenverstand“, sagte Roger trocken.

„Ein Beweis dafür, daß du keine Ahnung von Liebe hast“, triumphierte Peter. „Ein Verliebter ist nicht vernünftig. Es ist ein göttlicher Irrsinn, Roger. Oh, Roger, ich mochte dich nie besonders, aber jetzt habe ich das Gefühl, daß ich mich nicht von dir trennen kann. Wenn ich mir vorstelle, daß du Donna in ein paar Minuten sehen wirst – oh, sag ihr – sag ihr – “

„Himmel, gib mir Geduld!“ stöhnte Roger. „Peter, steig in mein Auto und zähle langsam bis fünfhundert. Ich sage Donna alles, was du willst, und überbringe dir ihre Nachricht, und dann fahre ich dich nach Hause. Du kannst nicht allein draußen herumlaufen, du verdammter Dummkopf“, schloß Roger atemlos.

„Roger – hast du eine Ahnung, wie ein Mann – “

„Ts, ts, Peter, du bist gerade gar kein Mann – du bist nur noch ein Geisteszustand.“

Donnas Rekonvaleszenz dauerte lange und war schwierig. Sobald der ertrunkene John Wind davon bekam, daß Roger Botschaften zwischen Donna und Peter übermittelte, wies er ihm die Tür und ließ einen anderen Arzt kommen.

Virginia wich nicht von ihrer Seite, und mehrere Verwandte aus ihrem Klüngel – eine Sippe innerhalb der Sippe – kamen und gingen und „besprachen die Sache“. Donna hörte zu, weil sie zu schwach war, um zu widersprechen. Und alles Besprechen änderte nichts an den Tatsachen.

„Du hast Barry nie geliebt", schluchzte Virginia. „Du warst nur in seine Uniform verliebt."

„Ich habe Barry sehr wohl geliebt. Aber jetzt liebe ich Peter", sagte Donna.

„‚Der Geist hat tausend Augen[18]'", begann Virginia – und hielt inne. Sie hatte diese Zeile so oft zitiert, daß Donna es nur noch abgedroschen fand.

„Das Kapitel Liebe ist noch nicht abgeschlossen – für mich. Es fängt wieder von neuem an."

„Ich verstehe nicht", sagte Virginia hilflos, „wie du so treulos sein kannst, Donna. Es ist mir wirklich ein Rätsel. Meine Gefühle waren immer so tief. Ich frage mich, wie du immer noch das Bild des armen Barry über deinem Frisiertisch hängen lassen kannst. Sieht er dich nicht vorwurfsvoll an?"

„Nein. Barry erscheint mir wie ein guter alter Freund. Er scheint zu sagen: ‚Ich bin froh, daß du jemanden gefunden hast, der dir das Glück geben kann, jetzt, da ich es nicht mehr kann.' Virginia, wir waren albern und morbide –"

„Nimm nicht solche Wörter in den Mund", schluchzte Virginia. „Ich bin nicht morbide – ich bin treu. Und du hast unser Gelübde gebrochen. Oh, Donna, wie kannst du mich im Stich lassen? Wir haben soviel Trauriges – und Schönes – und Schreckliches gemeinsam durchgemacht. Wie kannst du unseren Bund brechen?"

„Virginia, Liebste, ich breche den Bund nicht. Wir können immer Freundinnen bleiben – gute Freundinnen – "

„Peter wird dich mir wegnehmen", schluchzte Virginia. „Er wird dich um die ganze Welt schleifen – ihr werdet euch nie häuslich niederlassen, Donna – oder irgendeine gesellschaftliche Position bekleiden."

„Es wird abenteuerlich sein, Peter zu heiraten", gestand Donna ein, aber es klang zufrieden.

„Und er wird nie zulassen, daß du dich noch für etwas anderes interessierst als ihn. Er wird dir sagen, was du zu denken hast. Er muß dich allein besitzen."

„Ich habe auch nicht vor, mich für etwas anderes zu interessieren als für ihn", sagte Donna.

„Und das sagst du – die du Barrys Frau warst – seine Frau. Wenn man dich so reden hört, könnte man meinen, eine andere sei Barrys Frau gewesen."

„Nun, um ehrlich zu sein, Virginia, genauso ist es für mich. Ich bin nicht mehr das Mädchen, das mit Barry verheiratet war – ich bin ein ganz anderer Mensch. Vielleicht habe ich aus einem verzauberten Fluß der Veränderung getrunken, Virginia. Ich kann es nicht ändern – und ich will es auch nicht ändern. Ich will nur eins – daß Peter hereinkommt und mich küßt." Ein provozierender

18 „The mind has a thousand eyes" ist eine Zeile aus dem Gedicht *Light* (besser bekannt als: *The Night has A Thousand Eyes*) von Francis William Bourdillon (1852 – 1921).

Satz kam Donna in den Sinn. Sie sagte es, um Virginia zu ärgern, die sie ärgerte. „Du ahnst nicht, wie göttlich Peter küssen kann, Virginia."

„Ich bezweifle nicht, daß er reichlich Übung hat", sagte Virginia bitter. „Und was mich betrifft – ich habe die Erinnerung an Neds Küsse."

Donna gestattete sich ein Lächeln. Ned Powell hatte einen kleinen roten Mund mit vollen Lippen unter einem kleinen braunen Schnurrbart gehabt. Der bloße Gedanke, von einem solchen Mund geküßt zu werden, hatte Donna immer schaudern lassen. Wie hatte Virginia das nur ertragen?

„Du hast gut lachen", sagte Virginia kalt. „Wahrscheinlich lachst du jetzt auch über alles, das uns heilig war. Aber zufällig weiß ich, was Peter Penhallow über dich gesagt hat – daß du ein nettes kleines Ding seist und er dich leicht bekommen habe."

„Ich glaube nicht, daß er das gesagt hat", erwiderte Donna, „und wenn doch – na und? Es stimmt völlig."

Virginia ging weinend weg. Sie sagte zum ertrunkenen John, daß es für sie keinen Sinn habe, wiederzukommen, sie habe keinen Einfluß mehr auf Donna. „Ich wußte, daß der Opal mir Unglück bringen würde."

der ertrunkene John schlug auf einen Tisch und starrte sie grimmig an. Er schlug in diesen Tagen oft auf Tische. Er war wütend auf alles und alle – und entschlossen, es jeden merken zu lassen. Hatte ein Vater gar keine Rechte? Das hatte man nun davon – all die Jahre der Aufopferung und Fürsorge! Sie setzten sich über einen hinweg, einfach so. Sie dachten, sie könnten jeden beliebigen Dummkopf heiraten. Frauen! Seine eigenen beiden hatte er gezähmt, aber mit den jüngeren wurde er nicht fertig.

„Sie wird ihn nie heiraten – nie!"

„Sie will aber", sagte Virginia.

„Sie will *nicht* – sie bildet es sich nur ein!" brüllte der ertrunkene John. Er dachte immer, daß er nur laut genug widersprechen mußte, um die Leute umzustimmen.

In der Familie wurden Wetten abgeschlossen. Einige, wie zum Beispiel Stanton Grundy, meinten, daß es nicht von Dauer sein würde. „Je heißer das Feuer brennt, desto schneller erlischt es auch", sagte er.

Andere dachten, daß der ertrunkene John nie nachgeben würde, und wieder andere glaubten, daß er im letzten Augenblick einknicken würde. Und dann gab es noch welche, die der Meinung waren, daß es gar keine Rolle spielte, ob er nachgab oder nicht. Peter Penhallow nahm sich, was ihm gehörte, egal, wo er es fand.

Zu der armen Donna, die erschöpft im Bett lag oder in einem Lehnstuhl saß und versuchte, die Zeit ohne Peter zu ertragen, kamen sie mit Ratschlägen, Andeutungen und Klatsch. Als Tantchen Aber Peter gefragt hatte, wie es angehen konnte, daß ihn doch noch eine eingefangen hatte, hatte er gesagt: „Ach, ich hatte einfach das Weglaufen satt.“ Als Junge hatte Peter im Gottesdienst mit einer Zwille eine Erbse auf einen Kirchenältesten abgeschossen. Peter hatte seinem Lehrer ein Glas Wasser ins Gesicht geschüttet. Peter hatte ein Wespennest zu einem Gebetstreffen mitgebracht. Peter hatte bei einem Treffen des Nähzirkels im Haus seiner Mutter eine Ratte laufengelassen. Sie kramten alles hervor, was sie über Peters Schandtaten zu wissen glaubten. Und er mußte noch viel mehr angestellt haben, wovon sie nichts wußten.

„Wenn du einen Vagabunden wie Peter heiratest, was machst du dann mit eurer Familie?“ wollte Mrs. William Y. wissen.

„Oh, wir werden nur zwei Kinder haben. Erst einen Jungen und dann ein Mädchen“, sagte Donna. „Mit zwei Kindern schaffen wir es schon.“

Mrs. William Y. war entsetzt.

Aber Mrs. Artemas, die auch dabei war, bemerkte nur gelassen: „Ich habe diese Reihenfolge nie so hinbekommen.“

„Wenn ich Witwe wäre, wäre ich nicht so dumm, wieder zu heiraten“, sagte Mrs. Sim Dark bitter.

„Diese Linie der Penhallow tut immer unerwartete Dinge, und Peter ist der schlimmste von ihnen“, jammerte Mrs. Wilbur Dark.

„Aber wenn dein Mann unerwartete Dinge täte, würde er dich wenigstens nicht langweilen“, sagte Donna. „Ich könnte alles ertragen außer Langeweile.“

Mrs. Wilbur wußte nicht, was Donna damit meinte, daß ihr Mann sie langweile. Ihren besonderen Freunden erzählte sie, daß die Masern wohl Donnas Gehirn angegriffen hätten. So etwas kam ja gelegentlich vor.

Dandy Dark kam und fragte sie unheilverkündend, wie Tante Becky es wohl gefunden hätte, daß sie sich trotz all ihrer Beteuerungen eine zweite Portion nahm!

„Tante Becky war für Beständigkeit, jawohl“, sagte Dandy. Er hatte eine Vorliebe für große Worte und gebrauchte sie mehr denn je, seit er der Treuhänder des Kruges war. Es klang wie eine Drohung.

Donna schmollte. „Dandy“, sagte sie schmeichelnd, „du kannst mir doch sagen, wer den Krug bekommt – wenn du es weißt. Ich würde es keiner Menschenseele erzählen.“

Dandy kicherte. „Ich kann nicht mehr zählen, wie oft ich das im letzten Monat gehört habe! Es hat keinen Sinn, Donna. Niemand erfährt mehr über den Krug als das, was Tante Becky gesagt hat, bis die Zeit gekommen ist. Ein Versprechen, das man einem Sterbenden gegeben hat“, Dandys Stimme klang sehr wichtig und feierlich, „ist etwas Heiliges. Aber überleg es dir gut, ob du Peter heiratest, Donna – überleg es dir gut.“

„Oh, Tantchen Con, an manchen Tagen hasse ich das Leben einfach“, sagte Donna zu einer Verwandten, mit der sie sich gut verstand. „Und an anderen Tagen liebe ich es wieder.“

„So geht es uns allen“, sagte die rundliche Tante Con friedlich.

Donna starrte sie entgeistert an. Tantchen Con konnte doch das Leben weder lieben noch hassen! „Oh, Tantchen Con, ich bin wirklich unglücklich. Das Gesundwerden dauert so lange. Und Peter und ich können kein Wort miteinander wechseln. Vater ist so unvernünftig – er explodiert, sobald jemand Peters Namen nennt. Thekla ist gerade noch höflich zu mir – auch wenn sie ein Engel war, als ich wirklich krank war – und Virginia schmollt. Ich – ich fühle mich so niedergeschlagen und entmutigt – “

„Du bist noch nicht wieder gesund“, sagte Tante Con beschwichtigend. „Mach dir keine Sorgen, Donna. Sobald du stark genug bist, wird Peter Penhallow einen Weg finden. Denk daran.“

Donna schaute aus dem offenen Fenster in die Julinacht hinaus. Ein kleiner, milchiger Neumond hing über der Biegung des Rose River. Irgendwo sprang ein Auto nicht an. Niemand hatte Donna gesagt, daß Peter jeden Abend an der Pforte des ertrunkenen John stand – dort, wo sein Vater den Hund hingehängt hatte – und all die komischen Geräusche mit seiner Hupe machte. Trotzdem hatte sie plötzlich das Gefühl, daß er in der Nähe war. Sie lächelte. Ja, Peter würde einen Weg finden.

III. Der Schatten

Gay Penhallow konnte sich in späteren Jahren nie genau erinnern, wann der erste leichte Schatten auf ihr Glück fiel. Er pirschte sich leise an. Wenn man ihn direkt anschaute, war er nicht da. Aber wenn man den Blick abwandte, sah man ihn aus den Augenwinkeln – er kam ein wenig näher – noch etwas näher – und setzte zum Sprung an.

Anfangs war alles so wunderbar gewesen. Die Wochen bestanden nicht mehr einfach nur aus Tagen. Sonntag war eine Flamme, Montag ein Regenbogen, Dienstag ein Duft, Mittwoch Vogelgezwitscher, Donnerstag ein Wirbelwind, Freitag Lachen, und der Samstag – Noel kam jeden Samstagabend, auch wenn er sonst einmal einen Tag versäumte – vereinte all das in sich.

Aber jetzt – waren die Tage wieder nur noch Tage.

Nan und Noel waren so gute Freunde. Ja, warum sollten sie das auch nicht sein? Sie würden doch Cousin und Cousine werden! Aber dennoch – es gab Momente, in denen sich Gay ausgeschlossen fühlte, wenn sie in einer Sprache miteinander redeten, die sie nicht beherrschte. Gay war nicht auf dem laufenden, was modernen Slang anging. Es schien so viele geheimnisvolle Stichwörter zu geben – oder vielleicht klang es bei Nan nur so. Nan war Fachfrau für diese Dinge – eine Expertin darin, die Aufmerksamkeit jedes Mannes zu wecken und zu behalten, egal, ob er gebunden war oder nicht. Für Nan existierten solche Bindungen nicht. Sie ignorierte sie einfach. Noel und Gay konnten sich nicht weigern, sie mitzunehmen – jedenfalls konnte Gay es nicht, und Noel schien es nicht zu wollen. Nan deutete ständig an, daß sie niemanden habe, sie sei ja fremd hier. Gay fand, daß es gemein gewesen wäre, Nan auszuschließen. Aber oft – und als die Tage vergingen, immer öfter – hatte sie das Gefühl, daß *sie* ausgeschlossen war. Und dennoch gab es nur so wenig, woran man es festmachen konnte – so wenig, das man in Worte oder auch nur in Gedanken fassen konnte. Sie konnte nicht von Noel erwarten, daß er nur Augen für sie hatte. Aber sie dachte bekümmert an die sorglosen Tage, als noch keine Nan in Indian Spring gewesen war.

Es kam ein schrecklicher Nachmittag, an dem sie Nan und Noel miteinander telefonieren hörte. Gay hatte nicht vorgehabt, zu lauschen. Sie hatte den Hörer abgenommen, um zu sehen, ob die Leitung frei war, und Noels Stimme gehört. Mit wem sprach er? Mit Nan! Gay stand da und horchte – Gay, die gelernt hatte, daß Lauschen schäbig war, besonders über das Telefon. Sie merkte gar nicht, daß sie zuhörte – sie merkte nur, daß Nan und Noel sich fröhlich und beinahe vertraulich unterhielten. Ach, was machte das schon? Was war dabei? Es fiel kein einziges Wort, das nicht die ganze Welt hätte hören dürfen. Aber es hatte etwas Intimes an sich – etwas, wovon alle anderen ausgeschlossen waren. Noel sprach mit Nan so, wie er nur mit ihr, Gay, hätte reden sollen.

Gay legte den Hörer auf, nachdem Nan einen unverschämten Kuß ins Telefon gehaucht hatte. Sie fröstelte und fühlte sich verloren. Zum erstenmal verspürte sie einen Stich der Eifersucht. Und zum erstenmal kam ihr der Gedanke, daß sie vielleicht nicht ihr ganzes Leben lang glücklich sein würde. Aber als Noel am gleichen Abend kam, war er so liebevoll wie immer, und Gay lachte über sich selbst. Sie war eine dumme Gans und regte sich grundlos auf. Es war einfach nur typisch Nan. Sogar der Kuß! Wahrscheinlich hätte Nan gern Unfrieden zwischen ihr und Noel gestiftet, auch das war typisch für sie. Aber es würde ihr nicht gelingen.

Zwei Wochen später war Gay nicht mehr so sicher. Noel sollte abends kommen, und Gay wartete schon auf ihn, als sie morgens aufwachte. Die Morgensonne fiel auf ihr Kissen, sie reckte und streckte sich wie eine verschlafene goldene Katze, und der Duft des Heliotrops aus dem Garten wehte ihr um die Nase. Noel würde heute abend kommen. Das hatte er geschrieben. Einen ganzen herrlichen Tag konnte sie sich darauf freuen! Vielleicht würden sie eine Autofahrt machen. Oder einen Spaziergang an der Küste. Oder vielleicht würden sie einfach nur an der Seitenpforte stehen und über ihre Zukunft reden. Nan würde nicht dasein, sie war zu Besuch bei Freunden in Summerside, und Gay war sicher, daß sie Noel für sich allein haben würde. Das war in letzter Zeit nicht oft der Fall gewesen. Entweder war Nan auf Maywood, oder Noel schlug vor, daß sie sie irgendwo abholten – das arme Kind war so einsam. Indian Spring war ein ödes Nest für ein Mädchen, das an das Stadtleben gewöhnt war.

Gay verbrachte den ganzen Tag in freudiger Erwartung. Noch vor ein paar Wochen hatte sie jeden Tag so verbracht, und ihr war nicht wirklich klar, wie anders es in letzter Zeit gewesen war. Als es dämmerte, zog sie sich extra für Noel um. Sie hatte ein neues Kleid und trug es seinetwegen. So ein schönes Kleid! Hellblauer Voile über elfenbeinfarbener Seide. Sie fragte sich, ob es Noel gefallen würde und ob er merken würde, daß das Blau ihr Haar und ihre Augen und ihre cremeweißen schmalen Hals zur Geltung brachte. Es war so eine Freude, sich für Noel zurechtzumachen – es war eine heilige Handlung. Sich das Haar zu bürsten, bis es glänzte – sich mit Parfüm zu betupfen – sich die Nägel zu lackieren, bis sie schimmerten wie rosa Perlen – die kleine Kette aus goldenen Perlen umzulegen, die Noels letztes Geschenk war.

„Jede Perle ist ein Kuß“, hatte er geflüstert. „Es ist ein Rosenkranz unserer Liebe, Schatz.“

Sich dann anzuschauen und zu wissen, daß er sie schön finden mußte. Das wußte sie, wenn sie das Funkeln in seinen Augen sah.

Oh, Gay hatte Mitleid mit unscheinbaren Mädchen. Wie sollten die ihre Liebsten erfreuen? Und sie hatte Mitleid mit Donna Dark, die ihren Liebsten gar nicht sehen durfte – aber wie konnte sich jemand etwas aus diesem wilden Vagabunden Peter Penhallow machen? Und sie hatte Mitleid mit Joscelyn, die von ihrem Bräutigam so schändlich behandelt worden war – und sie hatte Mitleid mit William Y.s Sally, die mit so einem häßlichen, unbedeutenden kleinen Mann verlobt war – und sie hatte Mitleid mit Mercy Penhallow, die nie einen Verehrer gehabt hatte – und sie hatte Mitleid mit der armen Pauline Dark, die so hoffnungslos in Hugh verliebt war – und mit Naomi Dark, deren Lage schlimmer war als die einer Witwe – sogar mit der armen albernen Virginia Powell, die so treu und ermüdend war. Kurzum, Gay hatte Mitleid mit fast allen weiblichen Geschöpfen, die sie kannte – bis zum späten Abend. Da hatte sie nur noch Mitleid mit sich selbst.

Noel war nicht gekommen. Die Venus schien über den dunklen Bäumen, und sie hatte bis um zehn Uhr in der kleinen grünen Ecke an der Seitenpforte auf ihn gewartet. Er war nicht gekommen. Dann hatte sie ein Ferngespräch angemeldet und seine Stiefmutter in der Stadt angerufen. Aber Noel war nicht da, und seine Stiefmutter wußte nicht, wo er war – und aus ihrem Tonfall konnte man schließen, daß es sie auch nicht besonders interessierte. Gay kehrte auf ihren Wachposten zurück. Was war passiert? Eine Autopanne? Aber er konnte doch anrufen. Wenn er nun einen schweren Unfall gehabt hatte? Vielleicht war er verletzt – oder gar tot? Oder hatte er es sich einfach anders überlegt? War sein Abschiedskuß drei Abende zuvor nicht etwas flüchtig gewesen? Und sogar der Brief, in dem er sein Kommen angekündigte, hatte mit „Liebe“ begonnen statt mit „Liebste“ oder „Liebling“.

Einmal glaubte sie, ihn durch den Garten kommen zu sehen. Als ihr Herz einen Sprung machte, erkannte sie, wie groß ihre Sorge gewesen war, daß er nicht kommen würde. Dann sah sie, daß es nur Roger war. Roger durfte sie nicht sehen. Sie wußte, sie würde weinen, und er durfte sie nicht sehen. Sie rannte blindlings in den Fichtenwald – schluchzend – die Zweige verfingen sich in ihrem Kleid und zerrissen es, aber das spielte keine Rolle – nichts spielte eine Rolle, außer daß Noel nicht gekommen war. In ihrem Zimmer schloß sie ab und warf sich aufs Bett. Oh, was für eine lange Nacht lag vor ihr! Rogers Lieblingssatz fiel ihr ein – er sagte immer: „Mach dir keine Sorgen, es gibt immer ein Morgen!“

„Ich will kein Morgen“, schluchzte Gay. „Ich habe Angst davor.“

Zum erstenmal in ihrem Leben weinte sie sich in den Schlaf.

Am nächsten Morgen rief Noel an und leierte seine Ausreden herunter. Er hatte eine Menge auf Lager. Nan hatte ihn gestern abend von Summerside aus angerufen, damit er sie nach Hause brachte. Er hatte geglaubt, viel Zeit dafür zu haben. Aber als er nach Summerside kam, feierten Nans Freunde eine spontane Party, und sie wollte dabeisein. Er hatte versuchte, Gay anzurufen, sie aber nicht erreicht. Es war spät gewesen, als er Nan nach Hause gebracht hatte, zu spät, um noch nach Maywood zu kommen. Es tat ihm furchtbar leid, und er würde kommen, sobald er wieder einen Abend frei hatte. In der Bank war gerade jetzt furchtbar viel zu tun. Er mußte bis Mitternacht arbeiten etc.

Gay glaubte ihm, weil sie nicht anders konnte. Und als ihre Mutter sagte, daß die Leute anfingen, über Nan und Noel zu reden, winkte sie verächtlich ab.

„Sie brauchen eben Gesprächsstoff, Mumsy. Ich nehme an, sie haben es satt, über die arme Donna und Peter zu reden, deshalb sind jetzt Noel und ich an der Reihe. Kümmere dich einfach nicht darum.“

„Ich kümmere mich nicht darum. Aber die Gibsons waren immer berüchtigt für ihre Flatterhaftigkeit – “

„Ich will kein Wort gegen Noel hören“, fauchte Gay. „Soll ich ihn an die Leine nehmen? Darf er mit keinem anderen Mädchen mehr reden? Das wäre ein schönes Leben für ihn. Ich kenne Noel. Aber du hast ihn immer gehaßt – du glaubst nur zu gern alles, was gegen ihn spricht –“

„Oh, Gay, Kind – nein – nein. Ich hasse ihn nicht – ich denke nur an dein Glück – “

„Dann laß mich mit diesem gemeinen Klatsch in Ruhe“, rief Gay so ungestüm, daß Mrs. Howard nichts mehr zu dem Thema zu sagen wagte.

Sie schwenkte auf etwas weniger Gefährliches um. „Hast du schon diese Kettenbriefe geschrieben, Gay?“

„Nein, und ich werde es auch nicht tun. Mumsy, du bist wirklich albern.“

„Aber Gay – ich weiß nicht – nein, ich bin nicht abergläubisch – aber es steht doch drin, daß demjenigen, der die Kette unterbricht, ein Unglück widerfährt – und es kostet nicht viel – nur sechs Cent –“

„Mutter, das ist Aberglauben. Und ich bin nicht so albern. Schreib die Briefe doch selbst, wenn du willst – wenn du dir deswegen Sorgen machst.“

„Das würde nichts bringen, der Brief war an dich. Du wirst nicht lange brauchen – “

„Ich schreibe sie nicht und damit Schluß“, sagte Gay eigensinnig. „Du weißt, was Roger zu dem Thema gesagt hat, Mutter.“

„Oh, Roger – er ist ein guter Arzt, aber er weiß nicht alles. Es gibt Dinge, die niemand versteht – dein Vater hat auch immer darüber gelacht – aber er war einer von dreizehn Leuten an einem Tisch, kurz bevor er starb. Und sag, was du willst, ich kannte eine Frau, die die Kettenbriefe nicht schreiben wollte – und zwei Wochen, nachdem sie ihren verbrannt hatte, hat sie sich die Kniescheibe gebrochen!“

„Mrs. Sim Dark hat sich letzte Woche den Arm gebrochen, aber soviel ich weiß, hat sie keine Kettenbriefe verbrannt!“ Gay versuchte zu lachen, aber es war schwer – ihr, der das Lachen immer so leichtgefallen war. In ihrem Herzen brannte ein schrecklicher Schmerz, den sie niemandem zeigen durfte. Und sie würde nicht eifersüchtig, gehässig und mißtrauisch sein. Nan versuchte, Noel wie eine Spinne in ihrem Netz zu ködern. Aber Gay hatte Vertrauen zu Noel – oh, sie mußte Vertrauen zu ihm haben.

Noel kam vier Abende später. Und Nan kam auch. Sie saßen zu dritt auf den Stufen der Veranda und lachten und redeten, Noel und Nan jedenfalls. Gay war etwas schweigsam, aber niemand merkte es. Zuletzt stand sie auf und ging im Zwielicht durch den Garten, vorbei an den Ranken der Stockrosen und durch den alten Obstgarten mit seinem geheimnisvollen Mondlicht – der Platz der Plätze für Verliebte – bis zur Seitenpforte. Sie dachte, daß Noel ihr folgen würde. Das hatte er immer getan – bisher. Sie lauschte auf seine Schritte. Als sie die Seitenpforte erreichte, wandte sie sich um und spähte durch die Fichtenzweige. Noel saß immer noch neben Nan auf der Treppe. Sie konnte die beiden nicht sehen, aber sie konnte sie hören. Sie wußte genau, daß Nan mit ihren schrägen grünen Augen zu Noel aufblickte. Ihre Augen hatten eine Wirkung auf Männer, die Gays lachende, goldgesprenkelte Augen nie haben konnten. Und kein Zweifel – Gays Lippen kräuselten sich verächtlich – sie gab ihm das Gefühl, daß er der wunderbarste Mann der Welt sei. Gay hatte so etwas schon öfter bei ihr erlebt. Nun – er war es ja auch! Aber Nan hatte kein Recht, das zu finden – oder ihm einzureden, sie finde es. Gay ballte die Fäuste.

Sie wartete, und es kam ihr sehr lang vor. Der Himmel blaßgrün im Sonnenuntergang, und in der Ferne ertönte vergnügtes Lachen. Ein schwacher Duft hing in der Luft, wie von etwas Verstecktem – Ungesehenem – Süßem.

Gay fiel alles mögliche wieder ein, das sie beinahe vergessen hatte. Kleinigkeiten, die Nan als Kind getan hatte, wenn sie in den Ferien jeden Sommer auf die Insel gekommen war. Einmal war Gay auf dem Picknick der Sonntagsschule untröstlich gewesen, weil sie keinen Cent für Hicksy Darks Guckkasten hatte. Und dann hatte sie einen Cent auf der Straße gefunden – und Nan hatte ihn ihr weggenommen und Hicksy gegeben, damit sie in den Kasten schauen konnte. Gay erinnerte sich, wie sie geweint und wie Nan gelacht hatte.

Dann der Tag, an dem Nan mit einem herrlichen großen Schokoriegel hereingekommen war, den sie von Onkel Pippin bekommen hatte. Schokoriegel waren damals etwas ganz Neues gewesen.

„Oh, bitte gib mir ein Stück ab – nur ein kleines Stückchen“, bettelte Gay. Sie liebte Schokoriegel.

Nan hatte gelacht und gesagt: „Vielleicht gebe ich dir den letzten Bissen.“

Sie setzte sich hin und aß den Riegel, langsam, sehr bewußt, Stück für Stück. Zuletzt war nur noch ein Bissen übrig, ein saftiger Bissen mit Nüssen, aus dem die Füllung herausquoll. Und dann hatte Nan gelacht – und sich das Stück in den Mund gestopft – und wieder gelacht, weil Gay die Tränen in die Augen gestiegen waren.

„Du weinst so leicht, Gay, daß es gar keinen richtigen Spaß macht, dich zum Heulen zu bringen“, sagte sie.

Der Tag, an dem Nan Gay ihre neue Haarschleife entrissen hatte, weil sie schöner war als ihre eigene. Sie hatte sie mit einer Schere in tausend Stücke zerschnitt. Mrs. Alpheus hatte Nan dafür den Hintern versohlt, aber das machte die Schleife nicht wieder heil, und Gay mußte wieder ihre schäbige alte tragen.

Bei einem Konzert in der Kirche hatte Gay gesungen, und Nan hatte das Lied unterbrochen und Gay in Panik versetzt, indem sie plötzlich auf Gays Füße zeigte und rief: „Da ist eine Maus!“

Oh, es gab Dutzende solcher Erinnerungen. Nan war immer die gleiche gewesen – geschmeidig und selbstzufrieden und grausam wie eine kleine Tigerin. Sie nahm sich alles, was sie gerade wollte, ohne einen Gedanken daran, wem sie Kummer machte. Aber Gay war nie auf die Idee gekommen, daß sie sich Noel nehmen könnte.

Gay war nicht umsonst eine Dark und eine Penhallow. Sie ging nicht zur Veranda zurück. Sie ging durch einen anderen Eingang ins Haus und in ihr Zimmer, auch wenn sich jeder Schritt anfühlte, als würde sie auf ihrem eigenen Herzen herumtrampeln. In ihrem Zimmer betrachtete sie sich im Spiegel. Es war, als sei ihr junges Gesicht in einer Stunde alt geworden. Ihre Wangen glühten, aber ihre Augen waren ihr fremd. Noch nie hatte sie solche Augen in ihrem Gesicht gesehen. Sie schauderte – vor Kälte, vor Ärger, vor Sehnsucht, vor Ungläubigkeit. Dann blies sie die Lampe aus und warf sich mit dem Gesicht nach unten aufs Bett. Der Schatten hatte endlich zugeschlagen. In der vorigen Nacht hatte sie sich in den Schlaf geweint, aber sie hatte wenigstens geschlafen. Dies war die erste Nacht ihres Lebens, in der sie vor Kummer gar nicht schlafen konnte.

IV. Kein Ende in Sicht

Der Streit und die Trennung der Sams hatte in der Familie für reichlich Aufsehen gesorgt und verdrängten für eine Weile Tante Beckys Krug, Gay Penhallows Verlobung und die Wutanfälle des ertrunkenen John über Peter und Donna als Gesprächsthemen. Nur wenige glaubten, daß es lange dauern würde. Aber nun war der Sommer vergangen, ohne daß sie sich versöhnt hatten, und die Leute rechneten nicht mehr damit. Dieser Zweig der Darks war immer besonders dickköpfig gewesen. Keiner der Sams versuchte, eine stolze Würde zu wahren. Wenn sie einander begegneten, was gelegentlich vorkam, starrten sie sich grimmig an und gingen schweigend ihrer Wege. Aber beide belagerten Nachbarn und Verwandte, um ihre jeweilige Version der Geschichte zu erzählen.

„Ich höre, daß er herumerzählt, ich hätte den Hund in das Abdomen getreten", schnaubte der kleine Sam. „Was ist das Abdomen überhaupt?"

„Der Bauch", sagte Stanton Grundy unumwunden.

„Sieh einer an! Ich wußte doch, daß er lügt. Ich habe nie einem Hund in den Bauch getreten! Ich habe einmal seine Rippen mit der Stiefelspitze berührt, das ist alles – und aus gutem Grund! Sagt, ich hätte seine Katze von ihm weggelockt. Was soll ich mit dieser alten Perserkatze? Sie schleppt ständig tote Ratten an und läßt sie überall herumliegen. Und ist fest entschlossen, nachts auf meinem Abdomen zu schlafen. Wenn er seine Katze ordentlich gefüttert hätte, hätte sie ihn nicht verlassen. Aber ich jage doch kein todunglückliches, schlecht behandeltes Vieh vor die Tür! Ich höre, daß er vom Mond und zufriedenen Kühen faselt. Der einzige Nutzen des Mondes für den Menschen besteht darin, das Wetter vorherzusagen, und ob Kühe zufrieden sind oder nicht, kann uns egal sein. Aber ich bin froh, daß er glücklich ist. Ich bin es auch. Ich kann singen, soviel ich will, ohne daß jemand sagt: ‚Das klingt, als würde jemand auf einem Kürbis herumkauen' oder ‚Traurige Klänge aus dem Grab' oder andere Gemeinheiten. Das mußte ich jahrelang aushalten! Aber habe ich deshalb irgendein Theater gemacht? Oder darüber, daß er die halbe Nacht sein Epos heruntergeleiert hat – mit Gegacker und Geschrei und Gejammer? Kein Mensch kann solche gottlosen Geräusche machen wie dieser arme Kerl. ‚Rezitation' nannte er es. Bis ich mich fühlte, als hätte man mich durch den Fleischwolf gedreht. Hat es mich gestört, daß er mir immer widersprochen hat? Nein, dadurch wurde das Leben nie langweilig! Hat es mich gestört, daß er ein Fundamentalist war? Nein, ich habe seine Grundsätze respektiert. Hat es mich gestört, daß er am Sonntagmorgen zu einer unchristlichen Zeit aufgestanden ist, um zu beten? Nein! Manche Leute hätten vielleicht gesagt, daß seine Art zu beten nicht ehrerbietig sei – mit Gott zu reden, wie er es mit mir oder dir getan hätte. Fehlende Ehrerbietung kümmerte mich nicht, aber mir mißfiel seine Angewohnheit, sich mitten im Gebet umzudrehen und dem Teufel die Zunge herauszustrecken. Aber habe ich deswegen Theater gemacht? Nein, ich habe über all diese Dinge hinweggesehen. Aber als ich die wunderschöne kleine Aurora mitgebracht habe, hat der große Sam einen Riesenaufstand veranstaltet. Nun, ich habe lieber Aurora um mich als ihn, das können Sie ihm sagen. Erstens sieht sie besser aus, und außerdem schleicht sie sich nicht hinter meinem Rücken in die Speisekammer und ißt mir meine privaten Sachen weg. Ich sage nicht viel über die Sache – ich lasse lieber den großen Sam reden –, aber eines Tages, wenn ich genug Zeit habe, werde ich eine Menge erzählen, Grundy."

„Ich habe gehört, daß der arme kleine Sam die meiste Zeit damit totschlägt, sich vorzustellen, daß er mir Blumen aufs Grab legt", sagte der große Sam zu Mr. Trackley. „Und daß er sich über meine Gebete lustig macht! Können Sie sich das vorstellen – er hatte die Frechheit, mir einmal zu sagen, ich solle meine Gebete abkürzen, weil sie seinen Morgenschlaf störten? Habe ich sie gekürzt? Nicht um eine Zeile! Ich habe sie noch länger gemacht! Was ich von diesem Mann alles hingenommen habe! Sein Hund hätte beinahe die Wertpapiere meiner Kriegsanleihe aufgefressen, aber habe ich mich beschwert? Gott ist mein Zeuge, daß ich es nicht getan habe. Aber als meine Katze in seinem Bett Junge geworfen hat, war die Hölle los. Da wir von der Katze reden, ich habe gehört, daß sie schon wieder Junge hat. Ich finde, der kleine Sam hätte mir eins davon schenken können – wie ich höre, sind es drei. Und ich habe nur die beiden Enten, die ich Peter Gautier abgekauft habe. Die leisten mir Gesellschaft – aber zu wissen, daß man sie eines Tages essen muß, trübt die Freude. Hören Sie mal, Mr. Trackley. Warum hat Jakob geschrien und geweint, als er Rahel küßte[19]?"

Mr. Trackley wußte es nicht – oder wenn doch, behielt er es für sich. Ein paar Leute aus Rose River fanden, daß Mr. Trackley die beiden Sams zu sehr zum Reden ermunterte.

„Weil es nicht so war, wie er erwartet hat", gluckste der große Sam. Er freute sich den ganzen Tag, weil er den Pfarrer hereingelegt hatte.

Aber bald war ihm nicht mehr danach, sich über Küsse zu amüsieren, antike oder moderne. Er bekam beinahe einen Schlaganfall, als er hörte, daß einige der Sommergäste den kleinen Sam besucht hatten, weil sie ihn für den Dichter hielten, und ihn gebeten hatten, sein Epos vorzutragen. Das Schlimme war, daß der kleine Sam es getan hatte – von Anfang bis Ende, ohne ein Wort darüber zu verlieren, daß er nicht der wahre Autor war.

19 Mose 1, 29: „Dann küßte Jakob Rahel, erhob seine Stimme und weinte."

„Erst Götzen anbeten und dann Gedichte stehlen – das war zu erwarten. Man sieht, wie der Charakter dieses Mannes verwahrlost“, sagte der große Sam inbrünstig.

V. Die Flucht

Peter Penhallow war so mager geworden, daß Nancy anfing, sich Sorgen um ihn zu machen. Sie empfahl ihm Eisentabletten und erntete Flüche als Dank. Ein ernstes Symptom, denn Peter neigte nicht zu Vulgarität. Nancy verzieh ihm, denn sie fand, daß er ungerecht behandelt wurde – vom ertrunkenen John und dem Schicksal. An dem Tag, an dem Donna Dark aufstehen durfte, bekam sie Mandelentzündung. Das bedeutete noch drei Wochen Abgeschiedenheit. Peter ließ jeden Abend seine Hupe vor dem verzauberten Tor oder, prosaisch ausgedrückt, der Pforte des ertrunkenen John ertönen, aber mehr konnte er nicht tun. der ertrunkene John, so wurde berichtet, hatte geschworen, Peter zu erschießen, sobald er ihn zu Gesicht bekam, und die Familie wartete jeden Tag voller Entsetzen darauf, daß er seine Drohung wahrmachte – sie wußten nicht, daß Thekla die Schrotflinte unter dem Bett im Gästezimmer versteckt hatte. der ertrunkene John fand sie nicht wieder, kümmerte sich nicht um Peter und Gegröle, sondern ließ es an der armen kranken Donna aus, die schon fast bereit war, vor Kummer zu sterben. Wochenlang krank im Bett zu liegen und die schreckliche Tapete anzustarren, die der ertrunkene John ausgesucht hatte und die sie haßte! Scheußliches grünblaues Papier mit goldenen Sternen, für den ertrunkenen John der Inbegriff der Eleganz.

Sie hatte ihre ganze Schönheit eingebüßt, sagte sie sich. Sie fing an zu weinen und sagte, sie wolle gar nicht wieder gesund werden. Peter konnte sie nicht mehr lieben – dieses bleiche, verwaschene Skelett, das sie im Spiegel sah, als sie nach der Mandelentzündung wieder aufstand. Der Arzt sagte, sie müsse sich die Mandeln herausnehmen lassen, sobald sie kräftig genug für die Operation sei. Peter hörte davon, und seine Freunde fürchteten, er würde verrückt werden. Er glaubte nicht an Operationen. Er würde nicht zulassen, daß man Stücke aus seiner geliebten Donna herausschnitt. Sie versuchten sie umzubringen, jawohl – die ganze verdammte Sippe! Er verfluchte Mrs. Toynbee ein Dutzendmal am Tag. Wenn sie nicht gewesen wäre, hätte der ertrunkene John nie etwas von Donnas Verlobung erfahren und sie nicht unter so strenge Aufsicht gestellt. Peter hätte sie einfach entführen können, ohne sich um Masern und Mandelentzündung zu kümmern – zum Teufel mit den Viren! Aber jetzt –

„Was soll ich tun?“ jammerte Peter Nancy vor. „Nancy, sag einem armen Kerl, was zu tun ist. Ich gehe langsam zugrunde – und sie wollen Donna aufschneiden!“

Nancy konnte nur beschwichtigend antworten, daß vielen Leuten die Mandeln entfernt wurden und ihm nichts übrigblieb, als geduldig abzuwarten. der ertrunkene John konnte Donna ja nicht auf ewig einsperren.

„Du kennst ihn nicht", sagte Peter düster. „Es ist eine Verschwörung! Ich glaube, Virginia Powell hat das Virus der Mandelentzündung absichtlich bei Donna eingeschleppt. Die Frau würde alles tun, um mich von Donna fernzuhalten. Demnächst wird es entzündliches Rheuma sein. Die schrecken doch vor nichts zurück!"

„Oh, Peter, sei nicht albern!"

„Albern! Ist das ein Wunder? Es ist eher ein Wunder, daß ich noch nicht völlig irre bin!"

„Einige Leute finden, das seist du", sagte Nancy unumwunden.

„Nancy, ich habe Donna acht Wochen nicht gesehen – acht schreckliche Wochen!"

„Nun, du hast viele Jahre gelebt, ohne sie überhaupt zu sehen!"

„Nein – ich habe nur existiert."

„Kopf hoch! ‚Es dauert vielleicht Jahre, aber nicht ewig'", zitierte Nancy unbekümmert. „Ich habe gehört, daß Donna nächsten Sonntag in die Kirche gehen wird."

„In die Kirche! Was soll ich da? der ertrunkene John und Thekla werden links und rechts neben ihr sitzen, Virginia Powell hinter ihr, und Mrs. Toynbee wird alles überwachen. Mir bleibt nur eins – hereinstürmen, dem ertrunkenen John einen Kinnhaken verpassen, mir Donna schnappen und mit ihr verschwinden."

„Oh, Peter, mach bitte keine Szene – nicht in der Kirche!" bat Nancy und wünschte, sie hätte es ihm nicht erzählt.

Bis Sonntag lebte sie in Angst. Peter machte wirklich eine Szene, aber es war nicht so schlimm wie befürchtet. Er saß in einer Bank unter der Galerie, als der ertrunkene John mit seiner Familie hereinkam – zuerst der ertrunkene John selbst, dann Donna, zuletzt Thekla – „Ich wußte, daß es so sein würde", stöhnte Peter –, dann der alte Jonas Swan, der Diener, der zur Familie gehörte, weil er wirklich ein entfernter Verwandter war – und zuletzt zwei Cousinen, die zu Besuch waren. Peter verschlang Donna mit den Augen. Sie hätten sie beinahe umgebracht, seinen armen Liebling. Aber sie war schöner denn je mit den tiefen Schatten unter den Augen und den Lidern, die von der Mattigkeit nach der Krankheit immer noch schwer waren. Peter kam es vor, als würde der Gottesdienst kein Ende nehmen. Predigte Trackley jeden Sonntag so lange? Und wenn ja, warum wurde er nicht gelyncht? Bildete die dumme Gans, die ein Solo jaulte, sich etwa ein, sie könne singen? Solche Leute sollten möglichst früh ertränkt werden, wie junge Katzen. Würden sie nie mit der Kollekte anfangen? Der letzte Choral hatte sechs Verse!

Peter eilte den Gang hinauf, bevor der Rest der Gemeinde nach dem Segen die Köpfe hob. der ertrunkene John kam aus seiner Bank, um mit dem Kirchenältesten MacPhee zu sprechen. Thekla unterhielt sich arglos mit Mrs. Howard Penhallow, die in der Bank vor ihr saß. Niemand beachtete Donna in diesem Moment, denn keiner hätte sich träumen lassen, daß Peter in der Kirche von Rose River sein würde. Keiner aus seinem Dunstkreis hatte seit dem schafsböckigen Kampf einen Fuß über die Schwelle dieser Kirche gesetzt. Sie gingen nach Bay Silver.

Donna hatte sich umgewandt, und der Blick ihrer großen traurigen Augen schweifte lustlos über die Versammlung, die sich auflöste. Dann sah sie Peter. Er saß in der Bank hinter ihr, faßte die kleine dicke Mrs. Denby um die Taille, hob sie hoch und setzte sie auf dem Gang ab, damit sie ihm Platz machte. Mrs. Denby bekam den Schock ihres Lebens. Noch Jahre später sprach sie atemlos davon.

Peter und Donna hatten nur einen Moment, aber der genügte. Er hatte sich genau überlegt, was er tun und sagen würde. Zuerst küßte er Donna – vor der ganzen Gemeinde und vor den Augen des Pfarrers. Dann flüsterte er: „Sei morgen abend um elf an eurer Pforte. Ich komme mit einem Auto. Geht das?"

Donna war der Gedanke an Davonlaufen zuwider, aber sie wußte, daß es keinen anderen Ausweg gab. Wenn sie den Kopf schüttelte, würde Peter vielleicht einfach aus ihrem Leben verschwinden. Der Himmel wußte, was er von ihr dachte, weil ihm keine einzige Nachricht hatte zukommen lassen. Er konnte nicht ahnen, wie streng man sie bewacht hatte. Es galt jetzt oder nie. Also nickte sie nur, als der ertrunkene John sich umdrehte, um zu sehen, was MacPhee so anstarrte. Er sah, daß Peter Donna noch einmal küßte, sich behende über eine Kirchenbank schwang und durch die Seitentür verschwand. der ertrunkene John wollte „Verdammt" sagen, hielt aber rechtzeitig inne. Dandy Darks Kirchenbank befand sich neben seiner, und seit der Geschichte mit dem Krug ging Dandy sehr regelmäßig zur Kirche. Die Leute wußten, daß er hinging, um sie zu kontrollieren. Dandy hatte eine Kirchenbank in Rose River und eine in Bay Silver und gab ungeniert zu, warum er es so hielt – wenn er nicht in einer Kirche sei, würde man glauben, er sei in der anderen! Beide Kirchen verzeichneten seit Tante Beckys Empfang einen enormen Zuwachs an Besuchern. Mr. Trackley glaubte, daß seine Predigten endlich Eindruck machten, und faßte wieder Mut.

Dandy gab Donna im Vorbeigehen einen scherzhaften kleinen Stoß in die Rippen und flüsterte: „Mach keine Dummheiten, Donna!"

Das hieß für Donna, daß ihre Aussichten auf den Krug verdorben waren, wenn sie mit Peter durchbrannte. Sogar Onkel Pippin sah sie mit mißbilligendem Kopfschütteln an. Als er die Kirche verließ, sagte er, ihre Turtelei sei allzu offensichtlich.

Donna bekam von ihrem Vater etwas zu hören, als sie zu Hause waren. Es war ein Wunder, daß sie heil nach Hause kamen, denn der ertrunkene John fuhr so unvorsichtig, daß er beinahe zwei dumme Fußgänger überfuhr und zweimal einem Zusammenstoß gerade noch auswich. Auch Thekla sagte ihre Meinung. Die Cousinen, die zu Besuch da waren, kicherten, aber der alte Jonas ging seelenruhig hinaus, um die Schweine zu füttern. Donna wirkte wie eine Frau in Trance, und der ertrunkene John war nicht sicher, ob sie ihm überhaupt zuhörte. Dann ging sie in ihr Zimmer, um nachzudenken.

Sie war entschlossen, in der nächsten Nacht durchzubrennen. Das war eigentlich kein schöner Gedanke für ein Mädchen, das in echter Dark-Tradition erzogen worden war. Sie dachte daran, was ihre Verwandten sagen würden – all das wissende Nicken und Blinzeln. Als Frank Penhallow und Lily Dark durchgebrannt waren, hatte Tante Becky bei ihrer Rückkehr gesagt: „Ihr hattet es sehr eilig." Donna wollte nicht, daß man so etwas zu ihr sagte. Aber sie und Peter würden nicht zurückkommen. Das war das Schöne daran. Ein Hieb, und der Gordische Knoten ihrer Schwierigkeiten wäre für immer zerschlagen. Dann wartete die Freiheit – und die Liebe – und die Flucht vor Langeweile und Trübsal – vor Theklas Eifersucht und der Tyrannei des ertrunkenen John – und vor Virginia. Donna schämte sich ein wenig, weil es ihr eine solche Erleichterung war, der armen Virginia zu entkommen. Aber es war so. Sie kam nicht gegen das Gefühl an. Noch sechsunddreißig Stunden, dann würde sie Peter an der Pforte treffen, und die alten Klatschmäuler konnten sich den Mund zerreißen, Krug hin oder her. Glücklicherweise hatte Thekla wieder ihr eigenes Zimmer bezogen. der ertrunkene John schlief unten. Es würde leicht sein, hinauszuschleichen. Fand Peter, daß sie sehr abgebaut hatte? Virginia hatte gesagt, daß sie seit der Mandelentzündung zehn Jahre älter aussah. Es war schrecklich, daß Peter sie vor der versammelten Gemeinde geküßt hatte – schrecklich, aber wunderbar. Was die arme Virginia für ein Gesicht gemacht hatte!

Irgendwie ging der Sonntag vorbei – und der Montagmorgen – und der Nachmittag – auch wenn Donna die Zeit noch nie so lang geworden war. Sie war froh, daß sie bei ihrem Vater und Thekla in solcher Ungnade war, daß sie nicht mit ihr sprachen, aber leider hielten die beiden nur bis zum Abendessen durch. Thekla musterte sie neugierig. Donna konnte nicht verhindern, daß man ihr die Aufregung ansah. Ihre Wangen waren unter den dunklen Augenringen rosa angehaucht, und ihre saphirblauen Augen funkelten belustigt. Sie fragte sich, was Thekla und der ertrunkene John sagen würden, wenn sie wüßten, daß sie noch in derselben Nacht mit Peter Penhallow durchbrennen würde. Natürlich konnte sie nichts essen – wer hätte das unter solchen Umständen gekonnt?

„Donna", sagte Thekla scharf, „du hast doch wohl kein Rouge aufgelegt?"

der ertrunkene John schnaubte. Er war immer empört, wenn sein Blick auf Donnas Frisiertisch fiel. Soviel Zeug, nur um sich schönzumachen! Anständige Frauen wollten nicht schön sein. Aber wenn er dort Rouge gefunden oder vermutet hätte, hätte er wohl den Tisch mit allem Drum und Dran aus dem Fenster geworfen.

„Natürlich nicht“, sagte Donna.

„Du hast aber sehr rote Wangen“, sagte Thekla. „Wenn du nicht geschminkt bist, hast du Fieber. Du hast einen Rückfall. Ich habe es geahnt, du bist viel zu früh wieder aufgestanden. Morgen bleibst du im Bett!“

Donna ergriff die Gelegenheit beim Schopf. Sie hatte sich gefragt, ob sie und Peter die Insel verlassen konnten, ohne daß der ertrunkene John sie erwischte. Die Insel war kein geeigneter Ort zum Morden oder Durchbrennen; man konnte sicher sein, auf frischer Tat ertappt zu werden. Aber morgen um diese Zeit würden sie über alle Berge sein, und der ertrunkene John konnte toben, soviel er wollte.

„Ich – ich glaube, das werde ich tun. Jedenfalls den Vormittag über. Ihr könnt mich zum Mittagessen rufen. Ich bin sicher, daß ich keinen Rückfall habe, aber ich bin müde.“

Wirklich, die Vorsehung schien ihr endlich hold zu sein.

Im Haus des ertrunkenen John gingen alle früh zu Bett. Um neun Uhr wurden alle Lichter gelöscht und die Tür abgeschlossen. Das machte Donna keine Sorgen. Sie wußte genau, wo Thekla den Schlüssel versteckte und sich dabei sehr schlau vorkam. Um halb elf war Donna fertig und hatte einen kleinen Koffer gepackt. Sie öffnete ihre Tür und spähte hinaus. Alles war still. Theklas Tür war fest verschlossen. Unten in der Halle schnarchte der alte Jonas. Wie konnte in dieser wunderbaren Nacht jemand schnarchen? Würde die Treppe knarren? Sie tat es natürlich, aber niemand schien es zu hören. Was, wenn sie niesen mußte? der ertrunkene John schlief in der kleinen Höhle neben dem Eßzimmer, und der Schlüssel lag in der blauen Vase auf dem Regal mit der Uhr. der ertrunkene John schnarchte auch. Donna schauderte. Sie hoffte, daß Peter nicht schnarchte. Sie schloß die Tür auf, ging hinaus und machte sie hinter sich zu. Wirklich, Davonlaufen war geradezu lächerlich einfach!

Donna eilte durch den Obstgarten zur Pforte. Sie mußte noch fast eine halbe Stunde warten. Die hohen dunklen Fichten zeichneten sich vor dem sternenhellen Himmel ab. Nordlichter tanzten über dem dunklen Hafen. Die weißen Birken schienen ein eigenes silbernes Licht zu verströmen. Die subtile Schönheit der Nacht entging Donna nicht. Sie hatte von ihrer schweigsamen kleinen Mutter Verständnis und Liebe für solche Dinge geerbt, die den ertrunkenen John manchmal belustigte und manchmal zur Verzweiflung trieb. Für ihn war es das gleiche wie Virginias rührseliges Getue. Er ahnte nicht, wie glücklich Donna war, wenn sie einen Fluß im Sonnenlicht sah – einen silbernen

Schimmer auf dem Hafen – Sterne über Fichten – eine blaue Dämmerung über dunklen Hügeln – Gänseblümchen auf Wiesen am Meer.

Donna wartete und genoß die Nacht für eine Weile. Wenn Peter gekommen wäre, als sie in dieser Stimmung war, wäre alles gutgegangen. Aber dann begann sie zu frösteln. Der Wind der Septembernacht war kühl. Das Rauschen der Baumkronen war unheimlich, und im Obstgarten ertönte ein sonderbares Rascheln. William Y.s Hund und Adam Darks Hund sagten sich über den Fluß hinweg die Meinung. Plötzlich erklang ein lautes Dröhnen und erstarb ebenso plötzlich wieder – ein Auto war vorbeigefahren. Donna wich in den Schatten der Fichten zurück. Hatten sie sie gesehen? Oh, warum kam Peter nicht? Würde ihr je wieder warm werden? Sie würde sich in der Kälte den Tod holen! Sie hätte einen dickeren Mantel anziehen sollen. Es war Sommer gewesen, als sie krank geworden war, und sie hatte nicht mitbekommen, daß der Sommer vorbei und der Herbst gekommen war. Ihr Wagemut und ihre Aufregung sanken gleichzeitig mit ihrer Temperatur. Jetzt war es doch bestimmt schon elf. Er hatte elf Uhr gesagt. Wenn sie ihm wichtig war, mußte er doch pünktlich sein – und durfte sie nicht die halbe Nacht in der Kälte warten lassen! Warten – warten. Donna wußte, daß einem Wartenden die Zeit immer lang vorkommt. Aber trotzdem war sie sicher, daß es fast Mitternacht war. Wenn er nicht bald kam, würde sie wieder ins Haus gehen – und dann sollte Peter Penhallow ruhig noch einmal vorschlagen, daß sie zusammen durchbrannten!

Dann sah sie die Lichter seines Autos – und alles war anders. Da kam sein Wagen – und mit ihm ihr Schicksal. Wenn Thekla jetzt aufwachte, würde sie von ihrem Fenster aus die Scheinwerfer sehen. Gott gebe, daß sie nicht aufwachte!

Peter umarmte sie stürmisch. „Ich hatte furchtbares Pech. Zwei platte Reifen und dann noch ein Problem mit dem Vergaser. Ich fürchtete schon, du wärest nicht mehr da – oder gar nicht gekommen. Aber jetzt ist alles gut. Wir haben reichlich Zeit, ich habe Verspätungen eingeplant. Hör zu – das ist mein Plan: Wir fahren nach Borden und nehmen die Fähre. Und dann machen wir halt beim Pfarrhaus in Kirtland und lassen uns von Charlie Blackford trauen. Ich habe schon seit Tagen eine Heiratserlaubnis. Charlie ist ein feiner Kerl, ich kenne ihn gut. Er wird uns im Handumdrehen trauen und kein Theater machen, wenn es ein paar Minuten vor sechs ist. Und wenn wir erst auf dem Festland sind – auf nach New York im eigenen Wagen – und dann mit dem nächsten Schiff nach Südamerika. Mädchen meines Herzens, liebst du mich noch? Gott, ich könnte dich auffressen. Ich fühle mich ausgehungert. Du bist so schön wie dunkles Mondlicht. Donna – Donna – “

„Oh, Peter, erdrück mich nicht“, keuchte Donna. „Laß uns schnell verschwinden. Ich habe solche Angst, daß Vater herauskommt. Oh, mir ist, als hätte ich hier jahrelang gewartet.“

„Mach dir keine Sorgen. Ich werde schon mit ihm fertig, jetzt, da du aus dem Haus bist. Donna, wenn du wüßtest, was ich durchgemacht habe – “

„Peter, hör auf! Laß uns abfahren!“

Peter hielt inne und war etwas gekränkt. Er fand Donna etwas kühl nach dieser quälenden Trennung. Sie konnte ihm doch ein paar Küsse nicht verwehren. Er ahnte nicht, wie kalt ihr war, was für eine Angst sie hatte und wie endlos ihr die Wartezeit erschienen war.

„Wir müssen noch ein oder zwei Minuten warten. Als ich am Haus deiner Tante Eudora vorbeigekommen bin, stand die junge Eudora auf dem Hof und verabschiedete sich von Mac Penhallow. Wir müssen warten, bis er weg ist. Liebling, du zitterst ja. Steig ins Auto. Da drinnen ist es warm, ohne diesen scheußlichen Wind.“

„Mach die Scheinwerfer aus – wenn Thekla sie sieht – oh, Peter, es ist eigentlich schrecklich, so davonzulaufen. Wir haben nie so etwas getan.“

„Wenn du es bereust – es ist noch nicht zu spät“, sagte Peter in einem veränderten, unheilverkündenden Ton.

„Sei nicht albern, Peter.“ Donna fror immer noch, und ihre Nerven waren angespannt nach allem, was sie hinter sich hatte. Sie fand, daß Peter etwas rücksichtsvoller sein sollte. Stattdessen war er absichtlich gemein. „Natürlich bereue ich es nicht. Es ist nur traurig, daß wir es auf diese Art machen müssen. Es ist so – so hinterrücks.“

„Nun“, sagte Peter, der auch einiges durchgemacht hatte, vor allem mit den verflixten Reifen, und noch eine Menge über Frauen lernen mußte, „was schlägst du stattdessen vor?“

„Peter, du bist abscheulich! Natürlich müssen wir es hinter uns bringen – “

„Es hinter uns bringen? So siehst du es?“

Donna hatte das plötzlich das Gefühl, daß Peter ihr völlig fremd war. „Ich weiß nicht, was du von mir hören willst. Ich kann nicht jedes Wort auf die Goldwaage legen, wenn ich halb erfroren bin. Und das ist noch nicht alles – “

„Das dachte ich mir“, sagte Peter.

„Du hast selbst ein paar komische Sachen gesagt – oh, ich habe gehört – “

„Und offenbar auch zugehört.“

„Nun, ich bin ja nicht taub. Du hast zu Tantchen Aber gesagt, daß – daß – du dich hättest einfangen lassen, weil du das Weglaufen satt hattest.“

„Du lieber Himmel, das habe ich nur gesagt, um Tantchen Aber zum Schweigen zu bringen. Hätte ich der alten Klatschtante erzählen sollen, daß ich dich vergöttere?“

Donna hatte nie wirklich geglaubt, daß er es tatsächlich gesagt hatte. Jetzt hatte sie das Gefühl, daß sie ihn beinahe haßte, weil er so etwas zu einem Mitglied ihrer Familie gesagt hatte.

„Als wäre ich dir nachgelaufen – meine Freunde haben mir die ganze Zeit gesagt, ich sei ein Dummkopf."

Donna ahnte nicht, daß sie in diesem Augenblick näher als je zuvor daran war, eine Ohrfeige zu bekommen. Aber Peter verschränkte die Arme und starrte grimmig vor sich hin. Was hatte Reden für einen Sinn? Würde dieser liebeskranke Narr Mac je mit seiner Abschiedsszene fertig werden und verschwinden? Wenn sie erst unterwegs waren, würde Donna vernünftiger sein.

„Sie werden glauben, ich hätte es furchtbar eilig gehabt – und Dandy Dark wird mir den Krug nicht geben – und Tante Becky fand Durchbrennen immer vulgär – "

Das spanische Blut brach sich plötzlich Bahn – oder das Temperament der Penhallows.

„Wenn du diesen vermaledeiten Krug bekommst", stieß Peter zwischen den Zähnen hervor, „zerschlage ich ihn in vierzigtausend Stücke."

Das war der letzte Tropfen. Wenn es nicht um den Krug gegangen wäre, hätte sich dieser plötzliche Sturm im Wasserglas wohl schnell gelegt, vor allem, weil Mac Penhallows alte Lizzie[20] endlich die Straße hinunterknatterte.

Donna öffnete die Wagentür und sprang hinaus. Ihre Augen funkelten im fahlen Sternenlicht. „Peter Penhallow – ich habe es verdient, aber – "

„Du verdienst eine ordentliche Tracht Prügel", sagte Peter.

Donna hatte noch nie in ihrem Leben geflucht. Aber sie war nicht umsonst die Tochter des ertrunkenen John. „Geh zur Hölle!" sagte sie.

Peter beging die einzige Sünde, die eine Frau nicht verzeihen kann. Er nahm sie beim Wort. „In Ordnung", sagte er – und ging.

Donna nahm ihre Tasche, die noch dort lag, wo sie sie abgestellt hatte, und marschierte zurück durch den Obstgarten und ins Haus. Sie schloß die Tür wieder ab und steckte den Schlüssel in die blaue Vase. der ertrunkene John und der alte Jonas schnarchten im Duett. Sie ging in ihr Zimmer und ins Bett. Ihr war nicht mehr kalt – sie kochte vor Wut. Was für eine Flucht! Sich vorzustellen, daß sie beinahe mit einem Mann auf und davon gegangen wäre, der solche schrecklichen Dinge zu ihr sagte. Aber natürlich konnte man von den Penhallows aus Bay Silver keine Manieren erwarten. Es geschah ihr recht, weil sie vergessen hatte, daß sie ihn immer gehaßt hatte. Virginia hatte recht gehabt – die arme, liebe, schlecht behandelte Virginia. Aber ab jetzt würde auch sie, Donna, wieder eine echte Witwe sein, und zwar für immer. Oh, wie sie Peter haßte! Und sie haßte alle und alles! Haß, sagte sich Donna zum Trost, war eine Leidenschaft, die blieb. Liebe ging vorbei, Haß nie. Ihr fielen zahlreiche Gemeinheiten ein, die sie Peter hätte sagen können. Und nun würde sie nie mehr Gelegenheit dazu bekommen. Was für ein Jammer!

20 Gemeint ist das Modell T von Ford, bekannt als „Tin Lizzie".

Peter raste durch die Nacht und erreichte die Fähre rechtzeitig. Also hatte sie nicht nur die Nase des ertrunkenen John, sondern auch sein Temperament! Diese Geschichte lag ihm, beim heiligen Pavian! Er hatte kein Verständnis für Frauen, die fluchten – und ahnte nicht, was für ein Glück er gehabt hatte, daß Donna nur geflucht und keinen hysterischen Anfall bekommen hatte. Es geschah ihm recht, warum hatte er sich auch überhaupt mit dieser Familie eingelassen? Nun, der Rausch war vorüber – ein Hoch auf die Nüchternheit! Dem Himmel sei Dank, er war wieder frei – frei, um die Welt zu bereisen, ohne eine lästige Frau am Hals zu haben. Keine Liebe mehr für ihn – das hatte er hinter sich.

VI. Der Ball

Donna war nicht die einzige Frau in der Familie, die in dieser Nacht unterwegs war. Gay Penhallow lag im Farnkraut hinter Maywood und weinte sich die Augen aus.

An diesem Abend fand im Silver Slipper ein Ball statt – der Abschlußball der Sommersaison, bevor die letzten Gäste das große Hotel an der Hafeneinfahrt verließen. Noel hatte versprochen, Gay abzuholen. In letzter Zeit war bei Gay ein Funken Hoffnung aufgekommen, daß sich zwischen ihnen alles wieder einrenken würde. Sie hatten einen kleinen Streit gehabt, nachdem Gay neulich einfach gegangen war. Noel war sehr böse auf sie gewesen. Sie hatte ihn in eine peinliche Lage gebracht. Gays kleiner Stolz war vom Kummer erstickt worden, und sie hatte sich demütig entschuldigt. Er hatte ihr widerwillig verziehen. Sie war sogar wieder etwas glücklich.

Aber nur etwas. Ihre süßen Träume würden nicht zurückkehren. In ihrem Herzen lauerte eine kleine, kalte Furcht. Tag für Tag schien sich Noel mehr von ihr zu entfernen. Er schrieb öfter, als er kam, und seine Briefe waren so dünn geworden. Wenn sie sich danach sehnte, ihn zu sehen, zu hören und zu berühren, kam nur einer dieser kurzen Absagebriefe – von Noel, der noch vor ein paar Wochen geschworen hatte, er würde es nicht überleben, nur zehn Meilen von ihr entfernt zu sein.

Aber sie konnte nicht glauben, daß er sie abservieren würde – sie, Gay aus der stolzen Familie Penhallow. Gay wußte, daß es Mädchen gab, die sitzengelassen worden waren – sogar Penhallows. Aber nicht so schnell – nicht so plötzlich! Nicht ein paar Wochen nach dem Heiratsantrag! Das Abkühlen sollte doch wirklich länger dauern.

Nachdem sie sich für den Ball umgezogen hatte, tat sie in aller Heimlichkeit noch etwas. Sie durchsuchte ihren Schreibtisch nach dem alten Kettenbrief, fand ihn und schrieb ihn dreimal säuberlich ab. Die Kopien steckte sie in Briefumschläge, adressierte und frankierte sie. Und schlüpfte in ihren Mantel und rannte in der kühlen windigen Dämmerung des Septemberabends zum Postamt, um sie abzuschicken. Vielleicht war ja doch etwas dran?

Als sie nach Hause kam, erwartete sie ein Ferngespräch. Noel konnte nicht kommen. Er mußte Überstunden in der Bank machen.

Gay ging hinaus und setzte sich auf die Treppe, zusammengekauert in ihrem grauen Mantel. Ihr kleines Gesicht mit den traurigen Augen war sehr blaß über dem weichen Pelzkragen. So traf Roger sie an, als er von einem Krankenbesuch zurückkam.

„Ich dachte, du seist heute abend im Silver Slipper", sagte Roger. Er wußte gewisse Dinge und war wütend und hilflos – er wußte sogar mehr als Gay. Er sah auf sie hinunter – dieses schöne, sensible kleine Ding, das litt, wie es nur sensible Menschen tun können – und ballte die Fäuste. Aber er vermied es, ihr in die Augen zu sehen. Er konnte die Vorstellung nicht ertragen, daß er in ihren Augen kein Lachen sehen würde.

„Noel konnte nicht kommen", sagte Gay leichthin. Roger durfte nichts wissen – oder auch nur ahnen. „Er muß heute abend arbeiten. Ein Jammer, nicht wahr? Hier sitze ich aufgedonnert und kann nirgendwo hin! Roger", sie beugte sich plötzlich vor, „kannst du mich zum Silver Slipper fahren? Es ist nur eine Meile – es dauert nicht lange – und ich kann mit Sally William Y. nach Hause fahren."

Roger zögerte. „Willst du wirklich hin, Gay?"

„Natürlich." Gay schmollte liebenswert. „Ein Ball ist ein Ball, nicht wahr – auch wenn der Verlobte nicht dabeisein kann. Es wäre doch ein Jammer, wenn diese herrlichen Schuhe nicht zu ihrem Recht kämen, oder?" Sie streckte einen schmalen goldenen Fuß in einem feinen Strumpf vor. Gay wußte, daß sie die schmalsten Fesseln in der ganzen Familie hatte. Aber sie dachte fieberhaft – verzweifelt – nach. Sie mußte sicher sein – sicher, daß Noel sie nicht angelogen hatte.

Roger gab nach. Er wußte nicht, was Gay im Silver Slipper herausfinden würde, aber es war besser, wenn sie es erfuhr, so hart es sie auch ankommen würde. Vielleicht war das Auto, das auf der Straße in Richtung Dünen gesehen hatte, doch nicht Noels gewesen.

Gay dankte Roger herzlich an der Tür des Ballsaals und wollte nicht, daß er auf sie wartete oder mit hineinkam. Sie eilte über die Veranda und begrüßte lachend die Leute, die sie kannte. Ihr Blick irrte umher – von einem Paar, das Kanu fuhr, zu einem anderen in einer schattigen Ecke. Durch die Halle zum Ballsaal mit seinen einfachen Sitzen und roten Laternen. Tanzpaare wirbelten an Gay vorbei, und ihr wurde schwindlig. Sie lehnte sich an den Türpfosten und sah sich um. Der Schwindel ging vorbei, ihre Lippen hörten auf zu zittern. Keine Spur von Noel – oder Nan. Vielleicht – schließlich – aber es gab noch ein kleines Zimmer, das an den Ballsaal grenzte. Sie mußte sehen, wer darin war. Sie lief durch den Saal und trat ein. Vor ihrem Eintritt war Lachen erklungen, Lachen, das jäh erstarb. Mehrere junge Leute waren im Zimmer, aber Gay sah nur Noel und Nan. Sie saßen am Ende eines Tisches vor einer Schüssel mit Punsch und aßen belegte Brote. Genauer gesagt, ein belegtes Brot, von dem sie abwechselnd abbissen. Nan trug ein gewagtes neues Kleid aus Tüll, das den Rücken fast völlig freiließ, und lachte schrill. Sie hielt Noel gerade das Brot hin, als Gay eintrat und es plötzlich still wurde. Nan sah sich um, und ein boshafter Triumph blitzte in ihren Augen auf.

„Gerade rechtzeitig für den letzten Bissen, Gay, Süße.“ Sie warf ihn Gay verächtlich zu.

Aber Gay war schon verschwunden. Sie fror entsetzlich, und der Schmerz hatte von ihrem ganzen Dasein Besitz ergriffen. Durch die Halle – über die Veranda – die Stufen hinunter. Hinaus in die Nacht, wo sie allein sein konnte. Dunkelheit, Kühle und Stille – kein Lachen – oh, nur kein Lachen! Sie dachte, daß alle über sie lachten – über sie, Gay Penhallow, die sitzengelassen worden war. Ohne sich dessen bewußt zu sein, packte sie im Laufen die kleine goldene Perlenkette, die sie um den Hals trug – Noels Geschenk – und zerriß sie. Die goldenen Perlen rollten in dem fahlen herbstlichen Mondlicht wie winzige Sterne über die staubige Straße, aber ihr kam nicht der Gedanke, stehenzubleiben und sie aufzusammeln. Sie wußte, wenn sie nur für einen Augenblick stehenblieb, würde sie anfangen zu kreischen und nicht mehr aufhören können. Ein paar verspätete Wagen tauchten die kleine Jammergestalt in ihr grelles Licht, und einer hätte sie fast überfahren. Gay wünschte, er hätte es getan. Sie wollte allen Blicken entfliehen. Die Straße kam ihr endlos vor – endlos – und sie mußte für immer so weiterlaufen – wenn sie stehenblieb, würde es ihr das Herz brechen.

Endlich erreichte sie Maywood. Im Wohnzimmer brannte Licht, ihre Mutter war noch auf. Gay wollte sie nicht sehen. Sie wollte niemanden sehen. Sie war außer Atem und schluchzte. Ihr schönes honigfarbenes Kleid hing in Fetzen, zerrissen an den Büschen am Straßenrand und feucht vom Tau. Aber das war nicht wichtig. Kleider würden nie wieder wichtig sein. Nichts würde mehr wichtig sein. Gay fand tränenblind einen Weg zu einer kleinen Ecke im Birkengrund und warf sich zu Boden – ein Häufchen Elend. Die ganze Bitterkeit aller verratenen Frauen brannte in ihrem jungen Herzen. Für sie war die Welt untergegangen. Es gab nichts mehr – nichts. Niemand hatte je so gelitten – niemand würde je wieder so leiden. Wie konnte sie weiterleben? Niemand konnte so leiden und weiterleben.

Und an allem war dieser furchtbare Krug schuld. Tante Becky schien sie aus dem Grab heraus auszulachen. Bald würde die ganze Welt über sie lachen – das Lachen des William Y.

VII. Pennys Heiratspläne

Pennycuik Dark hatte beschlossen, daß er heiraten mußte. Nicht ohne lange, schmerzliche Grübeleien über das Thema. Jahrelang hatte Penny geglaubt, daß er für immer Junggeselle bleiben würde. In seiner Jugend war er stolz darauf gewesen, ein Frauenheld zu sein. Damals war es seine feste Absicht gewesen, irgendwann zu heiraten. Aber – irgendwie – immer, wenn er zu einer Entscheidung kam, verlobte sich die Frau mit einem anderen. Ehe er sich versah, war er in Torschlußpanik verfallen. Die jungen Mädchen fingen an, ihn zu den alten Leuten zu zählen, und alle interessanten Frauen seiner Generation waren längst verheiratet. Für die Familie war Penny schon einer ihrer alten Junggesellen. Anfangs hatte Penny sich daran gestört, aber in den letzten Jahren war er recht zufrieden gewesen. Die Ehe, sagte er, sei für ihn nicht erstrebenswert. Er hatte genug Geld, um nicht für seinen Lebensunterhalt arbeiten zu müssen, ein gemütliches kleines Haus in Bay Silver und eine passable Haushälterin in der alten Tante Ruth Penhallow, ein schönes kleines Auto für Spazierfahrten und zwei wunderbare Katzen, die ihm nicht von der Seite wichen. Der erste Peter und der zweite Peter, die am Fußende seines Bettes schliefen und an seinem Tisch aßen. Was konnte ihm die Ehe mehr bieten? Er verglich sein Schicksal zufrieden mit dem der meisten verheirateten Männer, die er kannte. Er schwor, daß er keine von deren Frauen geschenkt haben wollte. Und eine eigene Familie? Nun, es gab genug Darks und Penhallows auf der Welt, ohne daß er für weitere sorgte. „Lassen wir diese verwünschte Brut besser aussterben“, hatte Penny wütend geknurrt, als Onkel Pippin ihn damit aufzog, daß er nicht verheiratet war. Er saß gern in der Kirche und bedauerte Charlie Penhallow in der Bank vor ihm, der Kleider für sieben alberne Töchter kaufen mußte und auch so aussah. Pennys Mitleid hatte einen gewissen Beigeschmack, weil Mrs. Charlie das einzige Mädchen gewesen war, das er je hatte heiraten wollen. Aber bevor er beschlossen hatte, daß er sie wollte, hatte sie Charlie geheiratet. Penny sagte sich, daß es ihm egal sei, aber wenn er jetzt, in den Fünfzigern, dasaß und an seine alten Flammen dachte, wie ein Hund sich an seine vergrabenen Knochen erinnert, hielt er sich nicht lange mit Amy Dark auf. Der Gedanke an sie gab ihm einen Stich. Amy war ein hübsches Mädchen gewesen und war immer noch eine hübsche Frau, obwohl sie sieben Töchter und zwei Söhne hatte, und manchmal, wenn Penny sie in der Kirche sah, empfand er ein unbestimmtes Bedauern, daß sie nicht gewartet hatte, bis er sich entschieden hatte.

Aber alles in allem gefiel Penny das Junggesellendasein recht gut. Er sagte gern, daß er „im Herzen ein Junge geblieben“ sei und ahnte nicht, daß die jüngeren Leute ihn für einen Mann hielten, der keine Frau abbekommen hatte. Er dachte, er sei immer noch elegant und würde von seiner ganzen Familie bewundert. Er konnte kommen und gehen, wie er wollte; er hatte keine Verantwortung und nur wenige Pflichten.

Dennoch waren ihm in den letzten Jahren dann und wann Zweifel gekommen, ob es klug war, unverheiratet zu bleiben. Tante Ruth wurde alt, und bei ihrem schwachen Herzen mußte man jeder Zeit mit dem Schlimmsten rechnen. Wo sollte er dann eine neue Haushälterin herbekommen? Er begann, rheumatisches Zwicken in den Knien zu verspüren, und ihm fiel ein, daß sein Großvater, Roland Penhallow, jahrelang ein Krüppel gewesen war. Wenn es ihm, Penny, auch so ergehen sollte, wer würde sich dann um ihn kümmern? Und wenn das Rheuma sein Herz angriff, wie es bei Onkel Alec der Fall gewesen war, würde er vielleicht mitten in der Nacht sterben, und es würde wochenlang niemand merken. Der schreckliche Gedanke, daß er wochenlang allein tot daliegen würde, war mehr, als Penny ertragen konnte. Vielleicht sollte er doch noch heiraten, bevor es zu spät war. Aber diese vorübergehenden Ängste hätten ihn vielleicht nicht zum Handeln gebracht, wären nicht Tante Becky und ihr Krug gewesen. Penny wollte den Krug haben. Nicht, weil ihm etwas an dem Ding selbst lag, sondern weil er fand, daß er ein Recht darauf hatte. Sein Vater war Theodore Darks ältester Bruder gewesen, und seine Familie sollte den Krug bekommen. Und er war sicher, daß er keine Aussichten hatte, solange er nicht verheiratet war. Tante Becky hatte es mehr oder weniger gesagt. Das gab den Ausschlag für die Ehe. Penny stieß einen langen Seufzer des Bedauerns aus, als er sein sorgloses, leichtherziges Dasein aufgab. Er beschloß, daß er heiraten würde, auch wenn es ihn umbrachte.

VIII. Penny auf Brautschau

Jetzt galt es nur noch, die richtige Frau zu finden, aber das war nicht so einfach. Vor dreißig Jahren wäre es leichter gegangen. Die Auswahl war nicht besonders groß, wie sich Penny bekümmert eingestand. Er hatte nicht die Absicht, außerhalb der Familie zu heiraten. Als Fünfundzwanzigjähriger hatte er mit diesem kühnen Gedanken gespielt, aber mit dreiundfünfzig geht ein vernünftiger Mann nicht mehr so ein Risiko ein. Aber welche der alten Jungfern oder Witwen sollte Mrs. Penny Dark werden? Denn eine alte Jungfer oder eine Witwe mußte es sein, das entschied Penny mit einem weiteren Seufzer. Penny war nicht vollkommen närrisch, obwohl er sich so jugendlich gab, und er wußte ganz genau, daß kein junges Mädchen ihn eines Blickes würdigte. Dafür, sagte er sich zynisch, hatte er nicht genug Geld. Er wog die Vorzüge alter Jungfern und Witwen gegeneinander ab. Eine alte Jungfer hatte keinen Reiz für ihn. Der Gedanke, eine Frau zu heiraten, die kein anderer gewollt hatte, war ihm zuwider. Aber eine Witwe? Die hatte wahrscheinlich zuviel Erfahrung darin, einen Mann herumzukommandieren. Lieber eine dankbare alte Jungfer, die immer daran denken würde, aus welchem Elend er sie gerettet hatte.

Aber er zog sie alle in Betracht.

Er ging an mehreren Sonntagen in die Kirche, manchmal nach Rose River und manchmal nach Bay Silver, und musterte die Kandidatinnen. Es war eine interessante Erfahrung. Viel lustiger als der Versuch, die Perlen an Mrs. William Y.s Kleid zu zählen – damit hatte er sich an mehreren Sonntagen die Zeit vertrieben, bis die langweilige Predigt zu Ende war. Penny fühlte sich wieder jung und guter Dinge. Er fragte sich listig, was Mr. Trackley von ihm denken würde, wenn er es wüßte. Und was für eine Aufregung unter all den Kandidatinnen herrschen würde, wenn sie ahnten, was er vorhatte. Würde Hester Penhallow im Chor so fromm und weltfremd aussehen, wenn sie wüßte, daß sie eine Chance hatte, Mrs. Pennycuik Dark zu werden? Nicht, daß es eine große Chance war – mit dieser schrecklichen Adlernase! Nie! Nicht für vierzig Krüge!

Ich kann keine häßliche Frau heiraten, dachte Penny schwermütig. An den Rest der alten Katzen verschwendete er keinen weiteren Gedanken.

Edna Dark war damenhaft, aber ihr Gesicht war zu langweilig. Charlotte Penhallow war zu spießig und hatte einen zu großen Mund. Violet Dark sah immer noch ganz gut aus – eine rotwangige Frau mit kleinen, hellbraunen Augen und nasaler Stimme. Hübsch, aber reizlos. Penny hatte das Gefühl, daß er auf Schönheit und Stil verzichten konnte, aber Charme mußte sein. Außerdem hatte er einen uneingestandenen Zweifel daran, daß sie ihn nehmen würde.

Bertha Darks Gesicht war annehmbar, aber woher hatte sie bloß diese dicken Beine? Penny hätte es nicht ertragen, wenn zwei solche Beine jeden Sonntag in der Kirche hinter ihm her gewatschelt wären. Elva Penhallow hatte schlanke, zierliche Beine, aber Penny beschloß, daß sie ihm „zu religiös" sei. Religiosität war schön und gut – ein bißchen davon stand einer Frau gut zu Gesicht –, aber Elva hatte zuviel davon, um eine passable Ehefrau abzugeben. Hieß es nicht, sie sei so gewissenhaft, daß sie jeden Abend in ihrem Tagebuch notierte, wieviel Zeit des Tages sie mit Müßiggang vergeudet hatte, und deshalb betete? Zu anstrengend – viel zu anstrengend.

Penny fragte sich, wie alt Lorella Dark wirklich war. Niemand schien es zu wissen, aber man hielt sie für um die Dreißig. Sie war klein, rundlich und vergnügt, und er hätte sie sofort genommen, wenn er nicht befürchtet hätte, daß sie vielleicht noch hoffte, einen Mann zu finden, der kein alter Junggeselle war. Penny wollte keinen Korb riskieren.

Jessie Dark kam in Frage. Aber er hatte sie einmal sagen hören, daß Katzen „auf ihrem Platz bleiben" sollten. Sie würde nie akzeptieren, daß Katzen einen Platz im Ehebett hatten, da war Penny sicher. Der erste und der zweite Peter würden keine Verbannung hinnehmen.

Bessie Penhallow – nein, ausgeschlossen. Er konnte das große Muttermal mit den drei langen Haaren nicht ertragen, das sie am Kinn hatte. Außerdem war sie auf ihre Art genauso religiös wie Elva. Sie war – um es mit Pennys eigenen Worten zu sagen – eine verkorkste Fremdenmissionarin. Als er das letztemal mit ihr gesprochen hatte, hatte sie erzählt, daß in China das Interesse an christlicher Literatur zunahm, und war beleidigt gewesen, weil er nicht in Begeisterung ausgebrochen war.

Mildred Dark arbeitete als Stenografistin in einer Anwaltskanzlei in der Stadt und kam jedes Wochenende nach Hause. Sie war elegant und modern, hatte aber häßliche Flecken im Gesicht. Es mochte stimmen, daß alle Frauen unter ihrer Haut Schwestern seien – Penny war nicht sicher, ob das bei Shakespeare stand oder in der Bibel[21] –, aber die Haut machte einen Unterschied, jawohl.

Und was ihre Schwester Harriet betraf, die sich für Spiritismus interessierte und erklärte, sie habe einen „Geliebten im Geiste" auf „der anderen Seite", so

21 Es steht bei Rudyard Kipling in dem Gedicht *The Ladies.*

sollte sie ruhig weiter spirituell lieben. Penny hatte nicht vor, ihr Geliebter im Diesseits zu werden, und er wollte auch keine gespenstischen Rivalen.

Seine Wahl wäre auf Betty Moore gefallen, wenn sie eine Dark oder eine Penhallow gewesen wäre. Aber es war zu riskant, eine Moore zu heiraten. Emilia Trask hatte Geld, machte aber einen aufbrausenden Eindruck. Nein, nein, es mußte eine Dark oder eine Penhallow sein. Die Ehe war ohnehin ein risikoreiches Unterfangen, aber lieber eine Teufelin, die man kannte, als eine, die man nicht kannte.

Blieb noch Margaret Penhallow. Sie war hübsch gewesen, und ihre Augen waren es immer noch. Mr. Trackley sagte, sie habe eine schöne Seele. Das stimmte wahrscheinlich – aber ihr Körper war so spindeldürr. Mrs. Clarence Dark dagegen – ah, die hatte genug auf den Rippen! Aber sie war Witwe, und einer Anekdote zufolge hatte sie einmal ihrem Mann bei einem Gebetstreffen eine Ohrfeige gegeben. Onkel Pippin hatte gesagt, daß er lieber öffentlich geohrfeigt als – wie Andy Penhallow – geküßt werden wolle, aber Penny fand beides völlig unnötig. Margarets Figur entsprach mehr der Mode. Die jungen Mädchen waren heutzutage alle dünn, nicht mehr so rundlich wie die aus seiner Jugend. Wo waren die Mädchen von früher geblieben? Mädchen, die noch Mädchen waren – ah! Aber Margaret war damenhaft und sanftmütig und würde natürlich aufhören, ihre albernen Gedichte zu schreiben, wenn sie erst einmal einen Mann hatte. Als Mr. Trackley mit seiner Predigt fertig war, hatte Penny beschlossen, Margaret zu heiraten. Er ging hinaus in den klaren Sonnenschein des Oktobernachmittags und fühlte sich jetzt schon gefesselt und angekettet. Eigentlich wünschte er sich ein bißchen mehr, nun ja, Romantik. Penny seufzte. Er wünschte, er hätte schon vor Jahren geheiratet. Mittlerweile hätte er sich schon daran gewöhnt.

IX. Die unglücklichen Sams

Der große Sam war nicht glücklich. Der Sommer war zu Ende, und der Winter rückte beängstigend schnell näher. Die Wilkins-Hütte war zugig, und Big Friday Cove war ein gottverlassener Flecken Erde. Er bekam Verdauungsstörungen von seinen selbstgekochten Mahlzeiten. Viele Hausfrauen aus der Familie luden ihn zum Essen ein, aber er ging nur ungern hin, weil er das Gefühl hatte, sie seien auf seiten des kleinen Sam. Die Darks und Penhallows waren auch nicht mehr das, was sie mal waren, sinnierte der große Sam düster. Sie duldeten einfach alles.

Aber als der große Sam hörte, daß der kleine Sam sich samstagabends mit der Witwe Terlizzick traf, war er für eine Weile wie gelähmt. Dann machte er sich Luft, gegenüber allen, die es hören wollten.

„Er will wohl, daß sich noch eine Ehefrau zu Tode schuftet! Ich dachte wirklich, der kleine Sam hätte mehr Verstand. Aber einem Mann, der einmal verheiratet war, kann man nicht trauen – obwohl man annehmen könnte, daß er es besser wüßte. Und er ist auch noch der häßlichste Mann in der ganzen Familie! Nicht, daß die Terzlizzick eine besondere Schönheit wäre, mit all den Leberflecken und den komischen Knöcheln. Ich finde, sie sieht aus wie ein Kampfhund, außerdem ist sie zu dick. Wenn er sie pfundweise kaufen müßte, würde er es sich noch einmal überlegen. Sie war schon zweimal verheiratet. Manche Leute wissen einfach nicht, wann man aufhören sollte. Mir tut der kleine Sam leid, die Reihe kommt sicher bald an ihn! Ich höre, daß er sie von der Kirche nach Hause begleitet. Demnächst wird er abends vor ihrem Fenster singen! Habe ich dir je erzählt, daß der kleine Sam sich einbildet, er könne singen? Einmal habe ich zu ihm gesagt: ‚Nennst du dieses gottlose Geheul Musik?‘ Aber die Terlizzicks waren schon immer taub. Nun, sie wird ihm einen Haufen Ärger machen. Ich könnte eine Menge erzählen, wenn ich nur wollte.“

Niemand aus der Familie war mit der angeblichen Brautwerbung einverstanden. Es herrschte eine stillschweigende Übereinkunft darüber, daß die Sams eine Klasse für sich waren und man sie nicht am allgemeinen Familienstandard messen konnte. Trotzdem waren die Terlizzicks ein bißchen zu vulgär. Aber niemand nahm sich die vermeintlichen Heiratspläne des kleinen Sam so zu Herzen wie der große Sam. Als man ihn dabei beobachtete, daß er auf einem Felsen stand und wild mit seinen kurzen Armen herumfuchtelte, waren alle sicher, daß er nicht wie bisher sein Epos den Wellen und Sternen entgegenbrüllte, sondern die Witwe Terlizzick verfluchte. Er erzählte aller Welt, sie sei eine Kobra, eine große dicke Schlampe, ein weibliches Raubtier und eine Tigerin. Er bekundete tiefempfundenes Mitleid für den kleinen Sam. Der arme Kerl ahnte gar nicht, was ihm bevorstand. Er sollte mehr Verstand haben! Etwas zu nehmen, das zwei Männer übriggelassen hatten! Hu! Aber diese Witwen betörten die Leute. Und die Terlizzick hatte soviel Erfahrung. Zwei Ehemänner hatte sie schon verschlissen.

All diese Komplimente kamen der kleine Sam und Mrs. Terlizzick zu Ohren und gefielen ihnen wahrscheinlich nicht. Der kleine Sam behielt seine Gedanken für sich und zog Mustards drei Kätzchen groß. Die weiße Göttin der Morgenröte stand immer noch auf dem Kaminsims, aber auf ihren wohlgeformten Beinen lag Staub. Als Pfarrer Sullivan wieder eine Lotterie in Chapel Point veranstaltete, sagte der kleine Sam, daß es gesetzlich verboten sein müsse. Was dachten sich die Protestanten nur?

4. Der Finger bewegt sich[22]

I. Franks Heimkehr

Die plötzliche „Heimkehr“ von Frank Dark und seiner Schwester Edna traf die Familie wie ein Blitz. Frank verkündete, daß Edna der Meinung sei, sie habe ein ebenso gutes Recht auf den Krug wie alle anderen, und ihm keine Ruhe gelassen habe, bis er bereit gewesen sei, zu erscheinen. Dandy war ihr Onkel, und man konnte nie wissen. Sie würden auf jeden Fall dabeisein. Und er hatte den Westen satt. Er würde wohl sein Haus dort verkaufen, sich auf der Insel niederlassen und den Rest seines Lebens unter seinen Leuten verbringen.

„Und ein nettes kleines Mädchen von der Insel heiraten“, sagte Onkel Pippin.

„Natürlich“, lachte Frank. „Die sind unschlagbar!“

Aber als er den Laden verlassen hatte, sahen die anderen sich belustigt an.

„Allzu wohlhabend sieht er nicht aus“, war der Kommentar.

„Er ist vor die Hunde gegangen und steht angeblich kurz vor dem Ruin“, sagte William Y. „Hat alles etwas schneller versoffen, als er es verdient hat.“

„Er sah in seiner Jugend einfach zu gut aus. Das verdirbt einen Mann immer“, knurrte Sim Dark. Er selbst war sicher nicht dadurch verdorben worden.

Joscelyn erfuhr es am nächsten Abend, als sie gerade zur Kirche wollte. Tante Rachel sagte beiläufig zu Mrs. Clifford „Es heißt, Frank Dark sei wieder zu Hause“, und Joscelyn wurde schwindelig. Einen Moment dachte sie, sie würde in Ohnmacht fallen, und klammerte sich an die Tischkante. Frank zu Hause – Frank! Zehn Jahre wurden umgeschlagen wie eine Seite in einem Fotoalbum, und sie sah sich selbst mit Brautkleid und Schleier Frank Dark in die schönen Augen schauen.

„Bist du noch nicht fertig, Joscelyn?“ sagte Tante Rachel besorgt. „Wir werden zu spät kommen, und dann bekommen wir keinen Platz mehr. Alle werden dasein, um Joseph zu hören.“

Reverend Joseph Dark aus Montreal würde heute abend in der Kirche von Bay Silver predigen, und natürlich gingen fast alle Darks und Penhallows hin. Sie waren sehr stolz auf Joe. Er war der bestbezahlte Pfarrer in Kanada – der kleine Joe Dark, der immer barfuß in Bay Silver herumgelaufen war und in den Ferien für seine wohlhabenden Verwandten arbeitete. Damals hatten sie

22 „The Moving Finger“ : Zeile aus einem Gedicht des persischen Schriftstellers Omar Chayyām.

sich nicht allzu viele Gedanken über ihn gemacht, aber jetzt waren seine gelegentlichen Besuche ein Ereignis, und wenn er in der Kirche von Bay Silver predigte, mußten sie Stühle im Gang aufstellen.

Joscelyn ging mit ihrer Tante zur Kirche. Es war ein Oktoberabend, aber noch so warm wie im Juni. Eine fröhliche Brise fegte das goldene Laub von den Ahornbäumen. Der westliche Himmel sah aus wie eine riesige Chrysantheme über braunen und violetten Hügeln. Ein paar frühe herbstliche Sterne funkelten über den nebligen abgeernteten Feldern. Ein großer orangener Mond ging über dem Hügel von Treewoofe auf und verlieh ihm eine neue, herbe Schönheit. Der angenehme Geruch feuchter Erde stieg von den roten gepflügten Feldern auf. Jetzt pflügten alle. Hugh hatte den ganzen Tag das große Feld auf dem Hügel von Treewoofe gepflügt. Joscelyn wußte, daß er dieses Feld auf dem Hügel immer besonders gern gepflügt hatte. Sie hatte ihn von ihrem Fenster aus gesehen und sich wieder gefragt, ob er Treewoofe verkaufen würde. Dieses Gerücht kam alle paar Wochen von neuem auf. Tante Rachel hatte es heute wieder erwähnt, und es hatte Joscelyn gequält wie Zahnschmerzen. Aber jetzt verblaßte alles neben dem Schock. Sie ging wie eine Schlafwandlerin und wußte nicht, ob sie froh oder traurig war oder – oder – Angst hatte. Ach, sie wußte es doch. Sie hatte Angst, ganz plötzlich schreckliche Angst – davor, Frank zu sehen.

Sie rechnete nicht damit, ihm heute abend zu begegnen. Er würde bei seinem Bruder Burton in Indian Spring sein, und Burton kam nie zu Joseph Darks Gottesdiensten. Joe Dark hatte das Mädchen geheiratet, in das Burt verliebt gewesen war, und Burt war der Meinung, Joe verdanke seinen Erfolg als Pfarrer vor allem der Tatsache, daß er den Frauen schmeicheln konnte. Außerdem bemerkte Burt immer auf seine typische Art, daß die Kirche von Bay Silver lausig sei, weil es dort von Flöhen wimmele. Wie Onkel Pippin einmal gesagt hatte – Burt Dark war ein komischer Kauz, aber Realist.

Doch Joscelyn wußte, daß sie Frank bald irgendwo begegnen würde. Und sie empfand eine kalte Furcht, die sie beinahe krank machte.

Sie kamen zu spät, die Predigt hatte schon begonnen, und sie warteten in dem Vorraum, in dem sich viele andere Zuspätkommer versammelt hatten. Die inneren Türen waren fest verschlossen, und nur ein sonores Murmeln drang hindurch. Joseph Dark hatte eine schöne Stimme, und das matte, wortlose Summe seiner Gebete beruhigte Joscelyn. Sie fand es gar nicht schlecht, dort zu stehen und ihm zuzuhören. Man konnte sich die Worte selbst ausmalen, so daß sie zu den eigenen Wünschen paßten.

Sie sah Hugh nicht sofort. Er stand hinter ihr und starrte sie mit brennenden Augen an. Palmer Dark und Homer Penhallow waren auch da. Sie hatten freundlich genickt und dann vom Wetter gesprochen. Dann standen sie da und haßten einander, während Joseph Dark predigte. Der Waffenstillstand, der dem

Krug zu verdanken war, hielt noch, aber die geliebte alte Fehde schwelte immer noch unter der Oberfläche. Ambrosine Winkworth segelte an ihnen vorbei und stolzierte erhobenen Hauptes den Gang hinauf – ohne Handschuhe, so daß man den Diamantring sah. Ambrosine hatte nicht die Absicht, in dem zugigen Vorraum zu warten, bis der kleine Joe Dark, den sie vor vielen Jahren geschlagen hatte, mit seiner Predigt fertig war. Er betete sowieso immer viel zu hochnäsig, dachte Ambrosine. Sie trug nie mehr Handschuhe und war an jenem Abend die glücklichste Frau in der Kirche. Neidische Leute sagten, es sei einfach lächerlich, wie Ambrosine mit diesem Ring prahlte.

„Eine feine Dame, was?" flüsterte Onkel Pippin. Er saß auf der dritten Stufe der Galerie neben dem großen Sam, der gekommen war, um zu sehen, ob der kleine Sam da war und die Witwe Terlizzick nach Hause begleitete.

„Die Katze hat einen langen Schwanz", flüsterte der große Sam zurück.

Hinten in der schattigen Ecke saß Stanton Grundy, mager und schweigsam. Er hatte Joe Dark noch nie predigen hören, immer war etwas dazwischengekommen. Aber nun war die Gelegenheit da, den Mann zu sehen, den seine Robina ein Leben lang heimlich geliebt hatte. Robina, die jetzt nur noch eine Handvoll Asche in einer Urne draußen auf dem Friedhof war – nur noch Asche, sogar das Herz, das Joseph Dark gehört hatte statt seinem rechtmäßigen Besitzer, Stanton Grundy.

Donna Dark und ihr Vater waren da, auch wenn der ertrunkene John keinen allzu großen Wert darauf legte, Joe predigen zu hören. Nicht, daß er etwas gegen Joe hatte. Aber er fürchtete, Joe würde der Kamm schwellen, wenn zu viele Familienmitglieder erschienen. Doch Donna wollte unbedingt kommen, und der ertrunkene John gab nach. der ertrunkene John gewöhnte sich langsam an, Donna dann und wann nachzugeben. Es machte alles ein wenig leichter. In letzter Zeit hatte sich der Klatsch über Peter und Donna gelegt. Es hatte anfangs sehr viel Gerede gegeben, und man hatte sich gewundert, warum alles ein so jähes Ende genommen hatte. der ertrunkene John quälte sich nicht mit der Frage nach dem Warum. Es war ja ganz einfach. Er hatte Donna befohlen, sich den Kerl aus dem Kopf zu schlagen, und sie hatte natürlich gehorcht. Einige dachten, Peters Benehmen an jenem bemerkenswerten Sonntag habe Donna abgeschreckt. Virginia glaubte, daß Donnas besseres Ich die Oberhand gewonnen habe, aber ein großer Trost war es ihr nicht. Die liebe Donna hatte sich furchtbar verändert. Sie war so zynisch geworden. Sie lachte über Virginias sentimentale Erinnerungen. Sie sagte, daß sie und Barry wahrscheinlich die meiste Zeit wie Hund und Katze gewesen wären, wenn er überlebt hätte. Zu Hause verhielt sich Donna manchmal wie eine damenhafte Tigerin, und dann kam dem ertrunkenen John der Gedanke, daß das Leben leichter gewesen wäre, wenn er sie Peter hätte heiraten lassen. Und daß sie nicht mehr fröhlich war. Das war sie früher gewesen, wenn Virginia nicht in der Nähe war. Wie er seinen Schweinen gestand, sagte sie weder Hü noch Hott.

Kate Muir war da, üppig, rosig und zu vornehm angezogen wie immer. Die drei kleinen schwarzen Locken, über die sich jeder lustig machte, klebten an ihrer Stirn. Murray Dark war da und wartete ungeduldig darauf, daß Joe fertig wurde, damit er hineingehen und Thora eine Stunde lang ansehen konnte. Percy Dark und David Dark waren da, aber sie gingen einander finster aus dem Weg. Seit ihrer Schlägerei auf der Beerdigung hatten sie nicht mehr miteinander gesprochen, und verflixt, das würden sie auch nie wieder, Krug hin oder her! Tempest Dark war da, weil er als Junge mit Joe befreundet gewesen war und den Bettler immer noch mochte, auch wenn dieser jetzt ein Pfarrer war.

Alles in allem war es eine sonderbare Mischung der Gefühle – Haß, Hoffnungen und Ängste –, die im Vorraum der alten Kirche von Bay Silver darauf wartete, daß Joseph Dark mit seiner anscheinend endlosen Predigt fertig wurde.

Joscelyn liebte die Kirche von Bay Silver – eine ruhige, graue alte Kirche inmitten eingesunkener Gräber und bemooster Grabsteine. Sie war froh, daß der Friedhof nie eingeebnet und modernisiert worden war wie der in Rose River.

Draußen schien der Mond auf die Grabsteine, und der Mondmann wanderte zwischen ihnen umher. Manchmal blieb er stehen und erzählte einem toten Freund etwas. Gelegentlich verbeugte er sich vor dem Mond. Manchmal kam er zur Kirchentür oder einem Kirchenfenster und spähte hinein. Später, wenn die Gemeinde sang, sang er auch. Aber er trat nie ein.

Warum braucht Joe so lange? dachte der ertrunkene John ungeduldig. Er wagte nicht, laut zu fluchen, aber die Gedanken waren ja Gott sei Dank frei.

Frank Dark stand im Vorraum unter der kleinen Hängelampe, bevor Joscelyn ihn sah. Er stand da und grinste albern. Joscelyn starrte ihn an, und in ihrem Blick kämpfte Fassungslosigkeit mit aufkommendem Entsetzen. Das konnte nicht Frank Dark sein – oh, das konnte nicht der schlanke, gutaussehende Mann sein, an den sie an ihrem Hochzeitstag ihr Herz verloren hatte. Das konnte nicht der Mann sein, den sie zehn Jahre lang heimlich geliebt hatte. Dick, beinahe kahlköpfig, mit roter Nase und blutunterlaufenen Augen, teigigen Wangen, schäbig aussehend. Von Kopf bis Fuß ein Bild des Scheiterns. Sie sah ihn so, wie er war; schlimmer noch – wie er hinter dem Charme seiner vergangenen Jugend immer gewesen war. Armselig – plump – billig. Sie starrte ihn mit dem hartnäckigen Unglauben an, mit dem wir einen plötzlichen Todesfall aufnehmen. Es konnte nicht sein! Hatte sie dafür Hughs Leben ruiniert und Treewoofe für immer verloren? Joscelyn fragte sich, ob sie lachte, denn sie hörte jemanden lachen. Es war Hugh hinter ihr. Ein sonderbares kleines Lachen ohne jede Heiterkeit. Also sah Hugh dasselbe wie sie. Joscelyn wäre vor Scham am liebsten im Boden versunken.

Hughs Lachen machte Frank auf sie beide aufmerksam. Er lächelte breit und kam mit ausgestreckter Hand überschwenglich auf sie zu.

„Hugh – und Joscelyn! Wie geht es euch? Wie schön, euch alle wiederzusehen! Du siehst keinen Tag älter aus, Joscelyn – schöner denn je! Kaum zu glauben, daß es zehn Jahre her ist, daß ich auf eurer Hochzeit getanzt habe! Wie die Zeit vergeht!“

Joscelyn war sicher, daß das Ganze ein Alptraum war. Sie mußte aufwachen. Diese lächerliche, schreckliche Situation konnte nicht Wirklichkeit sein. Sie sah, wie Hugh Frank die Hand schüttelte – dabei hatte er einst geschworen, ihn zu verprügeln, sollte er ihn je wieder zu Gesicht bekommen. Jetzt würde er sich dafür verachten, es zu tun. Joscelyn sah es in seinen Augen – und in dem bitteren Zug um seinen Mund. Dieses arme Geschöpf zu verprügeln, für das seine Braut ihn fallengelassen hatte – die Vorstellung war absurd.

„Und wie geht es den Kindern?“ fragte Frank mit einem Zwinkern.

Die angespannte Stille, die folgte, gab Frank zu denken. Ein ungezogener Junge, der an der Tür stand, lachte frech. Frank hatte nie gehört, wie es nach der Hochzeit, auf der er getanzt hatte, weitergegangen war. Aber er merkte, daß er ins Fettnäpfchen getreten war. Wahrscheinlich hatten sie keine Kinder und litten darunter. Er sagte immer das Falsche. Aber was machte es schon, wenn sie keine Kinder hatten, die sie hätten haben sollten. Hugh brauchte kein so finsteres Gesicht zu machen. Und Joscelyn hatte sich immer für etwas Besseres gehalten. Frank fand das Getue mancher Leute ermüdend.

Reverend Joseph hatte sein Gebet beendet, und die wartende Gruppe betrat mit einem Seufzer der Erleichterung die Kirche. Joscelyn, die nur weglaufen wollte, mußte Tante Rachel folgen und während einer ganzen Predigt, von der sie kein Wort hörte, stillsitzen. Sie fühlte sich, als stünde sie nackt vor der ganzen Welt, die über ihre Schande lachte. Es brachte nichts, sich zu sagen, daß niemand außer Hugh wußte oder auch nur ahnte, daß sie Frank Dark geliebt hatte – oder etwas, das sie in Frank gesehen hatte. Das Gefühl der Demütigung blieb. Wie Hugh sich über sie lustig machen würde! „Dafür hast du mich zurückgewiesen! Wie denkst du jetzt darüber?“

Hugh dachte nichts dergleichen. Er hielt Frank Dark für einen armen Kerl, der den Haß nicht wert war, den er auf ihn verschwendet hatte, aber er wußte nicht, daß Joscelyn dasselbe sah wie er. Frank sah auf eine rotgesichtige Art immer noch passabel aus, und Frauen hatten einen merkwürdigen Geschmack. Auch Hugh bekam nicht viel von Joseph Darks Predigt mit. All die alte Bitterkeit und der Groll seines Hochzeitstages stiegen wieder in ihm auf. Sein Leben war zerstört – ohne sein Verschulden. Er hätte ein Dutzend Mädchen haben können – einige von ihnen waren an jenem Abend in der Kirche. Er sah sie alle an und kam zu dem Schluß, daß er trotzdem lieber Joscelyn gehabt hätte. Joscelyn mit der prächtigen rotgoldenen Mähne, die das blasse, stolze Gesicht einrahmte. Wenn sie auch nicht die Seine war, so gehörte sie doch wenigstens keinem anderen und würde es auch nie. Sie konnte sich nicht von ihm scheiden lassen. Hugh knirschte in grimmigem Triumph mit den Zähnen. Frank Dark würde sie nie bekommen – nie!

Der kleine Sam saß gegenüber vom großen Sam, starrte die mollige Witwe Terlizzick an wie ein ergebener Hund – das dachte jedenfalls der große Sam – und bekam auch nicht viel von der Predigt mit. Das war ein Jammer, denn es war eine wirklich gute Predigt – brillant, eloquent, gelehrt. Joseph Darks Zuhörer lauschten gebannt. Er sprach ihre Gefühle beinahe zu geschickt an – sie reagierten wie eine Harfe im Wind. Sie vergaßen den öden Alltag über herrlichen Visionen, das Leben bekam wenigstens vorübergehend Schönheit, und nur wenige waren nicht überzeugt, als der Sprecher sich ernst vorbeugte, siegesgewiß zu allen Anwesenden sagte „Und vergeßt selbst in euren schwärzesten Stunden nicht, daß die Welt Gott gehört!“ und die Bibel mit einem triumphierenden Knall schloß.

Einer der wenigen war Stanton Grundy. Er lächelte schelmisch, als er hinausging. „Der Teufel hat noch ein oder zwei Nischen“, sagte er zu Onkel Pippin.

„Himmel, das war mal eine Predigt“, sagte Onkel Pippin bewundernd.

„Er kann predigen“, gestand Grundy widerwillig ein. „Ich frage mich, wieviel davon er selbst glaubt.“

Das war ungerecht, denn Joseph Dark glaubte jedes Wort, das er predigte – jedenfalls während der Predigt –, und man konnte ihm nicht vorwerfen, daß Robina Dark ihm ungefragt ihr Herz geschenkt hatte, das ihrem Herrn und Meister Stanton Grundy allein hätte gehören sollen.

„Frank Dark ist furchtbar dick geworden“, sagte Tante Rachel, als sie und Joscelyn nach Hause gingen. „Er tritt in die Fußstapfen seines Vaters. Der hat dreihundertzweiundfünfzig Pfund gewogen, bevor er starb. Ich erinnere mich gut an ihn.“

Joscelyn wand sich. Tante Rachel hatte seit jeher die Fähigkeit, alles ins Lächerliche zu ziehen. Joscelyns romantische Liebe zu Frank Dark war tot – tot ohne Aussicht auf Wiederbelebung. Sie war so plötzlich gestorben, wie sie geboren war, im Vorraum der Kirche von Bay Silver. Aber sie wünschte, sie könnte um ihrer selbst willen die Leiche mit etwas Achtung betrachten – etwas Bedauern – dem Wunsch, daß es anders verlaufen wäre. Es war furchtbar, sich selbst wegen einer erloschenen Liebe verspotten zu müssen – und den Spott anderer zu hören. Furchtbar, daran zu denken, daß sie für Frank Dark die Jahre verschwendet hatte, die sie damit hätte verbringen sollen, Hughs Kinder zur Welt zu bringen und aus Treewoofe ein Zuhause für sie alle zu machen.

Schrecklich, daß all die Leidenschaft, Hingabe und erhabene Entsagung dieser Jahre einem Mann gegolten hatte, der einfach nur noch jemand war, der wahrscheinlich „dreihundertzweiundfünfzig Kilo wiegen würde, bevor er starb“. Joscelyn hätte über sich selbst gelacht, aber sie wußte, daß sie dann nie mehr damit aufhören würde. Die ganze Welt würde sie auslachen, wenn sie es wüßten. Sogar die hohen, windgezausten Fichten vor den mondhellen Wolken schienen mit dem Finger auf sie zu zeigen. Sie haßte die Sterne, die ihr zublinzelten – den kühlen Nachtwind, der höhnisch säuselte – und den Hügel, der sich vor Lachen schüttelte.

Was sagte Tante Rachel gerade? Etwas über Penny Dark, der eingebildeter denn je sei, seit er Tante Beckys Flasche mit Jordanwasser bekommen hatte. „Er braucht nicht zu glauben, er habe die einzige Flasche Jordanwasser in der Familie!“

Joscelyn war danach, etwas sehr Grausames zu tun. Sie wollte, daß jemand anders ein bißchen von dem Schmerz und der Demütigung empfand, die sie durchlebte. „Oh, aber das hat er, Tante Rachel. Ich habe vor langer Zeit dein Jordanwasser verschüttet und die Flasche mit Wasser aus der Scheunenpumpe gefüllt. Das hast du all die Jahre angebetet!“

II. Ein Brief von Noel

An einem grauen Novemberabend trug Gay einen Brief von Noel nach Hause. Als der Postbote ihn ihr gegeben hatte, hatte ihr Herz einen Satz gemacht. So mußte es sein, wenn sie beerdigt war und Noel an ihrem Grab vorüberging. Sie hatte lange keinen Brief mehr von ihm bekommen. Sie hatte ihn auch lange nicht gesehen – seit dem bitteren Abend im Silver Slipper nicht mehr. Sie hörte nicht einmal viel über ihn – ihre Familie war diesbezüglich erstaunlich rücksichtsvoll. Beinahe zu rücksichtsvoll. Sie achteten zu peinlich darauf, das Thema Noel nicht zu erwähnen. Gay wußte, was es bedeutete, wenn Gespräche verstummten, sobald sie ein Zimmer betrat. Es verletzte sie – oder ihren Stolz. Denn sie hatte immer noch ein bißchen Stolz übrig, mit dem sie sich gegen die Blicke ihrer kleinen Welt abschirmte, die ihr halb mitleidig und halb verächtlich vorkamen. Sie hatte das Gefühl, daß alle beobachteten, wie sie es aufnahm – ihr hinter Ecken auflauerten – hinter Gardinen – in der Kirche.

Und außerdem klammerte sie sich immer noch insgeheim an die selbstquälerische Hoffnung, daß alles wieder in Ordnung kommen würde. Noel mußte sie geliebt haben – es konnte doch nicht alles Täuschung gewesen sein. Er war nur verhext von Nans Frechheit, ihrem „Anderssein" und ihrer Koketterie, der Art, wie sie ihre Augen einsetzen konnte. Was, wenn – Gay hielt den Atem an, als sie weitereilte – was, wenn er ihr in diesem Brief mitteilte, daß er zur Besinnung gekommen sei – wenn er sie um Verzeihung bitten und zu ihr zurückkehren wollte? Warum hätte er sonst überhaupt schreiben sollen?

Gay huschte auf ihrem Nachhauseweg wie ein kleiner Schatten durch das melancholische Mondlicht des späten Herbstabends. Die fernen Hügel sahen kalt und unheimlich aus. Die See ächzte am Strand. Ein einsamer Wind suchte nach etwas und klagte jämmerlich, weil er es nicht finden konnte. Es war eine tote Welt – alles war tot – Jugend, Hoffnung und Liebe. Aber wenn in Noels Brief nur das stand, was sie ersehnte, würde es eine sofortige Auferstehung geben. Mitten im grauen November würde Frühling sein und ihr armes, kaltes, totes kleines Herz wieder anfangen zu schlagen. Wenn nur Noel zu ihr zurückkehren würde. Es war ihr egal, wie sehr er sie gekränkt hatte – wie schäbig er sie behandelt hatte – wenn er nur zurückkommen würde. Ihr Stolz war nur Fassade. Sie hatte keinen Stolz, wenn es um Noel ging – nur eine schreckliche Sehnsucht, ihn zurückzubekommen.

Sie ging in ihr Zimmer, sobald sie zu Hause war, und legte den Brief auf den Tisch. Dann setzte sie sich hin und sah den Umschlag an. Sie hatte Angst, ihn zu öffnen. Sie wagte es noch nicht – sie wollte noch ein wenig weiterhoffen. Sie dachte an den Abend im Juni, an dem sie nach Tante Beckys Empfang im Farnkraut gelegen und Noels Brief gelesen hatte. Damals hatte sie keine Angst gehabt. Wie konnte sich das Leben eines Menschen in ein paar kurzen Monaten so verändern? Sie fragte sich dumpf, ob sie jemals das glückliche Mädchen aus der Zeit der Apfelblüte gewesen war. Damals hatte ihr ein ganzes Universum gehört, mit der Milchstraße als gemeinsamem Weg für Liebende. Jetzt war es geschrumpft – nur noch ein kleines Zimmer, in dem ein blasses Mädchen saß und kläglich einen Brief anstarrte, den sie kaum zu öffnen wagte.

Sie erinnerte sich an den ersten Brief, den sie von Noel bekommen hatte – und all die anderen „ersten Male". Das erstemal, daß sie sich getroffen hatten – das erstemal, daß sie mit ihm getanzt hatte – das erstemal, daß er sie „Gay" genannt hatte – das erstemal, daß sie die Wange an seine gelegt an – das erstemal, daß sie sich eine kleine goldene Locke auf seiner Stirn um den Finger gewickelt hatte, die geglänzt hatte wie ein Ring – das erstemal, daß er gesagt hatte: „Ich liebe dich."

Und dann das erstemal, daß sie an ihm gezweifelt hatte – so ein kleiner, kleiner Zweifel, wie ein winziges Steinchen, das in einen Teich geworfen wird. Es hatte immer weitere Kreise gezogen, die schließlich das fernste Ufer des Mißtrauens erreicht hatten. Und jetzt konnte sie seinen Brief nicht aufmachen.

„Ich will kein Feigling sein!" sagte Gay leidenschaftlich. Sie griff nach dem Brief und schlitzte ihn auf. Ein paar Minuten lang starrte sie ihn an. Dann legte sie ihn wieder hin und schaute sich um. Das Zimmer war unverändert. Es kam ihr unanständig vor, daß es noch dasselbe war. Sie ging mit etwas unsicheren Schritten zum offenen Fenster und setzte sich auf einen Stuhl.

Noel bat sie darum, ihn aus der Verlobung zu entlassen. Es tue ihm „sehr leid", aber es wäre dumm, „wenn der Fehler eines Jungen drei Leben ruinieren würde". Er habe „geglaubt, er liebe sie", aber jetzt habe er „erkannt, daß er damals nicht gewußt habe, was Liebe sei". Es ging noch eine ganze Weile so weiter – Noel hatte so viele Entschuldigungen und Ausreden, daß Gay sich nicht die Mühe machte, sie zu Ende zu lesen. Was spielte es für eine Rolle? Sie wußte ja nun, was in dem Brief stand.

Sie saß die ganze Nacht am Fenster. Sie konnte nicht schlafen und wollte auch gar nicht, denn es würde schrecklich sein, wenn sie aufwachte und ihr alles wieder einfiel. Es gab nichts mehr auf der Welt bis auf kaltes, blasses Mondlicht. Würde sie je den weißen, gnadenlosen Mond vergessen, der über den wartenden Wäldern hing – den traurigen Klang des Windes, der in dem toten Laub der Bäume raschelte, diese ganze eisige Novembernacht? In ihrem

Leben gab es nichts mehr – nichts – nichts. Der Mondmann hatte mit seiner Warnung recht gehabt – sie war zu glücklich gewesen.

Sie dachte, daß die Nacht niemals enden würde. Aber als die Bäume im Wind der Dämmerung anfingen zu zittern, erschrak sie davor. Sie konnte das Morgengrauen nicht ertragen – jede andere Dämmerung konnte sie ertragen, aber nicht diese. Und dabei war die Morgenröte so schön – eine glühendrote, goldene, bebende Pracht aus Flammen, Flügeln und Geheimnis – eine Dämmerung, wie sie nur an einem glücklichen Morgen für glückliche Menschen anbrechen sollte. Es war eine Verhöhnung ihres Unglücks.

Ich könnte diesen Morgen überstehen, wenn es keinen weiteren Morgen mehr gäbe, dachte Gay müde. Diese endlosen Morgen, die auf sie warteten, Jahr für Jahr, bis sie alt, mager, verwelkt und verbittert sein würde wie Mercy Penhallow. Der bloße Gedanke daran ließ Gay verzweifeln. Sie schauderte.

Werde ich mich je an den Schmerz gewöhnen? fragte sie sich.

Gay eröffnete ihrer Mutter am Nachmittag ganz gelassen, daß sie ihre Verlobung mit Noel gelöst habe. Mrs. Howard war so klug, sehr wenig zu sagen, und so unklug, Gays Lieblingskuchen mit Zuckerguß zum Abendessen zu machen. Es heilte Gays gebrochenes Herz nicht, sondern bewirkte nur, daß Gay Kuchen mit Zuckerguß für den Rest ihres Lebens haßte.

Mercy empfahl frische Luft und Eisen. William Y. sagte, er hoffe, daß Noel Gibson genug von dieser kleinen Wespe Nan haben würde, bevor sie mit ihm fertig war.

„Denk daran, daß du eine Penhallow bist. Wir tragen nicht das Herz auf der Zunge“, mahnte Cousine Mahala milde.

Gay sah sie bekümmert an. Sie hatte vor ihrer Familie den ganzen Tag ein Lächeln zur Schau getragen, bis es nicht mehr ging. Aber es machte ihr nichts aus, daß Cousine Mahala in ihre Seele schaute. Cousine Mahala verstand.

„Cousine Mahala, wie kann ich weiterleben? Sag mir nur, wie – mehr will ich nicht wissen. Denn weiterleben muß ich offenbar.“

Cousine Mahala schüttelte den Kopf. „Das kann ich nicht – niemand kann es. Und du würdest mich nur für hartherzig und gefühllos halten, wenn ich sagte, daß du darüber hinwegkommen wirst. Aber ich erzähle dir jetzt etwas, das ich noch nie jemandem erzählt habe. Siehst du das kleine Feld dort drüben zwischen dem Hof des ertrunkenen John und der Küstenstraße? Nun, dort habe ich einmal die ganze Nacht im Klee gelegen, vor dreißig Jahren, und war verzweifelt, weil Dale Penhallow mich nicht wollte. Ich wußte nicht, wie ich weiterleben sollte. Und wenn ich heute an dem Feld vorbeikomme, danke ich jedesmal dem Himmel, daß er mich nicht wollte.“

Gay sank in sich zusammen. Cousine Mahala verstand sie doch nicht. Niemand verstand sie.

Niemand außer Roger. Roger kam abends vorbei und fand Gay zusammengekauert auf den Verandastufen vor. Sie fühlte sich wie eine arme kleine Katze, die vor einer gnadenlos verschlossenen Tür fror. Sie blickte gequält zu ihm auf, als er sich neben sie setzte. Das weiße kleine Gesicht über dem Pelzkragen war ein Bild des Jammers – das Gesicht, das für das Lachen bestimmt war.

„Gay – meine arme kleine Gay“, rief er. „Was haben sie dir getan?“

Gay lehnte ihren müden Kopf an seine Schulter. „Roger“, flüsterte sie. „Machst du mit mir eine Autofahrt? Eine schnelle und lange Fahrt – egal, wohin – und sag nichts zu mir.“

Sie fuhren weit und schnell – so schnell, daß sie an der Kurve der Straße nach Indian Spring beinahe Onkel Pippin überfuhren. Er sprang behende zur Seite, sah ihnen nach und lachte vor sich hin.

„Roger macht also einen zweiten Anlauf“, sagte er. „Er war schon immer ein schlauer Fuchs. Hat auf den richtigen Moment gewartet.“

Aber auch Onkel Pippin verstand nichts. Roger hatte gerade den innigen Wunsch, Noel Gibson zu erwürgen. Und Gay empfand gar nichts. Sie fühlte sich stumpf, aber das war besser als Leiden. Ihr war, als ließe sie den Schmerz hinter sich, als sie die Straße entlangsausten und das Licht der Scheinwerfer auf dunkle Bäume und Farnkraut mit Rauhreif und geheimnisvolle Dünen fiel – immer weiter durch die Nacht – um die ganze Welt – nicht reden müssen – nicht lächeln müssen – es gab nur den frischen, kalten Wind auf ihrem Gesicht und Rogers Stärke neben ihr am Steuer. Der große, ruhige, sanfte Roger mit den glänzenden Augen und den schmalen gebräunten Händen. Es schien ihr das Natürlichste auf der Welt zu sein, daß er neben ihr saß. Wenn sie umkehren oder anhalten würden, würde der Schmerz ihr wieder entgegenkommen. Aber diese Erleichterung war ein Segen. Wenn sie nur niemals anhalten würden – wenn sie ewig weiterfahren könnten – über die Hügel – hinunter in die Täler der Nacht – die Flußufer entlang – vorbei an Stränden, hinein in die herrliche Dunkelheit, die wie ein kühler Trank für eine fieberheiße Seele war! Wenn sie nur niemals umkehren müßten!

III. Pennys Heiratsantrag

Pennycuik Dark war auf dem Weg zu Margaret Penhallow, um ihre Hand anzuhalten. Er hatte beschlossen, es im September zu tun, aber es war immer noch nicht erledigt. Jeden Morgen nahm Penny sich vor, am Abend zu Denzil zu gehen und es hinter sich zu bringen. Aber jeden Abend fand er eine Ausrede, um es aufzuschieben. Vielleicht wäre er nie hingegangen, wären nicht die Soßenflecken auf dem Tischtuch gewesen. Penny, der soviel Wert auf Sauberkeit legte wie seine eigenen Katzen, konnte kein schmutziges Tischtuch ertragen. Die alte Tante Ruth wurde unverzeihlich nachlässig. Es war höchste Zeit für eine ordentliche Hausfrau.

„Ich gehe heute abend hin und bringe es hinter mich!“ sagte Penny verzweifelt.

Er zog sich an und rasierte sich wie für eine Feierlichkeit und fragte sich unbehaglich, wie es sein würde, wenn ihm jemand beim Rasieren zusah.

„Es ist sicher in Ordnung, wenn man sich erst einmal daran gewöhnt hat“, seufzte der arme Penny.

Er ging zu Fuß zu Denzil – es lohnte sich nicht, für einen Weg von zwei Meilen Benzin zu verschwenden – und dachte, was die Leute, denen er begegnete, sagen würden, wenn sie wüßten, was er vorhatte. Mrs. Jim Penhallows Gänse, eine große Schar auf einem Novemberfeld, weiß wie Schnee im herbstlichen Zwielicht, zischten ihn an, als er vorbeiging. Penny kam der Gedanke, daß er für das Hochzeitsessen eine Gans von Mrs. Jim kaufen könnte. Er bekam sie vielleicht etwas billiger, denn Mrs. Jim war seine Cousine ersten Grades.

Vor Denzils Pforte hielt er inne. Es war noch nicht zu spät für einen Rückzieher. Er konnte umkehren und als freier Mann nach Hause kommen. Aber die Soßenflecken! Und der Krug! Penny öffnete energisch den Riegel der Pforte. Der Rubikon war überschritten.

Himmel, das ist ein komisches Gefühl, dachte Penny. Er merkte, daß er schwitzte.

Das Unbegreifliche war, daß Margaret keinen Freudensprung machte. Als sie seine Botschaft entschlüsselt hatte – denn Penny verhedderte sich im entscheidenden Augenblick hoffnungslos und vergaß seine sorgfältig einstudierte Rede – und begriff, daß Pennycuik Dark ihr allen Ernstes einen Heiratsantrag machte, bat sie recht nüchtern um Bedenkzeit. Penny war fassungslos. Er hatte nicht den leisesten Zweifel gehegt, daß er als Verlobter nach Hause gehen würde, und ging als nichts dergleichen. Er war so empört, daß er wünschte, er hätte nichts gesagt. Herrje, vielleicht wollte sie ihn nicht! Er wäre blamiert für den Rest seines Lebens. Und sie wollte eine Woche Bedenkzeit! Bedenkzeit, um sich zu überlegen, ob sie ihn, Pennycuik Dark, heiraten würde oder nicht! Hatte man so etwas schon gehört?

Margaret verbrachte eine ebenso ungemütliche Woche wie Penny. An einem Tag wollte sie Penny heiraten, am nächsten nicht. Sosehr sie auch von der Ehe träumte, fand sie die Wirklichkeit in Gestalt des kleinen geschniegelten Penny Dark nicht ganz so erstrebenswert. Penny, der eine hohe Meinung von seinem Aussehen hatte, wäre sehr erstaunt gewesen, wenn er gewußt hätte, daß Margaret ihn häßlich fand – schlimmer noch, sie fand, daß er lächerlich aussah. Jeden Morgen aufzuwachen und dieses Gesicht neben sich zu sehen! Seine vulgären Geschichten und sein dröhnendes Lachen zu hören! Sein Zeter und Mordio-Geschrei, wenn ihm ein Fingernagel abgebrochen war. Der es immer noch lustig fand, Leuten ein Bein zu stellen. Ständig „Mar'gret" genannt zu werden.

Außerdem mochte sie sein Haus nicht – es war zuviel Firlefanz darin. So anders als das kleine, graue Whispering Winds, umgeben von Bäumen. Margaret empfand Beklemmung, wenn sie sich klarmachte, daß sie mit der Heirat all das Geheimnis und den Zauber von Whispering Winds aufgeben würde. Sie würde weit weg wohnen und nicht einmal mehr gelegentliche Besuche machen können. Sie konnte nie wieder die absurde kleine Hoffnung hegen, daß es eines Tages doch ihr gehören würde.

Und sie mußte ihre imaginären Geliebten aufgeben, von denen sie immer so gern geträumt hatte. Sie fand es nicht richtig, von Geliebten zu träumen, wenn sie verheiratet war. Dann durfte sie nur noch Penny gehören. Und sie wußte, er würde nie damit einverstanden sein, daß sie ein Baby adoptierte. Er verabscheute Kinder.

Aber es hatte auch seine Vorteile. Sie wäre dann eine verheiratete Frau mit einem Zuhause und einem gesellschaftlichen Status, was sie nie gehabt hatte. Niemand würde mehr zu ihr sagen: „Immer noch nicht verheiratet – he?" Sie würde ein eigenes Auto haben – oder das ihres Mannes. Margaret rief sich vernünftigerweise ins Gedächtnis, daß sie nicht erwarten durfte, einen Mann zu finden, der wie für sie geschaffen war. Sie wußte, daß die meisten ihrer Angehörigen denken würden, sie habe Glück gehabt, Penny abzubekommen. Aber nachdem sie die ganze Woche an Sally Y.s orangenem Chiffonkleid gearbeitet hatte und sah, wie es immer schöner wurde, wurde sie wankelmütig, wie sie es nannte. Sie konnte sich einfach nicht entscheiden, Penny zu heiraten. Zuletzt fiel ihr ein, daß sie wohl keine Aussichten auf Tante Beckys Krug hatte, wenn sie eine alte Jungfer blieb. Das gab den Ausschlag. Sie setzte sich hin und schrieb Penny eine Nachricht, und damit ihre Zusage wenigstens etwas gefühlvoll klang, schickte sie ihm nur einen Vers aus der Bibel – Ruths unsterbliche Antwort an Naomi[23]. Im ersten Augenblick wußte Penny gar nicht, was gemeint war. Dann kam er zu dem Schluß, daß sie seinen Antrag angenommen hatte. Er und der zweite Peter sahen sich an wie zwei, die sich dem Unvermeidlichen stellen.

Er machte sich auf den Weg zu Margaret und versuchte, es als den glücklichsten Tag seines Lebens zu empfinden. Er hielt es für seine Pflicht, sie zu küssen, und er tat es. Keiner der beiden fand es schön.

„Ich denke, wir brauchen uns mit der Hochzeit nicht zu beeilen", sagte er. „Es ist noch so kalt draußen. Warten wir lieber bis zum Frühling."

Margaret stimmte beinahe zu bereitwillig zu. Sie verbrachte eine schlaflose Nacht, nachdem sie an Penny geschrieben hatte. Sie ging nach Whispering Winds und lief dort bis Mitternacht herum, bis sie sich wieder beruhigt hatte. Aber sie hatte sich jetzt damit abgefunden, Mrs. Pennycuik Dark zu werden. Und sie würde den Winter über Zeit haben, ihre Aussteuer zusammenzustellen. Sie wollte eine schöne Aussteuer. Sie hatte nie hübsche Kleider gehabt. Soweit sie zurückdenken konnte, waren ihre Kleider ebenso langweilig und farblos gewesen wie ihr ganzes übriges Leben. Sie wünschte sich ein Brautkleid aus frostgrauer Seide und silbern schimmernde Strümpfe. Sie hatte noch nie Seidenstrümpfe gehabt.

Alles in allem ging es Margaret besser als Penny. Als er nach Hause kam, mußte er sich erst einmal einen Riesenbecher heißen, bitteren Tees kochen, bevor er den Tatsachen ins Auge sehen konnte. Bekümmert gestand er sich ein, daß er nicht so glücklich war, wie er sein sollte.

„Es wird", sagte er düster zu den beiden Petern, „nie mehr so sein wie früher."

Die Familie war überrascht, aber im großen und ganzen einverstanden.

„Dafür ist der Krug verantwortlich", sagte Dandy Dark, als er davon hörte.

Margaret stellte plötzlich fest, daß sie wichtig geworden war. Penny war wohlhabend, es würde ihr an nichts fehlen. Sie hatte auf eine schüchterne Art Freude daran, aber Penny wand sich, wenn die Leute ihm gratulierten. Er hatte das Gefühl, daß sie es ironisch meinten. Es wurde erzählt, daß Penny, als Stanton Grundy zu ihm gesagt hatte „Wie ich höre, bist du verlobt", rot angelaufen sei und matt gesagt habe: „Nun ja, es ist nicht – nicht so sehr eine Verlobung – sondern eher – eher ein Experiment." Aber bis heute weiß niemand, ob Penny das wirklich gesagt hat oder nicht. Die meisten Leute meinen, Stanton Grundy habe es erfunden.

23 Rut 1, 16-17: „Rut antwortete: Dränge mich nicht, dich zu verlassen und umzukehren. Wohin du gehst, dahin gehe auch ich, und wo du bleibst, da bleibe auch ich. Dein Volk ist mein Volk und dein Gott ist mein Gott. Wo du stirbst, da sterbe auch ich, da will ich begraben sein. Der Herr soll mir dies und das antun – nur der Tod wird mich von dir scheiden." (Einheitsübersetzung, Katholische Bibelanstalt, Stuttgart 2016).

Die Geschichte hätte für mehr Aufsehen gesorgt, wenn nicht zur gleichen Zeit Gresham Dark erfahren hätte, daß seine Frau ihm nach achtzehn Jahren kinderloser Ehe einen Erben schenken würde. Gresham, der zu dem temperamentvollen spanischen Zweig der Familie gehörte, verlor völlig den Kopf. Er lief durch die Gegend, packte Leute in der Kirche und auf Auktionen am Ärmel und erzählte es ihnen. Die Frauen aus der Familie hätten ihn umbringen können, aber die Männer lachten.

„Ich glaube, dafür kann man nicht dem Krug die Schuld geben", sagte Onkel Pippin.

IV. Treewoofe

Anfang Dezember verkündete eine Zeitungsannonce, daß Frank Dark sich mit Mrs. Katherine Muir verlobt hatte. Niemand war überrascht, alle hatten schon kurz nach Franks Heimkehr gemerkt, woher der Wind wehte. Sie fanden, daß Frank sich ins gemachte Nest setzte, denn Kate stand gesellschaftlich über ihm. Ihr Gesicht war ausgemergelt, und sie war etwas herrschsüchtig. Aber sie hatte das Geld, und darauf war Frank aus. Kates Entscheidung hielt man für weniger klug – alle fanden, sie gehe ein Risiko ein. Aber Frank wollte nicht zurück in den Westen. Er würde sich einen Bauernhof kaufen – mit Kates Geld? – und sich in der Nähe seiner Angehörigen niederlassen. Er würde wahrscheinlich keine Zeit verlieren, da er so viele Trauzeugen zur Auswahl hatte. An dem Tag, an dem er seine mollige Witwe heiratete, konnte jeder sehen, daß er sturzbetrunken war. Aber die öffentliche Meinung sah es ihm nach. Ein Mann brauchte wirklich Mut, und sei er nur angetrunken, um sich an Kate heranzuwagen.

Es hieß, er versuche, Treewoofe zu bekommen. Einige sagten, Hugh wolle nicht verkaufen und habe Frank schroff zurückgewiesen, andere, daß er über das Angebot nachdachte. Kate hatte immer eine Vorliebe für Treewoofe gehabt.

Joscelyn hörte all die Gerüchte – und viele andere. Sie hatte Frank seit dem Abend in der Kirche von Bay Silver nicht mehr gesehen, hörte aber bald den Tratsch, er sei hinter Kate her. Was machte es schon? Sie hatte Kate Muir immer verachtet. Ihr war egal, wen dieser neue Frank mit der roten Nase und den blutunterlaufenen Augen heiratete. Aber als sie hörte, daß er Treewoofe kaufen würde, überwältigte sie ein neuer Schmerz. Frank in Treewoofe! Die schwarzhaarige kleine Kate mit dem Schnurrbart Herrin von Treewoofe! Joscelyn flüchtete in ihr Zimmer, um sich dem Gedanken zu stellen, und merkte, daß es nicht ging.

Es war ein schwerer Tag für sie gewesen. Ihre Mutter und Tante Rachel hatten sich fast die ganze Zeit gestritten, denn Tante Rachel hatte etwas Falsches gegessen und sich den Magen verdorben. Tante Rachel aß nur noch „Schonkost“ seit dem Abend, an dem Joscelyn ihr die Wahrheit über das Jordanwasser gesagt hatte. Sie hatte sich so darüber gegrämt, daß sie krank geworden war und man Roger gerufen hatte. Joscelyn haßte sich dafür, daß sie es Tante Rachel erzählt hatte – die arme Tante Rachel hatte doch nur so wenig, was ihr Leben lebenswert machte. Sie hätte sich die Zunge abgebissen, wenn sie damit die verhängnisvollen Worte hätte zurücknehmen können. Aber sie waren gesagt worden. Eine schwer getroffene Tante Rachel nahm die Flasche vom Kaminsims und vergrub sie im Garten, dann bekam sie „es mit dem Magen“, und bald hatte Joscelyn noch viel mehr Grund, sich zu wünschen, daß sie den Mund gehalten hätte. Tante Rachels Magen wurde der Mittelpunkt aller Mahlzeiten, dies und jenes durfte nicht auf den Tisch kommen, weil die „arme Rachel“ es nicht essen konnte. Kam es doch auf den Tisch, konnte die „arme Rachel“ der Versuchung nicht widerstehen, und das Verhängnis folgte auf dem Fuß. Am Abend zuvor waren Gäste zum Tee gekommen, deshalb mußten sie etwas Besonderes anbieten. Mrs. Clifford hatte Rachel gewarnt, daß das Käsesoufflé ihrem Magen nicht bekommen würden, und Rachel hatte schnippisch geantwortet, daß es schließlich ihr Magen sei. Heute trug sie die Konsequenzen, und Joscelyn mußte die Zähne zusammenbeißen – als eine Art Buße, weil alles ihre Schuld war. Aber die Neuigkeiten über Treewoofe waren unerträglich.

Sie schaute zu dem Haus hinauf. Es stand in geheimnisvoller Stille da, umgeben von verschneiten Feldern im Mondlicht, und die vorüberziehenden Wolken warfen ihre Schatten und hüllten es ein. Es war fast unsichtbar in der Winterlandschaft und kam nur dann und wann plötzlich im gespenstischen kalten Mondlicht wieder zum Vorschein. War Hugh da? Würde er Treewoofe verkaufen? Würde er sich scheiden lassen und Pauline Dark heiraten? Die Stille ringsum schien diese Fragen buchstäblich zu schreien. Und es gab keine Antwort.

Herbst und Winter waren schwer für Joscelyn gewesen. Sie fühlte sich unbeschreiblich ärmer. Das Leben hatte ihr einen Streich gespielt – sie verraten – sie verspottet. Und als ihre romantische Vernarrtheit, die sie nun mit Bitterkeit als solche erkannte, verflogen war, kam ihr altes Gefühl für Hugh zurück. Auf einmal lebte die alte Liebe wieder auf. Nicht, daß sie sich irgendwelche Hoffnungen auf eine Versöhnung machte. Sie war sicher, daß Hugh sie haßte, wenn er sie nicht sogar verachtete. Außerdem würde er in die Staaten gehen, um sich scheiden zu lassen und Pauline zu heiraten. Alle sagten das.

Joscelyn verging fast vor Eifersucht. Paulines bloßer Anblick war ihr zuwider. Sie hatte den Eindruck, daß Pauline sich schon als Hughs Frau und Herrin von Treewoofe fühlte. Ihr fiel ein, daß sie gesehen hatte, wie Hugh und Pauline auf Tante Beckys Beerdigung miteinander gesprochen und zu Treewoofe aufgesehen hatten. Aber es war noch schlimmer, sich Frank und Kate dort vorzustellen. Das war ein Sakrileg. Solange Hugh auf Treewoofe leben würde, und sei es mit Pauline, würde Joscelyn sich nicht so furchtbar leer fühlen. Tag und Nacht schaute sie hinauf zu Treewoofe und liebte es um so mehr, weil sie nicht wagen durfte, Hugh zu lieben. Sie sah es an stürmischen Tagen, wenn sich Schneewehen auftürmten – unter frostigen Sonnenuntergängen, deren

Licht wie Juwelen auf dem Schnee funkelte – an milden Nachmittagen, in grauen Regen gehüllt wie in einen Mantel – im blassen Gold und nebligen Silber früher windstiller Morgen. Es war immer da, ihr Zuhause – ihr einziges wahres Zuhause – verlockend, abstoßend, verächtlich, erstrebenswert – je nachdem. Ihr Zuhause, aus dem sie durch ihren eigenen Wahnsinn für immer verbannt war. Pauline würde dort leben – oder die dicke, kichernde Kate. Joscelyn knirschte mit ihren gesunden weißen Zähnen. Ein verrückter Impuls stieg in ihr auf. Wenn sie nun zu Hugh gehen würde – jetzt – da er allein in dem einsamen Haus saß, während der Wintersturm heulte – und sich ihm zu Füßen warf – ihn um Verzeihung bat – darum, sie zurückzunehmen – sich im Staub erniedrigte? Nein, das konnte sie nicht tun. Vielleicht doch, wenn sie irgendeine Hoffnung gehabt hätte, daß ihm noch etwas an ihr lag. Aber sie wußte, daß das nicht der Fall war. Er liebte jetzt Pauline – alle sagten es – Pauline, schlank und dunkelhaarig und mit Samtaugen. Sie, Joscelyn, war eine Frau ohne Liebe – ohne Zuhause – ohne Wurzeln. Sie mußte für den Rest ihres Lebens vergeblich an verschlossene Türen hämmern. Eine alte, vergessen geglaubte Zeile aus einem Gedicht kam ihr wieder in den Sinn:

Exceeding comfortless and worn and old
For a dream's sake.[24]

Ja, das war für sie geschrieben worden. „Um eines Traumes willen." Und nun war der Traum vorbei.

„Joscelyn", jammerte Tante Rachel aus der Halle, „füllst du bitte die Wärmflasche und legst sie mir auf den Bauch? Wenn das nicht hilft, mußt du Roger anrufen. Und der ist wahrscheinlich mit Gay Penhallow auf einer Spritztour! Heutzutage finden die Leute schnell eine neue Liebe, wenn mit der alten Schluß ist. Die Leute scheinen keine tiefen Gefühle mehr zu kennen. Tantchen Aber hat sich gerade auf den Weg zu den Greshams gemacht. Sie haben sie schon dreimal kommen lassen, und es war immer falscher Alarm – aber diesmal nicht, meint sie. Sie sagt, Gresham habe am Telefon geschrien, als ob er das Baby bekommen würde und nicht seine Frau. Sie sagt, sie sei sicher, daß Tante Beckys Krug verlost wird. Dandy war auf Billy Darks Silberhochzeit betrunken und hat sich verplappert. Lotterien sind unmoralisch und gehören gesetzlich verboten!"

„Dandy war nicht betrunken", sagte Joscelyn müde. „Er hat zuviel Schmerzmittel genommen, weil er Bauchweh hatte, und deshalb hat er sich seltsam aufgeführt. Aber das Geheimnis hat er eisern für sich behalten, Tante Rachel."

24 Aus *Mirage* von Christina Rossetti (1830 – 1894).

„Schrecklich, was für Geschichten die Runde machen“, seufzte Tante Rachel. „Und Tantchen Aber sagt, daß Mar’gret Penhallow einen Haufen alberner modischer Kleider anhäuft, für ihre Aussteuer. Mar’gret braucht einen Dämpfer, und wenn mein Magen in Ordnung wäre“, Tante Rachel ließ ein hohles Ächzen hören, „würde ich hingehen und ihn ihr verpassen. Aber irgendwie habe ich keine Kraft – ich lebe ja von fadem Zeug.“

V. Liebeskummer

Wahrscheinlich war Gay an dem Abend, als Tante Rachels Magen Ärger machte, wirklich mit Roger auf einer „Spritztour". Wenn nicht, konnte man davon ausgehen, daß sie mit Roger im Wohnzimmer von Maywood am Kamin saß und verträumt ins Feuer starrte. Ihre umsichtige Mutter verschwand immer, sobald Roger kam. Gay konnte das Alleinsein nicht ertragen und wußte nicht, wie sie diesen schrecklichen Herbst und Winter ohne Roger überstanden hätte.

Nachts lag sie immer noch wach und litt, aber tagsüber konnte sie sich beherrschen. Die Familie war zu dem Schluß gekommen, daß sie sich doch nicht soviel aus Noel gemacht hatte. Sie fanden, daß Gay es gut weggesteckt hatte. Gay wußte, daß man sie beobachtete, um zu sehen, wie sie es verkraftete, und nach außen hin hielt sie den Kopf hoch. Sie würde diesen herzlosen Klatschmäulern keinen Gesprächsstoff liefern. Sie würde sich nicht anmerken lassen, daß sie etwas von ihrem Getuschel und ihren neugierigen Blicken mitbekam. Sie lachte nicht mehr viel – sie, die immer soviel gelacht hatte – und Stanton Grundy sagte sich, als er sie in der Kirche sah: „Die Blüte ist verwelkt." Auch wenn er ein alter Zyniker war, dachte er, daß er Noel Gibson gern „übers Knie legen" würde. Einige Angehörige fanden, daß Gay „sich gemacht" habe, seit ein paar affektierte Angewohnheiten verschwunden waren. Alles in allem machten sie sich nicht halb so viele Gedanken ihretwegen und sprachen auch nicht so oft von ihr, wie die sensible kleine Gay glaubte. Sie hatten alle genug mit ihrem eigenen Leben zu tun und verließen sich darauf, daß Roger schon das Richtige tun würde.

Auf ihren ersten Fahrten bevorzugte Gay die Stille – Stille, die einem wunden Herzen Kraft gab, den Schmerz zu ertragen. Aber eines Abends sagte sie plötzlich: „Sprich mit mir, Roger. Ich kann nichts sagen – aber erzähl du mir etwas."

Und Roger merkte zu seiner eigenen Überraschung, daß er es konnte. Er hatte früher nie viel mit Gay geredet, weil er immer das Gefühl hatte, daß es sie nicht interessieren würde, was er zu sagen hatte. Der Abstand zwischen ihrer Jugend und seiner Reife war immer so groß gewesen, aber jetzt war er verschwunden. Zu seiner eigenen Überraschung erzählte Roger ihr Dinge, die er noch nie jemandem erzählt hatte. Er hatte noch nie von seinen Erfahrungen in Übersee gesprochen, aber jetzt ertappte er sich dabei, daß er sie Gay erzählte. Anfangs hörte Gay nur zu, dann begann auch sie zu reden. Sie fing an, Zeitung zu lesen – das beunruhigte Mrs. Howard, die fürchtete, daß Gay „allzu bestimmte Ansichten“ entwickeln würde. Aber Gay wollte nur mehr über die Dinge erfahren, von denen Roger sprach, damit er sie nicht für eine dumme Gans hielt. Ohne daß es ihr bewußt war, hatte sie das gequälte kleine Wesen weit hinter sich gelassen, das an jenem Septemberabend unter den Birken gelegen und sich die Augen ausgeweint hatte. Sie führte kein abgekapseltes Dasein ganz für sich mehr, sondern war ihrer Familie nähergekommen. Ihr war klar, daß das, was jemand „die unendliche Traurigkeit des Lebens“ genannt hatte, und diese Erkenntnis hatte eine Frau aus ihr gemacht. Ihre Apriltage waren zu Ende.

Es lag ein trauriger Friede in dem Wissen, daß ihr nie mehr etwas passieren würde – daß das Leben nichts mehr für sie bereithielt außer Rogers Freundschaft. Aber die würde ihr immer bleiben, und dank ihr konnte sie sich dem Leben stellen. Wie wunderbar Roger war! Sie hatte ihn früher nie richtig zu schätzen gewußt. Liebevoll – stark – selbstlos. Er sah in jedem das Beste. Er erzählte ihr Dinge über die Familie, von denen sie nichts geahnt hatte – nicht die kleinlichen Tratschgeschichten, die jeder kannte oder die heimlichen Skandale, von denen Tante Becky und ihresgleichen wußten –, sondern Dinge, die Gay das Gefühl gaben, daß sie aus einer guten Familie stammte und dem gerecht werden mußte. Die meisten Leute waren viel besser, als man es ihnen zutraute. Sogar ihre eigenen Darks und Penhallows, über die sie gelacht oder sie nicht gemocht hatte. Wer hätte gedacht, daß Mercy Penhallow, die boshafte Mercy, die sich davor fürchtete, im Dunkeln aus dem Haus zu gehen – vielleicht hatte sie Angst, daß die Geister all der Rufmorde, die sie begangen hatte, sie einholen würden –, während der schrecklichen Epidemie der Spanischen Grippe eine echte Heldin gewesen war? Oder William Y. Er hielt die Hypothek auf Leonard Stanleys Hof, aber als Leonard Stanley starb und eine Frau und acht Kinder hinterließ, war er zu Mrs. Leonard gegangen – etwas wichtigtuerisch, weil er nicht anders konnte – und hatte die Hypothek vor ihren Augen zerrissen. Und als die ängstliche kleine Mrs. Artemas Dark gesehen hatte, wie der riesige Raufbold Rob Griscom seinen Hund schlug, war sie durch die Pforte gestürmt, hatte ihm die Peitsche aus der Hand gerissen und ihn um sein Haus geprügelt, bis er auf die Knie gefallen war und um Gnade gebeten hatte?

Und – dachte Gay plötzlich eines Abends vor dem Feuer – was für schöne Grübchen Roger hatte, wenn er lächelte!

Aber Gay hatte immer noch ihre schweren Stunden. Stunden, in denen ihr Herz wehtat wegen des Glücks, das sie verloren hatte – in denen sie nichts wollte außer Noel. Wenn sie nur aufwachen und feststellen könnte, daß es nur ein Alptraum gewesen war – wieder in seinen Armen liegen und ihn sagen hören, daß er nur sie liebte! Sie wollte wieder glücklich sein. Nicht nur diese dumpfe Resignation mit einer Freundschaft im Mondlicht, das auf den schmalen Pfad des Lebens fiel. Sie wollte Liebe und Sonnenschein und – Noel. Alles hing an Noel. Und Noel war mit Nan zusammen.

Gay sah Nan jetzt gar nicht mehr. Mrs. Alpheus hatte die Langeweile in Indian Spring nicht mehr ausgehalten und eine Wohnung in der Stadt bezogen. Sie sah auch Noel nicht mehr. Sie fragte sich, wann er und Nan heiraten würden und wie sie darum herumkommen konnte, zur Hochzeit zu gehen. Nan würde sie einladen, dessen war sie sicher. Nan, die ihr so zuversichtlich prophezeit hatte, daß sie ihr Noel wegnehmen würde. Und Gay hatte das für völlig unmöglich gehalten. Oh, wie dumm war sie gewesen!

„Das Leben ist nicht fair“, sagte Gay mit zitternden Lippen. Eine Stunde lang war sie wieder nur die kleine, verlassene Gay mit dem gebrochenen Herzen, die nichts wollte außer Noel. Wenn er nur zur ihr zurückkehren würde! Wenn er nur herausfinden würde, wie selbstsüchtig und eitel – und – hohl Nan war! Nan konnte niemanden lieben – jedenfalls nicht wirklich. Natürlich liebte sie Noel in gewisser Weise – jeder mußte Noel lieben – aber nie, nie so, wie Gay ihn geliebt hatte.

Eines Abends Ende März erzählte Mercy Penhallow Mrs. Howard, was sie von Mrs. Alpheus gehört hatte – daß Noel und Nan im Juni heiraten würden. Die Hochzeit sollte in der Kirche stattfinden, mit Brautjungfern in malvenfarbenem Taft, rosa Tüllhütchen und Sträußchen aus rosa Platterbsen. Nan hatte alles bis in die letzte Einzelheit geplant, auch ihr Haus. Mercy sagte, sie würde für ihr Gästezimmer sogar Bettlaken anschaffen, die zu der Haarfarbe ihrer Gäste paßten – grüne für Rothaarige, orchideenfarbige für Brünette und hellblaue für Blonde. Und die Möbel würden sehr modern sein.

„Ich denke, sie plant auch schon das Kinderzimmer“, sagte Mercy sarkastisch.

Mrs. Howard erzählte Gay nichts von den grünen und orchideenfarbigen Laken und den Brautjungfern in Malve und Rosa, aber sie erzählte ihr von der Heirat. Gay nahm es gelassen auf, ihre Augen in dem kleinen weißen Gesicht wurden nur etwas größer. Dann ging sie in ihr Zimmer und machte die Tür hinter sich zu.

Warum hatte sie sich weiter Hoffnungen gemacht? Denn sie mußte sich Hoffnungen gemacht haben, sonst hätte es ihr jetzt nicht so das Herz zerrissen. Sie nahm ein Bündel von Noels Briefen aus ihrem Schreibtisch. Sie hatte es bisher nicht fertiggebracht, sie zu verbrennen, aber nun mußte sie es tun. Da waren sie alle – die ersten ganz oben – dicke Umschläge. Dann wurden sie immer dünner. Die letzten waren kläglich dünn. Aber sie waren trotzdem von Noel. Etwas von ihm steckte in ihnen. Konnte sie sie verbrennen? Ein alter Vers kam ihr in den Sinn – Zeilen aus einem sentimentalen Gedicht, das sie in einem verblichenen alten Notizbuch ihrer Mutter entdeckt hatte. Gay hatte es so schön und traurig gefunden. Sie sagte es jetzt auf, weil es so gut zu Noels Briefen paßte.

„Ja – ja“, sagte die arme Gay zitternd.

Yes, the flames the link shall sever
Their red tongues will never tell,
When I've crossed the mystic river
They will keep my secret well.

Sie legte Noels ersten Brief in den Kamin und zündete ihn mit einem Streichholz an. Die kleinen Flammen begannen, ihn gierig zu verschlingen. Gay ließ das Streichholz fallen und schlug die Hände vors Gesicht. Sie konnte es nicht mitansehen. Sie konnte diese geliebten Briefe nicht verbrennen. Es war zuviel verlangt. Sie griff schluchzend nach den anderen und stopfte sie eilig wieder in ihre Schublade. Sie waren alles, was ihr geblieben war. Niemand konnte ihr vorwerfen, daß sie sie behielt.

Sie saß eine Weile am Fenster, bevor sie ins Bett ging. Eine rote, rote Sonne versank zwischen zwei jungen Fichten auf der Weide des ertrunkenen John. Als sie verschwunden war, kam die Abenddämmerung mit ihrer überirdischen Schönheit. Ein seltsamer Mond mit Wolken vor dem Gesicht ging über dem trostlosen dunklen Hafen auf. Winterliche Birken mit Sternen im Haar wiegten sich rund um das Haus. Der Abend hatte einen besonderen Zauber. Sie wünschte, Roger würde es gemeinsam mit ihr sehen. Er liebte solche Abende. Nach dem Wirbelwind des Märzes hatte es ein wenig geschneit, und die Reihe junger Tannen war weiß. Etwas daran hatte sie an die Apfelblüten erinnert, die sie am Tag von Tante Beckys Empfang gesehen hatte. Wie glücklich sie damals gewesen war! Und alles war gemeinsam mit den Apfelblüten verdorrt.

„Ich fühle mich so alt“, sagte Gay und sah besonders jung und verletzlich aus.

VI. Cricket

Der kleine Brian Dark saß eines Abends Ende März in seiner Kammer über der Küche und schaute hinaus. Die Landschaft war schwarz und häßlich, denn es war die häßlichste Jahreszeit – der Schnee war geschmolzen und hatte eine kahle, trostlose Welt hinterlassen. Unter den finsteren dichten Wolken leuchtete ein kalter gelber Streifen Himmel über den gefrorenen Feldern. Die Bäume sahen aus, als würden sie nie wieder zum Leben erwachen.

Brian war wie immer einsam, hungrig und müde. Solange es noch hell genug war, hatte er sich damit getröstet, ein paar alte Zeitschriften durchzublättern, die er in der Ecke gefunden hatte. Es waren Bilder der köstlichsten Speisen darin. Gebratener Schinken – Muffins – Kuchen mit Glasur! Gab es wirklich Leute, vielleicht sogar kleine Jungen, die so herrliche Dinge aßen?

Die Lampe im Wohnzimmer der Dollars war ausgegangen, aber in dem kleinen Dachzimmer brannte noch Licht. Brian wußte, daß Lennie Dollar dort schlief, und hatte ihn den ganzen Winter über um den gemütlichen kleinen Raum beneidet. Oft hatte er sich gewünscht, auch dort zu sein. In der Kammer war es immer kalt, aber diesen Winter war es kälter denn je gewesen, denn im Herbst hatte Brian aus Versehen eine Fensterscheibe eingeschlagen, und Onkel Duncan und Tante Alethea waren so böse auf ihn, daß sie keine neue einsetzen ließen. Brian hatte einen alten Pullover hineingestopft, aber der konnte nicht die ganze zusätzliche Kälte fernhalten.

Aber Brian war nicht mehr so ganz ohne Freunde wie früher. Er hatte Cricket. Eine kleine weiße Blüte der Liebe war in der öden Wüste seines unwillkommenen Daseins aufgeblüht. Cricket würde bald kommen. Er zog den alten Pullover heraus, bevor er sich ins Bett legte, damit Cricket hereinkommen konnte.

Er lag erwartungsvoll da und lauschte auf die unheimlichen Geräusche, die die Bäume draußen im Dunkeln machten. Es war Zeit, daß Cricket kam. Cricket würde bestimmt kommen. Ihm war sicher nichts passiert. Brian lebte in ständiger Angst, daß Cricket etwas zustoßen könnte.

Cricket kam seit drei Wochen jeden Abend. Er war eines Abends allein gewesen, sehr einsam und unglücklich wie immer. Tante Alethea war böse auf ihn gewesen und hatte ihn ohne Abendessen ins Bett geschickt. Er schaute aus dem Fenster. Der Himmel war klar, die Sterne leuchteten hell und kalt. Er war so ein kleiner Kerl, ganz allein in einer riesigen, einsamen Welt. Er betete zu seiner toten Mutter im Himmel um etwas zu essen und um Trost. Er fürchtete, daß Gott, sogar ein junger Gott, zu sehr mit wichtigeren Dingen beschäftigt war, um sich um ihn zu kümmern, aber Mutter hatte bestimmt Zeit.

Brian wußte mittlerweile ein wenig über seine Mutter. Eines Tages hatte er den alten Mondmann auf seiner endlosen Reise getroffen, und der Mondmann war stehengeblieben und hatte ihn zu sich gerufen. Brian hatten die Knie gezittert, aber er hatte gehorcht. Er wagte nicht ungehorsam zu sein, obwohl er solche Angst vor dem Mondmann hatte. Und dann hatte er gesehen, daß der Mondmann gütige Augen hatte.

„Kleiner Brian Dark, warum hast du solche Angst vor mir?“ fragte der Mondmann. „Haben sie dir falsche, gemeine Sachen über mich erzählt?“

Brian nickte. Er konnte nicht sprechen, aber er wußte jetzt, daß die gemeinen Sachen falsch waren.

„Glaub ihnen nicht mehr“, sagte der Mondmann. „Ich würde keiner Fliege etwas zuleide tun, geschweige denn einem Kind. Laura Darks kleinem Kind. Ich kannte deine Mutter gut. Sie war ein liebenswerter Mensch, und das Leben hat ihr furchtbar wehgetan. Das Leben ist grausam zu uns allen, aber zu ihr war es doppelt grausam. Sie hat dich so geliebt, Brian.“

Brian ging das Herz auf. Das war wunderbar. Er hatte sich oft gefragt, ob seine Mutter ihn geliebt hatte. Er hatte befürchtet, daß sie es nicht gekonnt hatte, weil er so eine Schande für sie gewesen war.

„Sie hat dich geliebt“, fuhr der Mondmann träumerisch fort. „Sie hat dein kleines Gesicht und deine kleinen Füße und deine kleinen Hände geküßt, wenn niemand sie gesehen hat – niemand außer dem armen, verrückten alten Mondmann. Und sie hat sich so um dich gekümmert. Um kein Baby hat sich jemand so gekümmert, nicht einmal um die Kinder der reichen Leute, die mit dem goldenen Löffel im Mund geboren wurden.“

„Aber ich hatte doch kein Recht, geboren zu werden“, sagte Brian. Das hatte er so oft gehört.

Der Mondmann sah ihn nachdenklich an. „Wer weiß? Ich finde nicht, daß Edgley Dark ein Recht hatte, geboren zu werden, schließlich hat seine Mutter seinen Vater gehaßt und verachtet. Aber die Familie findet es völlig in Ordnung. Die Welt ist seltsam, Brian. Gute Nacht. Ich kann nicht länger bleiben. Ich habe ein Stelldichein – sie geht gerade über dem dunklen Hügel auf, meine wunderschöne Mondkönigin. Wir alle brauchen etwas, das wir lieben. Ich habe das Beste von allem – die silberne Dame des Himmels. Margaret Penhallow hat ein kleines Haus dort unten – die dumme Margaret, die heiraten will und ihren Traum aufgibt. Chris Penhallow liebt seine Geige. Er hat sie nun wegen einer alten Scherbe beiseite gelegt, aber er wird sie wieder zur Hand nehmen. Roger Dark und Murray Dark sind noch dümmer – sie lieben sterbliche Frauen und verachten die Weisheit des Mondes. Aber immerhin sind sie nicht so dumm, gar nichts zu lieben. Was liebst du, Brian?“

„Nichts.“ Brian spürte, wie ihm Tränen in die Augen stiegen.

Der Mondmann schüttelte den Kopf. „Das ist schlecht – ganz schlecht. Such dir schnell etwas, das du liebst – sonst holt dich der Teufel.“

„Mr. Conway sagt, es gibt keinen Teufel“, sagte Brian.

„Den Teufel der Darks und Penhallows – nein, den gibt es wirklich nicht. Vor dem Familienteufel brauchst du keine Angst zu haben, Brian. Aber finde etwas, das du liebst, Kind, sonst gnade dir Gott. Gute Nacht. Ich bin froh, daß ich dich getroffen habe.“

Brian freute sich auch, obwohl er nicht einmal die Hälfte von dem verstand, was der Mondmann gesagt hatte. Nicht nur weil endlich eine seiner Ängste aus seinem Leben verschwunden war, sondern weil er jetzt wußte, daß seine Mutter ihn geliebt hatte – und sich um ihn gekümmert hatte. Das war wunderbar für Brian, der sich nicht erinnern konnte, daß sich jemals jemand um ihn gekümmert hatte. Es mußte schön sein, wenn sich jemand um einen kümmerte.

Also betete er zu seiner Mutter, weil er dachte, daß vielleicht sie Zeit hatte, sich etwas um ihn zu kümmern, wenn sie erfuhr, daß er es so sehr brauchte. Dann hatte er sich auf sein ärmliches Bett gelegt und vergessen, den Pullover ins Fenster zu stopfen. Jetzt ertönte ein Geräusch auf dem Dach, ein dunkler kleiner Körper und zwei leuchtende Augen erschienen im matten Sternenlicht – dann ein Sprung auf den Boden – das Tapsen winziger Pfoten – ein weiches, pelziges Etwas schmiegte sich an ihn – eine feuchte Zunge leckte ihm die Wange – ein kleines Wesen schnurrte wie ein Dynamo. Cricket war gekommen.

Brian nahm das kleine Geschöpf überglücklich auf den Arm. Er liebte Katzen, und Tante Alethea wollte keine haben. Jetzt hatte er ein eigenes Kätzchen – ein niedliches graugetigertes Ding ganz nach seinem Herzen, das sah er, als der Morgen anbrach. Das Kätzchen blieb die ganze Nacht bei ihm, aber sobald der Tag dämmerte, war es verschwunden. Brian dachte traurig, daß er es nie wiedersehen würde. Aber es war seither jeden Abend gekommen. Brian hatte keine Ahnung, wo es herkam. Es gehörte nicht den Dollars, und es wohnte niemand sonst in der Nähe. Er glaubte, daß seine Mutter ihm das Kätzchen geschickt hatte. Sie kümmerte sich immer noch um ihn.

Brian liebte den kleinen Kater heiß und innig und wußte, daß Cricket ihn auch liebte. Er schnurrte so zufrieden, wenn er gestreichelt wurde. Was für ein Trost – endlich war er nicht mehr allein! Er hatte auch keine Angst mehr vor den Ratten – die ließen sich nicht blicken, wenn Cricket da war. Und er war nicht mehr allein. Er zweigte etwas von seinen eigenen spärlichen Rationen für Cricket ab, der dünn war und offenbar nicht viel zu fressen bekam, obwohl er manchmal eine Maus anschleppte und sie höchst manierlich auf dem Boden verzehrte. Cricket genoß diese kleinen Bissen, und Brian sah gern dabei zu, wie er sie verzehrte und sich danach um den Bart leckte. Brian hatte schreckliche Angst, daß seine Tante von Cricket erfahren würde. Was, wenn der Kater tagsüber auftauchte? Aber Cricket kam nie tagsüber, er kam nur am späten Abend, um einem einsamen Kind ohne Freunde eine Botschaft der Liebe zu bringen.

Und er kam auch heute abend, als Brian gerade wirklich fürchtete, daß er nicht kommen würde.

„Liebster Cricket“, Brian faßte unter sein flaches Kissen und zog das Stückchen Fleisch hervor, das er vom Essen aufgespart hatte. So hungrig er auch selbst war, er dachte nicht daran, es selbst zu essen. Er lauschte glücklich, wie Cricket in der Dunkelheit schmatzte und schlief ein, als sich der Kater auf seiner Brust zusammenrollte.

VII. Gay und Roger

Es war wieder Frühling, und Gay Penhallow ging eine Straße entlang, die sie vor einem Jahr gemeinsam mit Noel beschritten hatte. Sie erinnerte sich daran, aber ganz gelassen. Gay war soweit, daß sie sich unaufgeregt an diese Dinge erinnern konnte, als seien es Dinge, die vor langer Zeit einem ganz anderen Menschen widerfahren waren.

Das Leben hatte etwas von seinem alten Zauber zurückgewonnen. Im Frühling konnte man nicht völlig hoffnungslos sein. Sie freute sich an dem herrlichen Maiabend und war sich bewußt, daß sie ein sehr schönes neues hellgrünes Kleid trug, das ihr gut stand und zu dem roten Pullover paßte. Sie fragte sich, ob es Roger gefallen würde.

All die vertrauten Dinge, die das Leben einst schön gemacht hatten, fingen wieder an, es schön zu machen. Dennoch lauerte dahinter immer noch dieser leichte Schmerz im Herzen. Vor einem Jahr waren sie und Noel an genauso einem Abend diese Straße hinuntergegangen. Ein nebliger Neumond hatte geschienen, genau wie heute abend, der gleiche fröhliche Wind hatte in den Bäumen geraschelt, die wilden Kirschbäume hatten die gleichen Schatten geworfen. Und ihre Schritte und Herzen waren im gleichen Takt erklungen, und Gay war von einer Seligkeit berauscht gewesen, die sie nie mehr erleben würde.

Als sie an seinem Obstgarten vorbeikam, sah sie den alten Erasmus Dark, der die Stämme seiner Apfelbäume kalkte, und beneidete ihn ein wenig – er hatte alle Leidenschaften des Lebens hinter sich. der ertrunkene John, Onkel Pippin und Stanton Grundy unterhielten sich an Stantons Pforte. Gay lächelte Onkel Pippin an, denn sie mochte ihn gern, und das Strahlen fiel auch auf den ertrunkenen John, den sie viel weniger mochte, und auf Stanton Grundy, den sie überhaupt nicht möchte, weil er alles Schöne und Reine so zynisch kommentierte. Sie ahnte nicht, daß Grundy ihr einen bewundernden Blick nachwarf.

„Ein hübsches Mädchen, jawohl“, bemerkte er und stieß Onkel Pippin an.

der ertrunkene John nickte zustimmend. Ein Vollblut, durch und durch. Natürlich zeigte sie zuviel von ihren Knien. Aber immerhin waren es Knie, die sich sehen lassen konnten. Nicht wie die von Virginia Powell – Stampfer, vor denen man Reißaus nahm.

Als Rogers Wagen an ihnen vorbeifuhr und Gay an der Kurve einstieg, lächelten die drei wettergegerbten alten Bauern verständnisvoll.

„Sieht so aus, als würde daraus etwas werden“, sagte Grundy.

„Gut – gut – nur – ist er nicht ein bißchen zu alt für sie?“ fragte Onkel Pippin besorgt.

„Ein Mann, der älter ist als sie, wäre genau richtig für Gay“, sagte der ertrunkene John.

„Wenn sie Roger heiratet, tut sie es dann aus Liebe oder aus Einsamkeit?“ fragte Grundy trocken.

„Aus Liebe“, sagte der ertrunkene John und tat, als wisse er genau Bescheid. „Sie liebt jetzt Roger, auch wenn sie es vielleicht noch nicht weiß.“

„Ich glaube, sie kann lieben“, sagte Grundy. „Manche Frauen können lieben und andere nicht – genauso wie manche kochen können und andere nicht.“

„Ein Glück, daß das Küssen nie aus der Mode kommt“, sagte Onkel Pippin.

Roger fand, daß Gay aussah wie eine zierliche grüne Elfe, als sie vor den Bäumen in der Kurve stand. Trotz Neumond, Schatten und mattem Sternenlicht dachte er bei ihrem Anblick an den Morgen. Sie hatte immer etwas von der Morgendämmerung an sich, sogar ihre Haare schienen zu lachen. Und ihre Augen waren so, wie die einer Elfe sein sollten.

„Steig ein, Gay“, befahl er lakonisch.

Gay stieg ein und dachte, was für eine schöne Stimme Roger hatte, sogar wenn er kurzangebunden sprach.

„Hast du ein bestimmtes Ziel?“

„Nein. Ich mache nur einen Spaziergang, um Mrs. Toynbee zu entfliehen. Sie war zum Abendessen auf Maywood, und ich wäre fast an ihr gestorben.“

„Nur weibliche Moskitos stechen“, sagte Roger fröhlich. „Wo fahren wir hin?“

„An die Küste, und drück ordentlich auf die Tube“, lachte Gay.

An die Küste. Hatte Gay ihre letzte Fahrt an die Küste vergessen? Sie sausten an den Blaubeerbüschen vorbei, den Ahornbäumen, vorbei am Silver Slipper und dem großen leeren Hotel, bis zu den Dünen, die sich dunkel vor dem silbernen Meer abzeichneten. Roger hielt an, und sie saßen eine Weile schweigend da – einer der stillen Momente, die Gay liebte. Es war so leicht, mit Roger zu schweigen. Mit Noel hatte es nie stille Augenblicke gegeben – er war zu redselig gewesen, um Stille zu mögen.

Der Mond war untergegangen, und die Sterne funkelten. Sternenlicht ist etwas Sonderbares und nichts Alltägliches. Roger verfiel plötzlich seinem Zauber und tat etwas, von dem er geglaubt habe, er würde es noch lange aufschieben.

„Gay“, sagte er kühl, „ich mache jedes Jahr im Frühling eine Verrücktheit. Und die für dieses Jahr mache ich heute abend. Ich möchte dich bitten, mich zu heiraten.“

Gay errötete, was ihr gut stand – und wurde dann sehr blaß. „Oh, Roger – mußt du das tun?“ sagte sie.

„Ja, ich muß. Ich kann diesen Zustand nicht länger ertragen. Entweder du heiratest mich, Gay – oder wir müssen mit alldem aufhören.“

„Mit all dem.“ All ihre herrlichen Fahrten und Gespräche. All das Zusammensein, das ihr geholfen hatte, die letzten Monate zu überstehen, die sonst unerträglich gewesen wären. Gay dachte verzweifelt, daß sie das nicht verlieren durfte. Sie hatte solche Angst vor dem Leben. Es ist schrecklich und unnormal, in jungen Jahren Angst vor dem Leben zu haben, aber es hatte ihr so einen heimtückischen Streich gespielt. Sie brauchte jemanden, um sich dem Leben zu stellen. Sie wollte niemanden heiraten, aber wenn es sein mußte, konnte es auch Roger sein. Er brauchte jemanden, der sich um ihn kümmerte – er arbeitete so schwer.

„Du weißt, daß ich dich nicht – liebe, Roger", flüsterte sie. „Nicht auf diese Art."

„Ja, das weiß ich. Das macht keinen Unterschied", sagte Roger nicht wahrheitsgemäß.

„Dann", Gay stieß einen tiefen Seufzer aus, „dann werde ich dich heiraten, Roger – wann du willst."

„Danke, mein Liebes", sagte Roger und klang sonderbar ruhig. In seinem Inneren brodelte ein Vulkan der Freude. Sie würde die Seine werden – endlich! Er würde sie schon lehren, diesen Lackaffen zu vergessen. Ihn zu lieben. Sie würde ihn bald lieben – er würde dafür sorgen, wenn die Zeit gekommen war. Gay, die wunderbare kleine Gay gehörte ihm – mit ihren windzerzausten Locken und den bernsteinfarbenen Augen und den schmalen kleinen Füßen, die zum Tanzen geschaffen waren. Roger wäre am liebsten niedergekniet und hätte diese kleinen Füße geküßt. Aber er küßte sie nicht einmal auf den Mund, sondern nur ihre kleinen Hände, als er ihr am Ende der Fahrt aus dem Wagen half. Roger war klug – die Zeit war noch nicht reif für Küsse.

Gay war froh, daß er sie nicht küßte. Selbst jetzt noch schienen ihre Lippen Noel zu gehören. Sie ging sehr langsam in ihr Zimmer und saß lange hinter ihren weißen Gardinen. Sie war etwas müde, aber zufrieden. Sie wünschte nur, sie könnte Roger ohne Vorbehalte heiraten. Die Familie würde so widerlich zufrieden sein, und ihre herablassende Zustimmung würde sie nur schwer ertragen können. Was hatte Mercy neulich zu ihr gesagt – „Du wirst feststellen, daß Roger beständig ist!" Das stimmte zweifellos, aber Gay wußte, für wen sie sich entscheiden würde, wenn Roger und Noel vor ihr stünden und sie zwischen den beiden wählen dürfte. Und obwohl auch Roger es wußte, wollte er sie heiraten.

Gay vollzog insgeheim noch ein dummes Ritual, bevor sie schlafenging. Sie nahm die kleine Dose mit den Rosenblättern und ging damit zur Gartenpforte. Das Feld vor ihr gehörte Artemas Dark und der Garten hinter ihr ihrer Mutter. Aber diese kleine grüne Ecke gehörte ihr. Sie grub ein Loch unter den Bäumen, versenkte die kleine Rosendose darin, schaufelte das Loch wieder zu und tätschelte liebevoll die Erde, die das Grab bedeckte. Ihre ganze Kindheit und Mädchenzeit lagen hier – alles Glück, das sie je erlebt hatte. Was auch immer das Leben mit Roger bereithielt, es würde keine neuen Rosenblätter für die kleine Dose geben. Die Dose gehörte zu einer Sache, die tot war.

VIII. Penny im Rausch

Penny und Margaret waren immer noch nicht verheiratet. Die Hochzeit hätte im Frühling stattfinden sollen, aber als es Frühling wurde, dachte Penny, daß sie es besser auf den Herbst verschieben sollten. Es mußten ein paar Veränderungen im Haus vorgenommen werden, eine neue Veranda sollte gebaut und im Eßzimmer Parkettfußboden verlegt werden. Margaret war mehr als einverstanden. Sie freute sich ebensowenig auf ihren schönsten Tag wie Penny.

In Wirklichkeit war Penny todunglücklich. Manchmal blies er regelrecht Trübsal. „Himmel", sagte er düster zu den beiden Petern, „ich habe meine Begeisterung verloren."

Er wollte seine alten Gewohnheiten nicht aufgeben – sein bequemes Leben. Tante Ruth hatte natürlich ihre Fehler, aber die kannte er ja schon, und er konnte sich eher mit ihnen abfinden, als sich an Margarets neue Tugenden zu gewöhnen. Es bestand keine Gefahr, daß er mitten in der Nacht sterben würde. Er hatte bestimmt noch zwanzig Jahre.

Schreckliche Alpträume begannen ihn zu quälen, in denen er tatsächlich verheiratet war – eingesperrt und hoffnungslos. Es war die Hölle. Er nahm ab, und seine Augen bekamen einen gehetzten Ausdruck. Margaret merkte nichts davon, aber die meisten Angehörigen waren nicht so blind, und beim Hufschmied wurden Wetten abgeschlossen, ob es je zu einer Hochzeit kommen würde oder nicht. Die meisten wetteten dagegen und waren der Meinung, daß Penny Margaret zappeln ließ, bis die Geschichte mit dem Krug entschieden war.

„Er wird sich geschickt aus der Sache herauswinden", sagte Stanton Grundy. „Penny ist doch kein Dummkopf."

Penny kam sich allerdings wie ein Dummkopf vor. Und nach der Sache mit dem Karussell war er überzeugter denn je, daß Margaret nicht die richtige Frau für ihn war.

Die Karussell-Geschichte sorgte für beträchtliches Aufsehen. Nicht nur Penny war schockiert. Es war wirklich seltsam, daß eine Frau in Margarets Alter so etwas tat. Hatte sie keine Würde? Kein Gefühl für das Schickliche? Kein Bewußtsein, daß sie eine Penhallow war?

Das Karussell stand im Stadtpark. Margaret ertappte sich dabei, daß sie es eines Abends wehmütig betrachtete, als sie mit Penny zu einem Konzert gefahren war und er seinen Wagen parkte, bevor die Veranstaltung begann. Weder er noch Margaret hatten etwas für Konzerte übrig, aber Himmel, irgendwie mußte man ja die Zeit totschlagen, wenn man mit seiner Freundin ausging.

Margaret hatte sich ein Leben lang gewünscht, einmal Karussell zu fahren. Es faszinierte sie. Sie stellte es sich herrlich vor, auf eines dieser lustigen kleinen Pferde zu steigen und wie wahnsinnig im Kreis zu fahren. Aber sie war nie auf die Idee gekommen, es wirklich zu tun. Es war nur ein wunderbarer ferner Traum.

Dann sah sie den kleinen Brian Dark, der das Karussell ebenfalls sehnsüchtig ansah. Mr. Conway hatte Brian mitgenommen und ihn dann alleingelassen. Es machte ihm nichts aus, den Jungen mitzunehmen, aber er würde seinetwegen kein Geld verschwenden. Brian stellte es sich wunderbar vor, Karussell zu fahren. Sein kleines Gesicht schaute so traurig drein, daß Margaret ihn anlächelte und sagte: „Möchtest du eine Runde fahren, Brian?"

„O ja", flüsterte Brian. „Aber ich habe kein Geld."

„Hier hast du eine Münze", sagte Margaret. „Nimm sie – und viel Spaß!"

Für einen Augenblick strahlte Brian. Dann verdüsterte sich sein Gesicht. „Danke", stammelte er, „aber – ich glaube – ich weiß nicht – ich habe etwas Angst, allein zu fahren", schloß er verzweifelt.

Margaret wußte später selbst nicht mehr, was über sie gekommen war. Jahrelange Hemmungen fielen von ihr ab. „Komm, ich fahre mit", sagte sie.

Und so kam es, daß Penny sich einen Moment später einem Anblick gegenübersah, bei dem das Entsetzen ihn lähmte. Margaret – seine Margaret – fuhr Karussell wie eine Irrsinnige, auf und ab, immer im Kreis, als gälte es das Leben – und sie saß auch noch breitbeinig auf dem Pferd. Ihr Hut war heruntergefallen, ihre Frisur hatte sich aufgelöst, und ihr Haar flatterte. Penny quiekte vor Entsetzen, aber Margaret hörte es entweder nicht oder kümmerte sich nicht darum. Sie amüsierte sich blendend. Sie war vielleicht betrunken oder benahm sich jedenfalls so, dachte Penny voller Abscheu. Ihre Augen leuchteten, ihr Gesicht glühte. Als die Fahrt zu Ende war, wollte Margaret nicht absteigen. Sie bezahlte sich und Brian noch eine Runde – und noch eine. Danach kam sie zur Besinnung und stieg benommen ab. Auch ohne Pennys Miene hätte sie sich furchtbar geschämt.

„Oh, Penny – es tut mir leid – ich weiß nicht, was in mich gefahren war", keuchte sie.

„Du hast dich zum Narren gemacht", sagte Penny kalt.

„Ich weiß, ich weiß, aber – oh", für einen Moment kam die schamlose Seligkeit zurück, „oh, Penny, es war herrlich. Warum probierst du es nicht auch mal?"

„Nein, danke." Penny gab sich den ganzen Abend über sehr ehrwürdig und sprach auf dem Nachhauseweg nicht mit Margaret.

Margaret nahm es demütig hin, denn sie verstand seinen gerechten Ärger. Aber als Mrs. Denzil sie ein paar Tage später zur Rede stellte, war sie nicht mehr so unterwürfig. Sie hatten einen richtigen Krach deswegen. Margaret war nicht so zurückhaltend wie sonst – manchmal sagte sie ihre Meinung sehr unverblümt. Die Verlobung sei ihr wohl zu Kopf gestiegen, sagte Mrs. Denzil.

Denzil sorgte für Ruhe. Er duldete keinen Aufruhr unter seinen Frauenzimmern. Er sagte Margaret, daß sie sich besser in Acht nehmen solle, sonst würde aus der Hochzeit vielleicht nichts werden – aber das erschreckte Margaret nicht halb so sehr, wie Denzil erwartet hatte.

Es kam vor, daß Margaret sich trotz Aussteuer, Kleidern, Seidenstrümpfen und dem Ruhm, „Mrs." genannt zu werden, wünschte, sie hätte nie versprochen, Penny zu heiraten – manchmal fragte sie sich sogar, ob es möglich wäre, der Heirat zu entgehen. Immer kam sie bekümmert zu dem Schluß, daß es nicht ging. Alle würden glauben, Penny habe sie sitzengelassen, und das konnte Margaret nicht ertragen. Die Demütigung wäre zu groß. Sie mußte es durchziehen.

Penny jedoch kam nach der Geschichte mit dem Karussell zu dem Schluß, daß Margaret nicht zu ihm paßte – nicht mit diesem Hang zur Wildheit. Wo in aller Welt hatte sie das her? In ihren Adern floß doch kein spanisches Blut. Aber wie sollte er aus der Sache herauskommen? Das war das Problem. Die ganze Familie würde ihn in Grund und Boden verdammen, wenn er Margaret den Laufpaß gab. Und er würde den Krug nicht bekommen. Wenn er nur Margaret dazu bewegen konnte, daß *sie* die Verlobung löste! Ah – jetzt hatte er eine Idee! Aber es würde nicht einfach werden – ganz und gar nicht. Penny hatte eine Eingebung, die er für genial hielt. Er würde sich betrinken – ja, das war die Lösung. Er würde sich betrinken und betrunken auf das Gartenfest in Bay Silver gehen. Margaret würde so angewidert sein, daß sie die Verlobung löste. Er kannte ihre eisernen Prinzipien, was Nüchternheit betraf. Hatte er sie nicht vor langer Zeit auf einem Konzert sagen hören: „Lippen, die Alkohol berührt haben, sollen nie die meinen berühren?" Er würde ihr den Schock ihres Lebens verpassen, jawohl! Natürlich würde es einen kleinen Skandal geben, aber es würde Gras darüber wachsen. Viele Männer aus der Familie ließen sich dann und wann vollaufen. Er glaubte nicht, daß es seine Chancen auf den Krug ernsthaft in Gefahr brachte. Tante Becky hatte gesagt „der Trunksucht verfallen". Das konnte man nach einem einzigen Rausch nicht behaupten. Es war über fünfundzwanzig Jahre her, daß er das letztemal betrunken gewesen war, und schuld gewesen war eine Wahl. Er hatte sich damals richtig schlecht benommen, und eine zimperliche alte Jungfer wie Margaret würde das nie hinnehmen. Penny kicherte vor sich hin. Er war so gut wie frei!

Alle waren auf der Gartenparty, als Penny dort ankam. Nan und Noel waren da; ihre Hochzeit, die im Juni hätte stattfinden sollen, war auf September verschoben worden. Gay und Roger waren auch da. Man mußte auf das Gartenfest der eigenen Kirche gehen, auch wenn man lieber einen langen Spaziergang im Mondlicht gemacht hätte. Gay schaffte es, Nan und Noel gleichgültig und frech zuzunicken, obwohl ihr fast das Herz stehenblieb, als sie die beiden sah. Joscelyn war da – und Hugh. Frank und Kate waren da, auch wenn die Frauen fanden, daß Kate in ihren Umständen besser zu Hause geblieben wären. Aber die Leute hatten heutzutage kein Schamgefühl mehr. Die beiden Sams waren da und mieden einander sorgfältig. Der große Sam kam, um sich den Bauch vollzuschlagen, aber als er sah, wie der kleine Sam die Witwe zu Hotdogs und Eis einlud, verging ihm der Appetit.

Pennys Plan ging nicht ganz auf. Die meisten Familienmitglieder registrierten mit nachsichtigem Lächeln, daß Penny einen Schwips hatte, aber er war nicht wirklich betrunken. Er hatte gerade erst die sentimentale Phase erreicht, als ihm schlagartig bewußt wurde, daß er tatsächlich rettungslos in Margaret verliebt war. Himmel, sie war doch eine schöne Frau – und er war verrückt nach ihr. Er würde zu ihr gehen und es ihr sagen. Hatte er je daran gedacht, sie zu verlassen? Nie! Er trieb ein paar Nelken auf und machte sich auf den Weg nach Silver Bay – endlich ein feuriger Liebhaber.

Margaret war in Whispering Winds gewesen, bevor sie auf das Fest ging. Sie war so oft wie möglich dort, weil sie wußte, daß sie es nie wiedersehen würde, wenn sie erst einmal mit Penny verheiratet war. An jenem Abend hatte sie einen alten Eisenkessel an einen Baum gehängt und ihn mit Wasser für die Vögel gefüllt. Der kleine Garten war sehr hübsch und duftete nach dem Farnkraut, das an dem verfallenen Zaun wuchs. Sein Frieden und seine Schönheit wirkten auf sie wie ein Zauber. Sie wollte für immer bleiben, allein mit den glücklichen Gedanken, die ihr inmitten der Blumen und Gräser kamen. Ihr stiegen Tränen in die Augen. Sie verwünschte Pennys Ring, der an ihrer Hand funkelte. Es war ein Diamant – Penny machte gern Nägel mit Köpfen, und er war nicht geizig. Margaret hatte einst geglaubt, es wäre wunderbar, einen Verlobungsring mit einem Diamanten zu haben. Aber jetzt war es nur noch eine Fessel.

Margaret war überrascht, als Penny ihr auf dem Kirchhof entgegeneilte. Sie hatte die schreckliche Befürchtung, daß er sie vor aller Augen küssen würde. Er tat es nicht, aber es hätte nicht viel gefehlt. Margaret war so unschuldig, daß sie nicht ahnte, in welchem Zustand Penny war, aber sie begriff, daß etwas Seltsames mit ihm los war. Er drückte ihr die Hand – sah sie anbetend an – er – ja, er nannte sie tatsächlich „meine Kleine".

„Meine Kleine", sagte er, „ich dachte schon, du würdest gar nicht mehr kommen."

Margaret ließ sich von Penny auf einen Spaziergang über den Friedhof mitschleifen. Er bestand darauf, daß sie Arm in Arm gingen, was ihr furchtbar peinlich war. Von dieser Stelle des Friedhofs aus hatte man einen herrlichen Blick auf den Golf und das Tal von Rose River im Mondlicht.

„Was für ein herrlicher Mond“, sagte Margaret verzweifelt, weil sie irgend etwas sagen mußte. Was war in Penny gefahren?

„Ach, der verdammte Mond“, sagte Penny. Es bekümmerte ihn zutiefst, daß Margaret nicht so überschwenglich war, wie sie seiner Meinung nach sein sollte.

Margaret war entsetzt. Sie wußte, daß Männer fluchten, aber nicht in der Gegenwart ihrer Verlobten. Penny konnte doch wenigstens warten, bis sie verheiratet waren.

Penny entschuldigte sich hastig. „Ich fand es nie sehr sinnvoll, den Mond zu bewundern“, erklärte er, „aber ich habe das nur gesagt, weil ich möchte, daß du an mich denkst und nicht an den Mond. Verzeih mir, meine Kleine. Ich sage keine bösen Worte mehr, wenn mein Schatz es hört.“

„Wir – wir sollten umkehren“, sagte Margaret verwirrt. Wirklich, dieses verliebte Getue war nur in der Phantasie schön, aber in der Realität einfach schrecklich. „Wenn wir uns verspäten, bekommen wir keinen guten Platz mehr.“

„Für mich spielt es keine Rolle, wo ich sitze, solange ich neben dir sitze, mein Liebling“, sagte Penny.

Er legte den Arm um Margaret und saß während der ganzen Aufführung so da, ohne sich um das Kichern des jungen Gemüses und das belustigte Grinsen der Älteren zu kümmern. Bei allen sentimentalen Stellen der Lieder drückte er ihr die Hand und sagte, sie habe die schönsten Beine in der ganzen Familie, jawohl!

Margaret, die ihre schlanken, wohlgeformten Beine insgeheim immer schön gefunden hatte, gehörte trotzdem zu einer Generation, die nicht über Beine sprach. Sie wurde verlegen und zog die Beine ein, so daß sie nicht mehr sichtbar waren. Um das Gespräch auf ein weniger gefährliches Thema zu bringen, erzählte sie Penny, daß Nigel Penhallow auf seinem letzten Besuch bei ihr vorbeigekommen war und gesagt hatte, daß er nicht überrascht wäre, wenn die alte Ausgabe des *Pilgrim's Progress*, die Tante Becky ihr hinterlassen hatte, von beträchtlichem Wert sei. Es war ein sehr altes Exemplar und in gutem Zustand. Er hatte angeboten, herauszufinden, wieviel es wert war. Margaret erwog, ihn das tun zu lassen.

Penny war dagegen, daß sie es verkaufte. „Mein Vermögen reicht für uns beide, meine Kleine, und“, jetzt war Penny den Tränen nahe, „wenn ich nicht mehr bin, Mar'gret, wird genug dasein, um dir einen annehmbaren Witwenstand zu ermöglichen.“

Margaret hatte sich noch nicht einmal mit dem Gedanken vertraut gemacht, Pennys Frau zu werden. Die Vorstellung, seine Witwe zu sein, war zuviel für sie. Sie ging sehr unglücklich nach Hause. Penny hatte beinahe geweint, als er sie zum Abschied geküßt hatte. Und nachdem er jemanden hatte fragen hören, ob ihre Halsschmerzen verschwunden seien, bestand er darauf, daß sie sich einen Schal umband, wenn sie ins Bett ging. Wenn ihm soviel an ihr lag, mußte sie ihm treu bleiben.

5. Blinde Weisheit[25]

I. Der Unfall

Dieser verdammte Krug wird noch jemandes Tod sein", sagte Onkel Pippin unheilverkündend. Es hatte sich nämlich herausgestellt, warum Walter Darks Schwein an jenem Nachmittag dort gewesen war, wo es nicht hatte sein sollen – Walter hatte sich mit Palmer Penhallow darüber gezankt, wer den Krug bekommen sollte. Es war hitzig zugegangen, und so bemerkte Walter zu spät, daß sein Schwein aus seinem Gehege an der Scheune entwischt war und die Straße entlanggaloppierte. Als Walter es sah und die Verfolgung aufnahm, war das Schwein schon auf dem King's Highway, und bevor Walter auch nur schreien konnte, geschah es.

Der junge Prince Dark und Milton Granger sausten auf Princes Motorrad die Straße hinauf. Hugh Dark kam in seinem Auto angefahren. Er war auf dem Nachhauseweg von einer politischen Versammlung, auf der so gut wie entschieden worden war, daß seine Partei ihn für die nächste Parlamentswahl aufstellen würde. Das hatte Hugh seit Jahren angestrebt, aber er empfand keine überschwengliche Freude, weil es nun wahrgeworden war. Er dachte überhaupt nicht daran, als er trübsinnig durch den goldenen warmen Julinachmittag fuhr, vorbei an sonnigen Weiden und Rosensträuchern, an freundlichen Gärten mit Geißblattlauben, an Flußufern, an alten Steinwällen und verzauberten dunklen Fichtenwäldern, und Hügeln im Wind, auf denen die Fichten sich wiegten und ihm Seeluft entgegenschlug. Die ganze Schönheit seiner Umgebung erinnerte ihn nur an Joscelyn. Angenommen, er würde jetzt nach Hause kommen und ihr von der Ehre erzählen, die ihm widerfahren war. Angenommen, Joscelyn würde ihn an der Pforte erwarten, während der Wind ihre rotgoldenen Locken zauste, und wissen wollen, was auf der Versammlung passiert war – und bereit sein, ihn zu trösten oder sich mit ihm zu freuen, je nachdem, was angebracht war. Dann würde es sich lohnen. Aber jetzt – nur Staub und Asche.

In diesem Augenblick geschah alles auf einmal. Walter Darks Schwein hatte die Straße erreicht. Prince Dark raste wie immer und überfuhr es, bevor er ausweichen oder abbremsen konnte. Prince und Granger wurden bei dem Zusammenprall von dem Motorrad geschleudert, Prince flog über den Graben gegen den Zaun, und Granger wurde wie ein Stein in den Graben katapultiert.

25 Aus: Alfred Tennyson, *The Two Voices*: „He owns the fatal gift of eyes / That read his spirit blindly wise / Not simple as a gift that dies."

Das Schwein lag still da, zu tot, um seine Meinung kundzutun, und das Motorrad raste einfach weiter die Straße entlang. Hugh riß das Steuer herum, um ihm auszuweichen. Sein Wagen drehte sich im Kreis. Plötzlich wurde alles doppelt so klar. Alle Farben der Landschaft nahmen ein unglaubliches Leuchten an und wurden lebendig. Außerdem schien das Ganze eine Ewigkeit zu dauern, in der er alle Gefühle seines bisherigen Daseins noch einmal durchlebte und für eine Ewigkeit liebte und haßte und verzweifelte. Dann schoß das Auto über den Rand der kleinen Schlucht, an der die Straße entlangführte. Im gleichen Moment zerriß Walters verspäteter Schrei die Luft, und den Männern vor der Hufschmiede dämmerte, daß sie eine Tragödie mitangesehen hatten.

Für eine Weile herrschte wildes Durcheinander. Onkel Pippin bat sie verzweifelt, nicht den Kopf zu verlieren. Prince (bei Bewußtsein) und Granger (bewußtlos) wurden eingesammelt und ins Krankenhaus gebracht, letzterer hatte beinahe ein Ohr eingebüßt. Hughs Auto lag auf dem Dach im Graben, und Hugh umklammerte immer noch das Lenkrad. Als man ihn endlich herauszog, stieß er zweimal Joscelyns Namen hervor, bevor er in Ohnmacht fiel. Die drei Opfer wurden ins Krankenhaus gebracht, und Walter Dark zog bekümmert sein totes Schwein auf dem Schlitten nach Hause. Er fragte sich, ob Prince Dark ihn auf Schadenersatz verklagen konnte – oder er ihn, weil Prince ein wertvolles Schwein getötet hatte.

Die Nachricht von dem Unfall verbreitete sich in Bay Silver in einer ungenauen Version, bei der keiner genau wußte, wer gestorben und wer fürs Leben gezeichnet war. Joscelyn tigerte ruhelos in ihrem Zimmer auf und ab. Was war wirklich passiert? War Hugh schwer verletzt oder – sie wollte das Wort nicht einmal denken. Und sie konnte nicht zu ihm gehen. Er würde sie nicht sehen wollen. Er brauchte sie nicht. Sie bedeutete ihm nichts – sie, die ihm einmal soviel bedeutet hatte. Sie konnte nicht einmal jemanden anrufen und nachfragen. Jeder außer ihr konnte sich erkundigen. Derweil würde sie verrückt werden, und das konnte sie nicht ertragen. Sie war ein Dummkopf und eine Idiotin gewesen, aber sogar Dummköpfe und Idioten können leiden. Einmal blieb sie mit geballten Fäusten stehen und schaute nach Treewoofe hinüber. Der Tag war zeitweise wolkig gewesen, aber jetzt brach die Sonne durch und wirkte Wunder – wie immer. Der Hügel stand in seiner ganzen Pracht da, und Treewoofe – ihr Zuhause – ihr Zuhause – leuchtete auf seiner Spitze wie ein Juwel. War Hugh da – tot – leidend? Und sie konnte nicht zu ihm. Vielleicht war Pauline bei ihm!

„Diese Gedanken rauben mir noch den Verstand“, stöhnte Joscelyn. „O Gott, lieber Gott, ich weiß, daß ich ein Dummkopf war. Hast du kein Mitleid mit Dummköpfen? Es gibt doch so viele davon!“

Joscelyn mußte irgendwie bis zum Abend durchhalten. Und dennoch – in all ihrem Schmerz verspürte sie eine Freude, weil sie etwas hatte, das sie quälte. Angst war nicht so schrecklich wie die Leere, die ihr Leben in letzter Zeit bestimmt hatte. Dann kam Onkel Pippin und sagte ihnen die Wahrheit. Es war alles nicht so schlimm. Prince und Hugh waren nicht ernsthaft verletzt; Prince war schon wieder zu Hause. Hugh war noch im Krankenhaus. Er hatte eine leichte Gehirnerschütterung, aber das würde in ein paar Tagen vorbeisein. Den jungen Granger hatte es am schlimmsten getroffen; er hatte beinahe ein Ohr verloren und war immer noch bewußtlos, aber die Ärzte meinten, er würde durchkommen, und in der Zwischenzeit hatten sie sein halb abgerissenes Ohr wieder angenäht.

„Hoffentlich kuriert das Prince von seiner Raserei", sagte Onkel Pippin kopfschüttelnd, „aber ich bezweifle es. Er hat fürchterlich geflucht, als wir ihn aufgelesen haben, und ich habe ihn zurechtgewiesen. Ich sagte: ‚Jeder, der der Himmelspforte so nahe war wie du vor zwei Minuten, sollte nicht so fluchen', aber er hat keine Ruhe gegeben. Er verdammte das arme Schwein und das ganze Universum dazu!"

„Wie der Wind letzte Nacht geheult hat – das gefiel mir gar nicht", sagte Tante Rachel und schüttelte ebenfalls den Kopf. „Ich ahnte, daß uns ein trauriges Ereignis bevorsteht. Das ist der Beweis."

„Aber es ist doch kein trauriges Ereignis – Hugh ist nicht schwer verletzt", entfuhr es Joscelyn. Ihr war ein Stein vom Herzen gefallen, und sie wußte vor Erleichterung kaum, was sie sagte.

„Und was ist mit dem armen Granger im Krankenhaus, der ein Ohr eingebüßt hat?" fragte Tante Rachel vorwurfsvoll.

„Und das Schwein?" sagte Onkel Pippin. „Für das Schwein war es sehr traurig."

II. Mrs. Conrad explodiert

Joscelyn war auf dem Nachhauseweg. An der kleinen Pforte auf Simon Darks Wiese, die zu der Straße nach Bay Silver führte, blieb sie einen Augenblick stehen. Es war eine windige, graue Nacht, kalt für August, die deutlich den nahen Herbst ankündigte. Zwischen den Windböen hörte man das leise, ständige Grollen der See. Tief im Westen schimmerte ein rosa Streifen, vor dem sich der Kirchturm schwarz abzeichnete. Darüber die düstere Schönheit dichter, vom Sturm gezauster Wolken. Der Wind schüttelte die Bäume. Einige von ihnen sahen aus wie Hexen, die einen Schadenzauber ersannen.

Der Sommer war – schon wieder – fast vorbei. Astern und Goldregen säumten die roten Straßen, Stieglitze pickten Sonnenblumenkerne in den Gärten, und in etwas über einem Monat sollte die Entscheidung über den Krug fallen. Das Interesse der Familie war zu neuem Leben erwacht. Dandy schwieg weiterhin eisern, und niemand wußte mehr als am Anfang.

Aber Joscelyn war es egal, wer den Krug bekam. Sie war froh, mit der Nacht allein zu sein – vor allem mit einer solchen Nacht. Es paßte zu ihrer aufgewühlten Stimmung. Sie hörte gern, wie der wilde Wind im Schilf und in den Baumkronen rauschte.

Auch in ihr hatte es den ganzen Tag gestürmt. Bei solchem Streß dachte sie sonst immer, daß sie sich nur Frieden wünschte. Aber jetzt wußte sie, daß sie viel, viel mehr wollte. Sie wollte das erfüllte Leben einer Ehefrau führen – sie wollte Hugh und Treewoofe – sie wollte alles, was sie gewollt hatte, bevor sie dem Wahn verfallen war.

Alles Schöne war aus ihrem Leben verschwunden. Sie hatte jahrelang in einem törichten Paradies gelebt. Jetzt, nach dem unsanften Aufwachen, war das Leben so unglaublich arm – mager – unfruchtbar – so bitter leer. Wenn Frank nicht nach Hause gekommen wäre, hätte sie ihn weiterhin lieben können. Aber Kates rundlichen Ehemann mittleren Alters und zukünftigen Vater ihres Babys konnte sie nicht lieben. Das Leben und all seine Schönheit, seine Häßlichkeit, seine Farben und seine Eintönigkeit, sein Aufruhr und sein Frieden schienen völlig an ihr vorbeigegangen zu sein. Jetzt lachte es sie über die Schulter hinweg aus.

In der Familie wurde nur noch davon gesprochen, wer demnächst heiraten würde – Nan und Noel, Gay und Roger, Penny und Margaret, der kleine Sam und die Witwe Terlizzick – sogar Donna und Peter. Denn Peter war wieder zu Hause, und es hieß, er sei Donnas wegen gekommen und würde sie mitnehmen, und wenn er sie dem ertrunkenen John entreißen mußte. Wie Onkel Pippin sagte: Amor war sehr fleißig. Bei all diesen Gesprächen über Hochzeiten fühlte Joscelyn sich wie ein Nichts – und niemand, schon gar nicht eine Penhallow mit spanischem Blut in den Adern, fühlt sich gern wie ein Nichts.

Es war noch nicht völlig dunkel – man konnte Treewoofe noch sehen. Der Hügel hatte den ganzen Tag abweisend und streng ausgesehen. Jetzt wirkte er unerreichbar fern. Ein einsames Licht leuchtete in der stürmischen Dämmerung. War Hugh da – allein? Vielleicht liebte er Pauline wirklich und wollte frei sein? Der Gedanke an Pauline war bittere Galle. Pauline hatte ihn im Krankenhaus besucht. Aber das hatten auch alle anderen Darks und Penhallows getan – bis auf Joscelyn, ihre Mutter und ihre Tante.

Manchmal – und auch jetzt – hatte Joscelyn das Gefühl, daß sie verrückt werden würde, wenn sie keine Antwort auf bestimmte Fragen bekam, die sie quälten.

Sie sah Mrs. Conrad Dark erst, als sie sich auf der Straße gegenüberstanden. Joscelyn fuhr zusammen, als sie die große, dunkelhaarige, furchterregende Frau erkannte. Dann stand sie sehr still da. Sie hatte Mrs. Conrad lange nicht gesehen. Sogar in der Finsternis sah sie den Haß, der im Blick ihrer Schwiegermutter brodelte.

„So?“ sagte Mrs Conrad in tragischem Ton. Stanton Grundy hatte einmal gesagt, daß Mrs. Conrad immer tragisch klang, selbst wenn sie einen nur darum bat, ihr den Pfeffer zu reichen. Aber jetzt hatte sie eine passende Bühne und ein passendes Thema für einen tragischen Auftritt. Sie lehnte sich über die Pforte und starrte Joscelyn ins Gesicht. Beide waren groß – Joscelyn etwas größer. Einst hatten die Leute gesagt, daß Mrs. Conrad Joscelyn vor allem deshalb nicht mochte, weil sie keine Schwiegertochter wollte, zu der sie aufblicken mußte. „Du bist es also – Joscelyn Penhallow. Hm – sehr elegant – sehr hübsch – aber nicht mehr ganz so jung wie früher.“

Joscelyn vergaß alle Konventionen. Es kam ihr vor, als sei sie mit Mrs. Conrad allein in einer anderen Welt, in der nichts zählte als die Wirklichkeit. „Mrs. Dark“, sagte sie langsam, „warum haben Sie mich immer so gehaßt – nicht erst, seit – seit ich Hugh geheiratet habe – sondern schon vorher?“

„Weil ich wußte, daß du Hugh nicht genug liebst“, erwiderte Mrs. Conrad heftig. „Ich habe dich an eurem Hochzeitstag beneidet, weil du dein Glück nicht verdient hattest. Ich wußte, daß du irgendein Spiel mit ihm treiben würdest. Seitdem bete ich jeden Abend, daß dir ein Unglück passiert. Und dennoch – wenn du zu ihm zurückkehren und ihn glücklich machen würdest – ich würde – ich würde dir verzeihen. Sogar dir.“

„Zu ihm zurückkehren! Aber will er mich denn zurück? Liebt er nicht – liebt er nicht Pauline?“

„Pauline! Ich wünschte, er würde es tun. Sie hätte ihm nicht das Herz gebrochen – sie hätte ihn nicht zum Gespött gemacht. Ich habe immer gebetet, daß er sich in sie verlieben würde. Aber sie war nicht hübsch genug. Männer fallen so leicht auf gutes Aussehen herein. Du hattest ihn gefangen – gefesselt in der Schlinge deiner goldenen Haare. Immer noch – immer noch! Als er auf der Straße dort unten in Ohnmacht fiel, nach dem Unfall, bei dem er hätte umkommen konnte – er hat nach dir gerufen – nach dir, die du ihn verlassen und ihm Schande gemacht hast – er hat nach dir verlangt, als er dachte, daß er sterben würde."

Ein heftiger Stich der Freude durchfuhr Joscelyn. Aber sie ließ es sich vor Mrs. Conrad nicht anmerken. „Wird er Treewoofe nicht verkaufen?"

„Treewoofe verkaufen! Manchmal fürchte ich, daß er das tun wird – und dann Gott weiß wohin geht – mein liebster Sohn!"

In Mrs. Conrad brach sich etwas Bahn. Joscelyns scheinbare Ungerührtheit machte sie rasend. Sie ließ all dem jahrelang unterdrückten Haß freien Lauf. Sie schrie – sie weinte – sie stammelte wirres Zeug – sie lehnte sich über die Pforte und wollte Joscelyn schütteln. Kurzum, sie gab sich eine solche Blöße, daß sie Joscelyn gegenüber für den Rest ihres Lebens bescheiden und demütig auftrat, wenn sie sich daran erinnerte. Onkel Pippin, der gerade von einem Besuch bei einem Nachbarn zurückkam, hörte sie und blieb entsetzt stehen. Zwei Frauen, die sich stritten – zwei Frauen aus der Familie – sie mußten zur Familie gehören, denn hier wohnten nur Darks und Penhallows. Es konnten eigentlich nur Mrs. Sim Dark und Mrs. Junius Penhallow sein. Sie zankten sich ständig, aber er erinnerte sich nicht, daß sie jemals öffentlich so eine wüste Szene aufgeführt hätten. Was, wenn Stanton Grundy davon hörte? Man mußte der Sache ein Ende machen. Der kleine Onkel Pippin marschierte tapfer auf die Pforte zu und tat sein Bestes.

„Aber, aber", sagte er. „Was ist das für ein Benehmen!"

Dann erkannte er, daß es Joscelyn Dark und ihre Schwiegermutter waren. Onkel Pippin war, als habe er einen Ort betreten, über dessen Schwelle sich weder Engel noch Teufel wagten.

„Ich – ich bitte um Entschuldigung", sagte er matt, „ich dachte, es gäbe schon wieder Streit um Tante Beckys Krug."

Es war völlig undenkbar, daß Joscelyn und Mrs. Conrad sich wegen des Kruges stritten. Da es nicht der Krug sein konnte, mußte es um Hugh gehen. Onkel Pippin war immerhin klug genug – er pflegte zu sagen, daß er wußte, wie viele Bohnen fünf ergaben –, um zu begreifen, daß dies kein Ort für einen anständigen Mann war.

„Pippin", sagte Mrs. Conrad atemlos, aber immer noch sehr tragisch, „geh nach Hause und danke Gott, daß er einen Dummkopf aus dir gemacht hat. Nur Dummköpfe sind auf dieser Welt glücklich."

Onkel Pippin ging. Er dankte Gott nicht dafür, daß er ein Dummkopf war, aber immerhin dafür, daß seine Beine noch funktionierten. An der Hauptstraße hielt er inne und wischte sich den Schweiß von der Stirn. „Eine zügellose Frau – wirklich zügellos“, sagte Onkel Pippin bekümmert.

III. Ein ungebetener Gast

Nan war im Zimmer, bevor Gay etwas gehört hatte. Sie war seit dem Ball im Silver Slipper nicht mehr auf Maywood gewesen, und Gay war ihr seither nicht mehr allein begegnet. Dann und wann sahen sie sich bei Familientreffen. Nan begrüßte Gay immer mit spöttischer Herzlichkeit, und Gay gab sich kühl und zurückhaltend. Die Familie fand, daß Gay die Situation sehr gut meisterte. Sie waren stolz auf sie.

Gay blickte entgeistert und mißvergnügt von ihrem Fensterplatz auf. Was machte Nan hier? Wie konnte sie es wagen, einfach so hereinzumarschieren, unangekündigt und ungebeten? Nan, lächelnd und unverfroren, in einem gelben Kleid, mit einer Kette aus Bernsteinperlen und langen Bernsteinohrringen, ihrem blutroten Mund, duftendem Haar und listigen grünen Augen. Was hatte Nan hier zu suchen?

Will sie vorschlagen, daß ich ihre Brautjungfer werde? dachte Gay. Sie wäre dazu imstande.

„Du wirkst nicht übermäßig erfreut, mich zu sehen, Süße“, sagte Nan. Sie setzte sich ungerührt auf Gays Bett und zündete sich eine Zigarette an.

Gay registrierte geistesabwesend, daß Nan wieder den Ring trug, den sie so liebte und den Gay immer gehaßt hatte – einen Ring mit einem hellrosa Cabochon, der aussah wie ein Fleischklumpen. Ein sonderbares Gefühl durchrieselte Gay. Wo war Noels Diamant? Und was sagte Nan?

„Dabei bin ich gekommen, um dir etwas zu erzählen, das dich freuen wird. Ich habe meine Verlobung mit Noel gelöst. Kurzum, ihm den Laufpaß gegeben. Du kannst ihn zurückhaben, Gay.“

Noch lange nachdem sie gesprochen hatte, hingen die Worte wie elektrische Spannung in der Luft. Es kam Gay wie eine Ewigkeit vor, bis sie sich kühl sagen hörte: „Glaubst du, daß ich ihn noch will?“

„Ja, das glaube ich“, sagte Nan dreist. Sie konnte jeden Ton und jede Bewegung dreist wirken lassen. „Ja, auch wenn du einen großen Diamanten von Roger bekommen hast“, ah, Gay wußte genau, daß Nan eifersüchtig auf den Diamanten gewesen war, „und in Bay Silver ein Bungalow gebaut wird, denke ich, daß du Noel noch ebenso liebst wie früher. Nun, du kannst ihn zurückhaben, meine Liebe. Ich wollte dir nur zeigen, daß ich ihn kriegen kann. Weißt du noch, wie du mir gesagt hast, daß ich es *nicht* könnte?“

Ja, Gay wußte es noch. Sie saß reglos da, weil sie fürchtete, daß sie beim kleinsten Wimperschlag anfangen würde zu weinen. Weinen, vor Nan! Diesem Mädchen, das Noel weggeworfen hatte wie ein kaputtes Spielzeug!

„Natürlich wird es der Familie Bauchschmerzen bereiten", sagte Nan. „Ihre Vorstellungen von Verlobungen stammen aus der Steinzeit, sogar Mutters. Aber im tiefsten Herzen ist sie auch froh. Sie möchte, daß ich nach Hause fahre und Fred Margoldsby heirate. Das werde ich wohl auch tun. Die Dollars der Margoldsbys werden länger halten als die Liebe. Ich war übrigens wirklich ein bißchen in Noel verliebt. Aber er wird langsam dick, Gay – wirklich. Ihm wächst ein Bauch. Stell ihn dir bloß mal mit vierzig vor! Und er hat sich angewöhnt, mir ständig von all seinen Problemen zu erzählen."

Gay merkte plötzlich, daß das stimmte. Ihr fiel wieder ein, daß Noel immer viel über seine Kümmernisse geredet hatte. Und ebenso plötzlich erinnerte sie sich, daß er sich nie sehr für *ihre* Sorgen interessiert hatte. Aber sie wünschte sich, daß Nan aufhörte zu reden und ging. Sie wollte allein sein.

Nan schnatterte vergnügt weiter. „Also mache ich einen Besuch in Halifax. Mutter bleibt natürlich hier, bis sie weiß, wer diesen blöden alten Krug bekommt. Gay, denkst du manchmal daran, daß du ohne den Krug jetzt wahrscheinlich mit Noel verheiratet wärst?"

Gay hatte oft daran gedacht – bitter, rebellisch, leidenschaftlich. Jetzt dachte sie wieder daran, aber mit einem sonderbaren Gefühl von Distanz, als sei die Gay, die mit Noel verheiratet sein könnte, ein ganz anderer Mensch. Wenn Nan nur verschwinden würde!

Nan war im Begriff zu gehen. Sie stand auf und gab Gay noch einen herablassenden Ratschlag. „So, Gay, sag deinem betagten Verehrer einfach, daß du keinen Trostpreis willst, und wärm den kalten Kaffee mit Noel wieder auf."

Nan konnte wirklich gehässig sein, wenn ihr danach war. Aber irgendwie haßte Gay sie nicht mehr so sehr wie vorher. Sie war ihr egal. Gay musterte Nan kühl und sah sie in einem Licht, in dem sie sie noch nie gesehen hatte. Ein leeres, selbstsüchtiges kleines Ding, das ständig wie ein Kind unterhalten werden mußte. Ein Mädchen, das „Hölle" sagte, weil es glaubte, damit seine arme, wohlanständige alte Familie zu schockieren. Ein Mädchen, das sich schlau vorkam, wenn es sich in aller Öffentlichkeit die Nase puderte, ebenso unbefangen wie eine Katze, die sich putzte. Ein Mädchen, das sich vor seinen Verwandten vom Lande weltgewandt gab, aber tatsächlich provinzieller war als sie, weil es nichts vom wirklichen Leben oder echten Gefühlen wußte. Gay fragte sich, wie sie dieses Mädchen jemals hatte hassen können – jemals hatte eifersüchtig sein können. Nan war es nicht wert.

Endlich sprach Gay. Sie stand auf und sah ihrer Cousine in die Augen. Aus ihrer ruhigen Stimme sprach Verachtung. „Du bist wohl gekommen, um mir wehzutun, Nan. Das ist dir nicht gelungen – du kannst mir nie mehr wehtun.

Du hast die Macht dazu verloren. Ich glaube, ich habe sogar ein bißchen Mitleid mit dir. Du warst immer eine Konsumentin, Nan. Dein Leben lang hast du dir alles genommen, was du wolltest. Aber du warst nie eine Geberin – weil du nichts zu geben hast. Weder Liebe noch Wahrheit oder Verständnis oder Güte oder Loyalität. Immer nur nehmen und nichts geben – das hat dich arm gemacht. So arm, daß dich niemand zu beneiden braucht."

Nan zuckte die Achseln. „Danke für die Blumen", sagte sie. Aber ihr triumphierendes Getue war wie weggeblasen. Sie ging mit dem unbehaglichen Gefühl, daß Gay das letzte Wort gehabt hatte.

Als sie allein war, setzte sich Gay wieder ans Fenster. Alles wirkte anders – verändert. Sie wünschte, es wäre nicht passiert. Es hatte sie aus dem Gleichgewicht gebracht. Sie war so zufrieden gewesen, bevor Nan kam – sogar glücklich. Sie dachte an den neuen Bungalow, den Roger bauen ließ – ihr künftiges Zuhause.

„Ich möchte ein Haus für dich bauen", hatte er gesagt und sah ihr tief in die Augen. „In das ich heimkomme, wenn ich müde bin – auf einem kleinen Hügel mit Aussicht, aber nicht so ein Hügel wie Treewoofe, das wäre zu hoch über dem Rest der Welt. Ein Haus, in dem du mich willkommen heißt."

Sie hatten es gemeinsam geplant. Die Familie überschüttete sie mit Ratschlägen, aber sie nahmen keinen davon an. Es sollte ein Fenster mit Blick auf das Meer und eins mit Blick auf die verträumten Hügel bekommen. Und ein niedliches kleines Dachfenster.

Sie würden durch die offene Eßzimmertür einen blühenden Apfelbaum sehen – weiße Blüten vor einem blauen Himmel – und den Mondaufgang. In einer Ecke wuchsen Birken und eine Fichte, in der kleine braune Eulen lebten. Gay war an allem so interessiert gewesen. Ihr Badezimmer würde gelb und malvenfarben werden. Sie würde Blumenkästen mit Kapuzinerkresse, Petunien und Zimbelkraut haben. Sie dachte an feines Leinen – an schöne kleine Teetassen. Die Hochzeit sollte Ende Oktober stattfinden. Die Familie war sehr nett gewesen, auch wenn Gay wußte, was sie hinter ihrem Rücken sagten.

Und nun war wieder alles verworren. Gay ging am späten Abend durch den alten Garten von Maywood, der im Zauber des Mondlichts duftete. Der Geist eines verlorenen Glücks stieg vor ihr auf und lachte sie aus. Noel war wieder frei. Und Gay wußte, daß Nan recht gehabt hatte. Sie liebte Noel immer noch von ganzem Herzen – und im Oktober mußte sie Roger heiraten.

IV. Peter gibt nicht auf

Peter Penhallow versuchte zum erstenmal wirklich, etwas zu bekommen. Nach einem Jahr in den Dschungeln des Amazonas hatte sein Zorn sich abgekühlt, und er hatte die meiste Zeit damit verbracht, sich nach Donnas Lachen zu sehnen. Er war nach Hause gekommen, um sich mit ihr zu versöhnen. Er zweifelte keine Sekunde daran, daß sie ebenso dazu bereit war wie er. Peter wußte sehr wenig über Frauen und noch weniger über eine Frau, die die Tochter des ertrunkenen John war. Er kam am Samstagabend an, sehr zur Überraschung seiner Familie, die in ihn noch in Südamerika wähnte, und er rief sofort Donna an – oder versuchte es. Der alte Jonas nahm ab und sagte, alle seien weg – und er wisse nicht, wo.

Peter kaute an den Fingernägeln – bis zum nächsten Morgen, als er Donna in der Kirche sah. Sein Liebling – unverändert – immer noch mit traurigen Schatten unter den Augen und der Wolke aus dunklem Haar. Wie dumm war es von ihnen gewesen, wegen nichts zu streiten! Wie sie darüber lachen würden!

Donna bekam den Schreck ihres Lebens, als sie Peter in der Kirche sah. Nach außen hin nahm sie es so gefaßt auf, daß Virginia, die sie angespannt beobachtete, erleichtert zur Decke blickte.

Donna haßte Peter seit einem Jahr inbrünstig, und nun schien es, als hasse sie ihn mehr denn je. Nach dem ersten entgeisterten Blick sah sie ihn nicht mehr an. Als der Gottesdienst zu Ende war, marschierte er über den Rasen auf sie zu – euphorisch, triumphierend, herrisch. Das war sein fataler Fehler! Wenn er etwas zurückhaltender gewesen wäre – nicht ganz so selbstsicher – wenn er sich reuevoll und beschämt gezeigt hätte, demütig zurückgekrochen wäre und um Verzeihung gebeten hätte, wäre Donna ihm wohl vor aller Augen um den Hals gefallen. Aber so aufzutreten – als seien sie erst gestern auseinandergegangen und als habe er sich dabei nicht unmöglich benommen – als habe er nicht ein ganzes Jahr ignoriert, daß es sie gab, und ihr keine einzige Nachricht zukommen lassen – ohne einen Funken Zerknirschung – lächelnd auf sie zuzugehen, als erwarte er, daß sie ihm dankbar sei, weil er ihr verzieh – und genau das erwartete Peter auch – nein, das war wirklich zuviel. Donna bedachte Peter mit einem verächtlichen Blick, kehrte ihm den Rücken und ging.

Peter machte ein dummes Gesicht. Ein paar Jungen, die in der Nähe standen, kicherten. Virginia eilte Donna nach, um ihr in diesem schweren Augenblick beizustehen. „Sei nicht so sentimental“, war der Dank dafür.

Der ertrunkene John hätte gern geflucht, aber das durfte ja nicht sein, und er dachte dankbar daran, daß die Geschichte mit dem Krug in etwas über einem Monat erledigt sein würde und man dann wieder frei reden konnte. Schließlich wandte Peter sich ab und ging nach Hause. Er fragte sich, warum er all das auf sich nahm, nur um eine Frau zu bekommen.

Peters nächster Versuch bestand darin, daß er zum Haus des ertrunkenen John ging, eintrat, ohne anzuklopfen, und verlangte, mit Donna zu sprechen. der ertrunkene John zeterte, stampfte mit den Füßen und spielte die Rolle des strengen Vaters perfekt – und dennoch – kann man es glauben? – fluchte er nicht. Peter hätte keine Notiz vom ertrunkenen John genommen, wenn er Donna hätte sehen können, aber er erhaschte keinen einzigen Blick auf sie. Er ging wieder nach Hause – geschlagen – und wunderte sich zum hundertsten Mal, daß er all das mitmachte. Es war wirklich eine Besessenheit. Donna war es nicht wert – kein weibliches Wesen auf der Welt war es wert. Aber trotz allem wollte er sie haben. Er würde nicht noch ein solches Jahr ertragen wie das am Amazonas. Eher würde er Donna eins über den Kopf geben und sie leibhaftig wegschleppen. Peter kam nicht der Gedanke, daß er nur eins hätte tun müssen – für sein Verhalten in der Nacht an der Pforte um Verzeihung bitten. Und wenn ihm der Gedanke gekommen wäre, hätte er es nicht getan. Es war alles Donnas Schuld gewesen. Er verzieh ihr – sehr großzügig, ohne ein Wort des Vorwurfs, aber sie schien zu erwarten, daß er auf allen Vieren angekrochen kam.

Da es unmöglich zu sein schien, mit Donna zu sprechen, schrieb Peter ihr einen Brief – wahrscheinlich den schlechtesten Brief, der jemals zu einem solchen Zweck geschrieben worden war. Donna holte ihn selbst vom Postamt ab, und obwohl sie Peters große, unordentliche Handschrift noch nie gesehen hatte, wußte sie sofort, daß der Brief von ihm war. Sie nahm ihn mit nach Hause und setzte sich damit in ihr Zimmer. Sie dachte daran, ihn ungeöffnet zurückzuschicken. Virginia würde ihr sicher dazu raten. Aber wenn sie das tat, würde sie sich für den Rest ihres Lebens fragen, was in dem Brief gestanden hatte.

Schließlich öffnete sie ihn. Es war eine sehr schroffe Epistel. Kein Wort von Reue, nicht einmal von Liebe. Peter schrieb ihr, daß er in einer Woche nach Südafrika abreisen würde, wo er vier Jahre lang Löwen in ihrer natürlichen Umgebung fotografieren wolle. Wollte sie mitkommen oder nicht?

Diese „Friß oder stirb“-Forderung machte Donna wütend. Ein „Liebling“ oder auch nur ein X für einen Kuß hätte sie vielleicht soweit erweicht, daß sie ihm verzieh – worum er gar nicht gebeten hatte. Bevor ihr Zorn sich abkühlen konnte, hatte sie den Brief viermal durchgerissen. Sie steckte die Fetzen in einen Umschlag und schickte ihn an Peter.

„Ich werde ihm nie verzeihen“, stieß sie mit zusammengebissenen Zähnen hervor. Es war ein Trost, die Worte auszusprechen. Sie fühlte sich dadurch sicherer. Im tiefsten Herzen fürchtete sie, daß sie ihm verzeihen könnte. Sie wagte nicht, den Brief die ganze Nacht auf dem Tisch liegen zu lassen, vielleicht würde ihr Entschluß ins Wanken geraten, also ging sie nach unten und übergab ihn dem alten Jonas, damit er ihn auf dem Weg in die Stadt abschickte. Als das erledigt war, ging sie zu ihrem Vater und sagte, sie würde weggehen und sich zur Krankenschwester ausbilden lasse, ob er wollte oder nicht. der ertrunkene John, der ihr Schmollen und ihre Wutanfälle gründlich satt hatte, sagte ihr, sie solle verschwinden, verflixt noch mal. Was auch immer der Unterschied zwischen „verflixt“ und „verdammt“ war – beim ertrunkenen John klang beides gleich schlimm.

Und Peter? Als er seinen zerrissenen Brief zurückbekam, überließ er sich eine Weile seinen Haßgefühlen und verabscheute alles und alle, tot oder lebendig.

So lagen die Dinge in der Nacht, in der Dandy Darks Haus niederbrannte.

V. Der Brand

Der alte Mondmann ging durch die stille Septembernacht. Er sang leise vor sich hin, während der Erntemond silbern schimmerte. Sein Weg führte am gespenstischen Ufer des Indian Spring entlang, vorbei an freundlichen Feldern, in denen der Wind schnurrte wie eine große Katze, durch Wälder, in denen die Bäume über ihn sprachen, über zugewachsene Pfade, auf die ein Streifen Mondlicht fiel, und über Hügel. Dann und wann hielt er inne und lauschte auf die Ewigkeit. Er war sehr glücklich und bedauerte die armen Leute, die jetzt schliefen. Sie wußten gar nicht, was ihnen entging.

Er sah als erster, daß Dandy Darks Haus brannte. Es stand auf einem waldigen Hügel an der Straße nach Bay Silver, und die Flammen loderten bereits aus dem Dach, als der Mondmann an die Tür hämmerte. Ein schläfriger Diener kam angeschlurft und fragte, was los sei. Der Mondmann sagte es ihm und ging dann seelenruhig seiner Wege. Das Feuer war nicht mehr seine Sache, und er würde deswegen keine weitere Minute dieser herrlichen Nacht versäumen.

Zurück blieben Schrecken und Verwirrung. Dandy Dark war nicht da – niemand wußte, wo er steckte. Dandy hatte sich angewöhnt, bis spät in die Nacht wegzubleiben, was aber nur seine Frau wußte. Aber die ganze Familie hatte bemerkt, daß mit Dandy schon seit Wochen etwas nicht stimmte. Er hatte sich verändert, war ungesellig, unzugänglich, reizbar, geistesabwesend. Einige führten es darauf zurück, daß der Tag der Krug-Entscheidung näherrückte und kamen zu dem Schluß, daß die Entscheidung bei Dandy lag, weil er sich so sichtlich unwohl fühlte. Entweder das, oder mit dem Krug war etwas passiert. Niemand wagte es, Dandy danach zu fragen; er fauchte mittlerweile jeden an, der den Krug auch nur erwähnte. Aber allmählich fühlten sich auch alle anderen unbehaglich.

Und nun brannte Dandys Haus. Der Diener hatte laut nach Mrs. Dandy geschrien, einen Nachbarn angerufen und ihn aus dem Schlaf geklingelt und war dann in die Scheune gerannt, um Leitern zu holen. In kürzester Zeit hatte sich eine Menge versammelt, aber es stand sofort fest, daß das Haus nicht zu retten war. Sie hatten die meisten Möbel nach draußen geschafft und sahen dem Schauspiel ingrimmig zu, als Dandy nach Hause kam.

„Du lieber Himmel“, rief Dandy, „wo ist der Krug?“

Unglaublich, aber wahr – niemand hatte an den Krug gedacht. Alle starrten einander an. Fragen konnte man niemanden. Mrs. Dandy war, als der Diener sie geweckt hatte, sofort im Nachthemd aus der Haustür gestürmt und in einer Ecke des Gartens in Ohnmacht gefallen. Das war typisch für die alberne Mrs. Dandy. Man trug sie in das Haus von Penny Dark, der nebenan wohnte, und kümmerte sich um sie.

„Weiß niemand irgend etwas über den Krug?“ kreischte Dandy. Er verlor völlig die Nerven, rannte ziellos durch die Gegend und durchwühlte die Sachen, die aus seinem brennenden Haus gerettet worden waren.

„Wo war er denn?“ rief jemand.

„Im Gästezimmerschrank“, stöhnte Dandy.

Aus dem Gästezimmer war nichts gerettet worden. Es befand sich am Ende der Halle, die so von Qualm erfüllt gewesen war, daß man nicht zum Gästezimmer vordringen konnte.

Peter stand mitten in der Menge. Er war als einer der ersten eingetroffen und hatte sich als Held erwiesen. Und nun hatten sie den Krug nicht gerettet. Den Krug, den Donna so sehr wollte – den alten Krug, von dem Tante Becky ihm in seiner Kindheit Geschichten erzählt hatte – den Krug, der sein Durchbrennen verhindert und seine Hoffnungen zerstört hatte. Peter schnappte sich einen stinkenden Mantel, der am Zaun hing, warf ihn sich über den Kopf und eilte ins Haus. Er mußte den Krug für Donna retten.

Alle schrien hinter ihm her und verloren dann die Fassung. Auf dem Hof wimmelte es von herumhüpfenden, panischen Gestalten, zwischen denen plötzlich ein aufgeregter Junge erschien. Keuchend stieß er eine schreckliche Frage hervor: „Wo ist Donna Dark?“ Sie war die ganze Nacht bei Mrs. Dandy gewesen – und hatte im Gästezimmer übernachtet – war sie in Sicherheit?

Einige der Frauen fielen in Ohnmacht und hatten mehr Grund dazu als Mrs. Dandy. Einige liefen umher und riefen kreischend nach Donna. Die Männer sahen erst einander und dann das brennende Haus an und schüttelten die Köpfe. Es wäre Wahnsinn gewesen, jetzt zu versuchen, in das Haus zu gelangen. Peter würde verbrennen, weil er Donna retten wollte – denn niemand bezweifelte jetzt noch, daß er es Donnas wegen getan hatte. Er mußte die Worte des Jungen vor allen anderen gehört haben.

Peter war die brennende Treppe hinaufgerannt und hatte drei Stufen auf einmal genommen, bereit, sich in das Inferno aus Rauch und Flammen zu stürzen, das einst die Halle gewesen war, als er stolperte und fast über die bewußtlose Frau fiel, die oben an der Treppe lag.

Gütiger Gott, wer war das? Sie mußte gerettet werden, Krug hin oder her! Er hob sie auf und machte sich mit einem Gefühl des Bedauerns auf den Rückweg. Keine Hoffnung mehr auf den Krug. Die arme Donna würde bitter enttäuscht sein. Er stolperte die Treppe hinunter und zur Tür hinaus und war wieder mitten in der aufgeregten Menge. Die Schreie verwandelten sich plötzlich in Hurra-Rufe. Peter war ein Held. Eifrige Hände nahmen ihm seine schmale weiße Last ab. der ertrunkene John, der gerade eingetroffen war, hatte von dem Feuer gehört, aber daß Donna in Gefahr war, erfuhr er erst, als er ankam. Er griff schluchzend nach Peters Hand; ihm liefen die Tränen über die Wangen.

„Gott segne dich, Peter – du hast sie gerettet – mein armes kleines mutterloses Mädchen!" der ertrunkene John wurde beinahe rührselig. Ein paar Leute mußten ihn wegzerren und ihn beruhigen, Peter stand reglos da und versuchte zu begreifen, daß er Donna aus Dandy Darks brennendem Haus getragen hatte. Donna!

„Sie ist heute gekommen, um mir beim Einkochen der Backpflaumen zu helfen", schluchzte Mrs. Dandy auf Penny Darks Küchenbank. „Ich habe die Pflaumen nie so hinbekommen, wie Dandy sie am liebsten mochte, aber Donna konnte es – Dandys Mutter hat es ihr gezeigt, bevor sie starb – also habe ich sie gebeten, vorbeizukommen und die Pflaumen für mich einzukochen. Jetzt sind sie alle verbrannt. Als Zeit zum Abendessen war, sah es nach Regen aus, und Dandy war nicht da – er ist nie mehr da, wie mir scheint – also habe ich Donna gesagt, sie könne über Nacht bleiben. Oh, herrjemine, was hätte passieren können!"

„Aber der Krug ist hinüber", sagte William Y. düster.

„Der Krug? Er ist doch nicht kaputtgegangen?" rief Mrs. Dandy mit schriller Stimme.

„Er ist verbrannt, zusammen mit allem, was im Gästezimmer war."

„O nein, das ist er nicht." Mrs. Dandy sah sehr schlau aus. „Als Donna eingeschlafen war, habe ich den Krug in seiner Schachtel aus dem Schrank genommen und in mein eigenes Zimmer gebracht. Ich wußte nicht, was Dandy zu mir gesagt hätte, wenn ich den Krug mit irgendwem in einem Raum gelassen hätte. Die Leute sagen, ich sei dumm, aber so dumm bin ich dann auch wieder nicht. Und als ich Tyler ‚Feuer!' schreien hörte, habe ich als erstes diese Schachtel an mich gerissen – und die alte Teekanne mit der abgebrochenen Tülle, in der ich mein bißchen Geld aufbewahre. Ich bin mit den beiden Sachen nach draußen gerannt und habe sie über den Zaun geworfen – in die Klette im Hinterhof. Ich wette, ihr findet sie dort."

Man fand sie tatsächlich dort, sehr zu aller Erleichterung. Donna war wieder zu sich gekommen und ins Krankenhaus gebracht worden, und alle machten sich in der gelblichen, windigen Morgendämmerung auf den Heimweg und erzählten von dem Feuer. Eine der lustigsten Geschichten war die über Penny Dark – nachdem man ihn aus dem Bett geklingelt hatte, hatte er den Kopf verloren und war im Pyjama zu Dandys Haus gelaufen. Schlimmer noch – bei dem Versuch, über den Gartenzaun hinter Dandys Scheune zu klettern, war er abgerutscht, und der Gürtel seines Pyjamas hatte sich im Zaun verfangen. Dort hatte der arme Penny gehangen und jämmerlich geschrien, bis ihn jemand in all dem Lärm gehört und ihn gerettet hatte. Die meisten fanden, es geschehe ihm recht, weil er einen Schlafanzug trug. Man hatte ihn schon lange in Verdacht gehabt, aber niemand war ganz sicher gewesen, denn die alte Tante Ruth hatte sein Geheimnis gewahrt.

„Und Happy Dark ist wieder zu Hause“, sagte Sim Dark. „Kam gestern abend, als seine Mutter schon schlief, hat das Abendessen verzehrt, das sie für ihn hingestellt hatte, und hat sich dann in seinem eigenen Zimmer schlafen gelegt. Sie hat es erst gemerkt, als er heute morgen zum Frühstück heruntergekommen ist. Er sagte, er habe einen alten Freund in Singapur getroffen, der ihm eine alte Zeitung aus Charlottetown gegeben habe. Es war die, in der dieser alberne Reporter die Geschichte über den Krug geschrieben hatte. Happy sagte, er habe sich gedacht, er könne ja nach Hause kommen und sehen, wie seine Aussichten seien. Seine Mutter ist so außer sich vor Glück, daß sie die Sprache verloren hat. Sie sitzt nur da und schaut ihn an.“

Aber über das wirklich tragische Ereignis jener Nacht wurde an den Frühstückstischen der Familie nicht gesprochen, weil es erst ein paar Tage später bekannt wurde. Christopher Dark war wie meistens betrunken gewesen. Im Suff war er durch die Küchentür in das brennende Haus gelaufen, ohne daß es jemand gesehen hatte, und von einem herabstürzenden Balken erschlagen worden. Die Leute glaubten, daß es ein wahnsinniger Versuch gewesen war, den Krug zu retten. Seine Verwandten waren erschüttert über das schreckliche Ende des armen Chris, aber das Entsetzen wurde gemildert durch die Überzeugung, daß es gut so war. Eine Schande weniger für die Familie.

Murray Dark sah sein Haus voller Stolz an, als er von der Beerdigung kam. „Bald bekommst du eine Herrin“, sagte er.

Donna ließ Peter rufen, sobald sie Besuch empfangen durfte, und bat ihn um Verzeihung. Sie wußte jetzt, daß er sie wirklich liebte, trotz allem, denn sonst wäre er nicht in das brennende Haus gerannt, um sie zu retten. Peter enttäuschte sie nicht. Er erinnerte sich daran, was Stanton Grundy einmal gesagt hatte – daß das Leben unerträglich wäre, wenn man nicht ein paar Lügen glaubte. Die Unwahrheit machte Peter kein schlechtes Gewissen, denn wenn er gewußt hätte, daß Donna in dem unseligen Haus war, hätte er vom Dachboden bis zum Keller nach ihr gesucht.

„Aber kein Durchbrennen mehr“, sagte Donna. „Ich heirate dich jetzt in aller Öffentlichkeit, auch wenn Vater die Zähne zeigt.“

Aber der ertrunkene John zeigte nicht die Zähne. Er sagte Donna, daß Peter sie verdient habe, weil er ihr das Leben gerettet habe. Sie hatte den väterlichen Segen, mit Peter in Afrika Löwen zu fotografieren. Als Peter das erstemal nach Donnas Heimkehr zum ertrunkenen John kam, schüttelte der ihm freundschaftlich die Hand und nahm ihn mit nach draußen, um ihm sein Lieblingsschwein zu zeigen. Peter kam zu dem Schluß, daß der ertrunkene John ein feiner Kerl war.

„Nun, herzlichen Glückwunsch“, sagte Roger, als Peter strahlend durch die Pforte kam.

„Danke. Und wie ich höre, darf man dir auch gratulieren.“

Rogers Gesicht verhärtete sich. „Ich weiß nicht. Sind Glückwünsche angebracht, wenn man ein Mädchen heiratet, das in einen anderen Mann verliebt ist?“

„Ist sie das immer noch?“

„Ja.“

„Aber du wirst sie trotzdem heiraten?“

„Das werde ich. Gratuliere mir jetzt, wenn du es wagst.“

VI. Die auferstandene Braut

Joscelyn Dark erwachte an einem Septembermorgen und wußte, daß an diesem Tag etwas geschehen würde. Sie hatte ein Zeichen im Traum bekommen. Sie setzte sich auf und schaute aus dem Fenster. Das Morgenlicht fiel auf Treewoofe, auch wenn der Fuß des Hügels noch in Schatten gehüllt war. Ringsum lagen goldene Kornfelder. Die Luft war klar, das Haus schien nach ihr zu rufen. Und plötzlich wußte sie, was an diesem Tag passieren würde. Sie würde zu Hugh gehen und ihn um Verzeihung bitten.

Das wollte sie schon seit dem Abend tun, an dem sie Mrs. Conrad begegnet war, aber sie hatte nicht den Mut dazu gefunden. Und jetzt war der Mut auf geheimnisvolle Weise gekommen. Sie wollte die Wahrheit wissen. Wie auch immer diese aussah, süß oder bitter, es würde nicht so schlimm sein wie diese unerträgliche Ungewißheit.

Sie konnte erst am Abend gehen. Der Tag zog sich endlos hin und wollte nicht vergehen; er hing ewig über den roten Straßen, den silbernen Dünen, den gepflügten Feldern. Erst als er wirklich verschwunden war und der Vollmond über den Birken von Treewoofe schien, wagte Joscelyn, sich auf den Weg zu machen. Ihre Mutter und Tante Rachel waren zu einem Gebetstreffen gegangen, deshalb konnte niemand Fragen stellen. Der alte Miller Dark überholte sie in seiner Kutsche und bot ihr an, sie mitzunehmen. Joscelyn ging darauf ein, weil der arme alte Miller sonst beleidigt gewesen wäre. In ihrer gehobenen Stimmung wollte sie eigentlich niemanden sehen und auch mit niemandem fahren. Der alte Miller war bester Laune, er hatte gerade seine Familienchronik fertiggestellt und wollte sie als Buch veröffentlichen, war sie an einem Exemplar interessiert? Joscelyn sagte, sie würde zwei nehmen, und fragte sich, ob der alte Miller etwas über sie und Hugh geschrieben hatte. Es war ihm zuzutrauen.

Joscelyn stieg bei William Y.s Pforte aus. Der alte Miller dachte, daß sie zu William Y.s Familie wollte, und sie ließ ihn in dem Glauben. Aber sobald er hinter der waldigen Kurve verschwunden war, ging sie die Straße in Richtung Three Hills hinauf, die nach Treewoofe führte. Die Luft war kalt und frostig, die Wellen in der Bucht zitterten, als seien sie vom Mondlicht beschwipst – alles war wie am Abend ihrer Hochzeit vor elf Jahren. Wie dumm war sie gewesen! Hugh würde ihr nie verzeihen. Panik überkam sie, und sie war im Begriff, umzukehren und den Hügel hinunterzurennen.

Aber Treewoofe war so nah – das geliebte, enttäuschte Treewoofe. Sehnsucht überkam sie, als sie es sah. Sie nahm sich zusammen und ging über den Hof. In der Küche brannte Licht, aber obwohl sie mehrmals klopfte, kam keine Antwort. Sie fühlte sich elend. Sie konnte nicht umkehren, ohne Gewißheit zu haben. Mit zitternder Hand schob sie den Riegel beiseite und trat ein. Sie durchquerte die Küche und öffnete die Tür zur Halle.

Dort saß Hugh – allein – vor der Asche im Kamin. In dem Licht, das aus der Küche auf sein Gesicht fiel, als er aufstand, sah sie seine Entgeisterung.

„Hugh“, rief Joscelyn verzweifelt – sie mußte als erste reden, denn wer konnte wissen, was er sagen würde? „Ich bin zurückgekommen. Ich war dumm – furchtbar dumm. Kannst du mir verzeihen? Willst du mich noch?“

Eine Stille trat ein, die Joscelyn endlos vorkam. Sie fröstelte. In der Halle war es sehr kalt. Hier hatte lange kein Feuer mehr gebrannt. Im ganzen Haus war es kalt. Es hieß sie nicht willkommen. Sie hatte sich ihm entfremdet.

Nach einer gefühlten Ewigkeit kam Hugh auf sie zu. Sein Blick bohrte sich in ihren. „Warum willst du zurückkommen? Liebst du – ihn nicht mehr?“

Joscelyn schauderte. „Nein – nein.“ Mehr konnte sie nicht sagen.

Wieder schwieg Hugh. Sein Herz schlug in wilder Euphorie. Sie war zu ihm zurückgekehrt – sie gehörte wieder ihm – nicht Frank Dark – nur ihm, ihm allein. Sie stand dort im Mondlicht, wo sie ihn vor so langer Zeit zum Narren gehalten hatte. Bat ihn um Verzeihung und um seine Liebe. Er mußte nur die Hand ausstrecken – sie an sich ziehen.

Aber Hugh Dark war nicht umsonst der Sohn seiner Mutter. Er verkniff sich die leidenschaftlichen Worte, die ihm auf der Zunge lagen. Er sprach kalt und streng. „Geh wieder nach Bay Silver – und zieh dein Hochzeitskleid und den Schleier an. Komm so zu mir zurück, wie du gegangen bist – als Braut zu ihrem Bräutigam. Dann – höre ich dich vielleicht an.“

Die stolze Joscelyn ging demütig. Sie hätte alles getan – alles, was Hugh befahl. Nie hatte sie ihn so geliebt wie in diesem Moment. Sie wäre auf allen vieren zu ihm gekrochen und hätte ihm die Füße geküßt, wenn er es verlangt hätte. Sie ging nach Bay Silver zurück, auf den Dachboden, und holte den Karton mit ihrem Brautkleid und dem Schleier. Sie zog beides an, wie eine Frau in Trance, die einer höheren Macht gehorcht.

„Gott sei Dank bin ich immer noch schön“, flüsterte sie.

Dann ging sie wieder nach Treewoofe, in schimmerndem Satin und im silbernen Licht des Mondes.

Onkel Pippin, der immer gerade da war, wo niemand ihn vermutete, sah sie und hielt sie im ersten Augenblick für ein Gespenst. Sein entsetzter Aufschrei war meilenweit zu hören. Onkel Pippin war nicht einverstanden. Wohlerzogene junge Frauen trieben sich nicht nachts im Mondschein herum und trugen Hochzeitskleider! Der Krug konnte Joscelyn nicht dazu bewogen haben. Also erklärte Onkel Pippin es sich mit ihrem spanischen Blut. Das brachte nur Ärger. Wirklich, seit Tante Beckys Tod passierten nur noch Merkwürdigkeiten. Er saß in seiner Kutsche und starrte ihr nach, bis sie verschwunden war. Als er den Schock verdaut hatte, fuhr er nach Hause.

Joscelyn hatte Onkel Pippin nicht einmal bemerkt. Sie ging weiter, vorbei an dem Friedhof, auf dem ihr Vater lag, die Straße in Richtung Three Hills hinauf. Seltsamerweise sah niemand sonst sie, und keiner glaubte Onkel Pippin, daß er sie gesehen hatte. Der arme alte Mann wurde wohl langsam wunderlich. Bildete sich Dinge ein, um sich wichtigzumachen.

Die Lichter des wunderschönen Treewoofe funkelten zwischen den hohen schmalen Birken, als sie zurückkam. Alle Zimmer waren erleuchtet, um sie willkommen zu heißen – ihre Herrin, auf die sie so lange gewartet hatten. Sie und Treewoofe waren wieder gute Freunde. Die Haustür stand offen – und Kobolde aus Feuer tanzten in der Halle. Der Spiegel über dem Kaminsims war wieder umgedreht, und Hugh wartete auf sie, vor dem Feuer, das er angezündet hatte. Als sie bittend in der Tür stand, kam er auf sie zu und führte sie über die Schwelle. Ein Trauring lag auf dem staubigen Sims – er hatte dort schon viele Jahre gelegen. Hugh nahm ihn und steckte ihn ihr an den Finger.

„Joscelyn!“ rief er plötzlich. „Oh, Joscelyn – meine Joscelyn!“

VII. Ein Traum geht in Erfüllung

Margaret hatte schon viele Hochzeitskleider für andere genäht und sich stellvertretend Träumen hingegeben, aber ihr eigenes fiel sehr prosaisch aus. Ihre Hochzeit sollte am ersten Oktober stattfinden. So hatten sie Zeit für Flitterwochen auf dem Festland, bevor der Tag der Entscheidung über das Schicksal des Kruges anstand.

Weder sie noch Penny freuten sich. Als das verhängnisvolle Datum näherrückte, war Penny sogar völlig verzweifelt. Anfangs dachte er daran, Margaret vorzuschlagen, die Hochzeit noch einmal zu verschieben – bis das Rätsel um den Krug gelöst war. Dann bliebe seine Chance gewahrt. Dann warf Penny den Kopf in den Nacken. So etwas wäre unehrenhaft. Er würde die Verlobung vorher lösen, denn lösen mußte er sie. Das wäre edelmütiger. Penny war sehr zufrieden mit sich.

Eines Abends ging er fest entschlossen zu Denzil. Kein Zögern mehr – Krug hin oder her, er würde wieder ein freier Mann sein. Er wußte seit gestern, daß er es nicht über sich bringen würde, Margaret zu heiraten. Sie hatte ihm gesagt, daß seine Uhr falsch ging. Penny wurde immer wütend, wenn man ihm sagte, seine Uhr gehe falsch. Es war nicht das erstemal, daß Margaret so einen Fauxpas begangen hatte. Und diese Frau sollte er heiraten. Was für eine furchtbare Aussicht!

Margaret hatte offenbar geweint. Und sie war eine der glücklichen Frauen, die weinen können, ohne eine rote Nase zu bekommen. Penny fragte sich grimmig, warum eine Frau, die mit ihm verlobt war, weinen sollte. Dann dachte er, daß sie vielleicht seine wahren Gefühle ahnte und deshalb weinte. Penny fühlte, wie er weich wurde – vielleicht – nein, das ging nicht. Er durfte jetzt kein Hasenfuß sein. Das hier war seine letzte Chance. Er wischte sich die Stirn ab.

"Mar'gret," sagte er bittend, „meinst du nicht, daß wir das Ganze besser absagen sollten?“

„Absagen – was?“ fragte Margaret.

„Die – die Heirat.“

„Willst du mich nicht heiraten?“ sagte Margaret, und ihre Augen glänzten plötzlich.

Es jagte Penny Angst ein. „Nein“, sagte er schroff.

Margaret stand auf und atmete tief durch. „Oh, ich bin so dankbar – so dankbar“, sagte sie milde.

Penny starrte sie an, und Wut stieg in ihm auf. Das war das letzte, womit er gerechnet hatte. „Dankbar – dankbar? Wofür zum Teufel bist du dankbar?“

Margaret war in zu gehobener Stimmung, um an seinem Fluch Anstoß zu nehmen. „Oh, Penny, ich wollte dich auch nicht heiraten. Ich habe nur mitgespielt, weil ich dich nicht enttäuschen wollte. Du ahnst nicht, wie froh ich bin, daß es dir nichts ausmacht.“

Penny blickte recht miesepetrig drein. Es war eine Sache, einer Frau zu erklären, daß man sie nicht heiraten wollte, aber es war eine ganze andere Sache, sie so erleichtert darüber zu sehen. „Ich hätte dich sowieso nur aus Mitleid geheiratet, Mar'gret," sagte er.

Margaret lächelte. Hier zeigte sich, daß Pennys Urgroßmutter eine Griscom gewesen war. „Das ist nicht nett von dir“, murmelte sie. „Und würdest du bitte daran denken, daß ich Margaret heiße – und nicht Mar'gret. Hier ist dein Ring – und ich habe heute abend etwas sehr Wichtiges zu erledigen.“

Nach dieser kühlen Entlassung ging Penny – steif, ungelenk, ohne ihr auch nur die Hand zu geben, sich zu verbeugen oder einen Blick zurück. Er war beleidigt.

Das wichtige, das Margaret zu erledigen hatte, war ein Brief. Sie hatte geweint, weil plötzlich – unglaublich – magisch – ein Traum wahrwerden konnte, wenn sie nicht heiraten mußte. Und nun, da die Heirat abgeblasen war, konnte der Traum Wirklichkeit werden. Der Brief war an Nigel Penhallow.

Danach fühlte sich Margaret wieder sonderbar jung, als sei die Zeit um dreißig Jahre zurückgedreht worden. Sie eilte im Mondschein nach Whispering Winds. Es würde ihr gehören – das liebe, freundliche Whispering Winds. All die herrlichen Dinge in seinem Garten würden geliebt und umsorgt werden. Das kleine Haus würde jedes Jahr zweimal verputzt werden und immer weiß wie eine Perle sein. Sie würde kühle, erfrischende Morgen dort verbringen – graue, liebliche Abende –es würde herrlich ruhig sein, niemand würde je ihre Tür öffnen, ohne anzuklopfen. Sie würde mit ihren Träumen allein sein. Sie konnte lachen und weinen und – und – fluchen, wenn ihr danach war. Und sie würde ein Baby adoptieren. Ein Baby mit Grübchen in den Wangen, blauen Augen und goldenen Locken. Es mußte irgendwo ein solches Baby geben, das nur darauf wartete, auf den Arm genommen und geknuddelt zu werden.

Sie betrachtete liebevoll die Bäume, die ihre sein würden. Whispering Winds gehörte seinen Bäumen, und seine Bäume gehörten ihm. Eine kleine Birke wuchs dicht neben dem Haus, eine Weide breitete ihr schützendes Dach über ihm aus. Ein Ahornbaum schaute um die Ecke. Kleine buschige Fichten kauerten unter den Fenstern. Geliebtes Whispering Winds. Und die gute Tante Becky hatte all das möglich gemacht. Margaret betete, daß ihr die Sünde der Undankbarkeit verziehen würde.

Niemand aus der Familie fand je heraus, warum die Verlobung gelöst worden war. Es war undenkbar, daß Margaret es getan hatte, auch wenn Penny aus einem Grund, den nur er selbst kannte, einen traurigen Eindruck machte.

„All diese Geheimnisse machen mich wahnsinnig", stöhnte Onkel Pippin, „aber ich wette, daß dieser verflixte Krug irgendwie dahintersteckt."

Die Verwandten waren überrascht, als sie hörten, daß Margaret Richard Dark das Häuschen der alten Tante Louisa abgekauft hatte, und noch überraschter, als sie erfuhren, daß sie die Ausgabe des *Pilgrim's Progress*, die Tante Becky ihr geschenkt hatte, für eine horrende Summe an einen New Yorker Sammler verkauft hatte. Für sage und schreibe zehntausend Dollar. Es war eine Erstausgabe und wäre in gutem Zustand dreißigtausend wert gewesen. Jetzt war klar, warum sie Penny so herzlos abserviert hatte. Penny kaute noch lange an der Sache. Wer hätte sich je träumen lassen, daß jemand so verrückt sein würde, zehntausend Dollar für so ein altes Buch zu bezahlen? Zehntausend Dollar! Aber es war zu spät. Er und die Familie trugen es Margaret ewig nach – nicht, daß sie das Buch verkauft hatte, sondern daß sie es überhaupt von Tante Becky bekommen hatte. Wieso hatte sie mehr Anspruch darauf gehabt als alle anderen? Denzil war besonders mürrisch. Er fand, daß Margaret bei ihm hätte wohnen bleiben und ihr Geld zum Wohl seiner Familie verwenden sollen.

„Es für ein Haus zu verschwenden, das du gar nicht brauchst", sagte er bitter. „Es wäre vernünftiger, etwas für einen regnerischen Tag zurückzulegen."

„Der Regenschirm ist schon erfunden", sagte Margaret unbekümmert.

VIII. Die Zeit der Rosen

Gay stand an der Pforte und sah zu, wie ein großer roter Mond über den Fichten aufging. Hinter ihr leuchtete der Himmel im Sonnenuntergang. Der Wind trug ein fernes Lachen zu ihr. Offenbar gab es noch Lachen auf der Welt. Sie war allein und froh darüber. Jetzt gerade war das Leben nur erträglich, wenn sie allein war.

Gay war schon seit Wochen niedergeschlagen, rastlos und gleichgültig. Das neue Haus begeisterte sie nicht mehr; alles war befleckt. Sie wünschte sich matt, sie könnte einfach verschwinden – oder sterben – oder wenigstens aufhören zu existieren. Das Leben war zu verwirrend. Noel ging ihr nicht aus dem Kopf. Was machte er, was dachte er, was fühlte er? War er sehr unglücklich? Oder war er – klüger geworden? Wenn sie nur die Antworten auf diese Fragen wüßte! Aber sie würde sie nie erfahren. Und in etwas mehr als einem Monat mußte sie Roger heiraten.

Sie war noch da, als Noel kam. Jetzt, da sie nicht auf ihn wartete – und Roger heiraten würde –, kam er. Als sie den Kopf hob, stand er direkt vor ihr. Er sah aus wie ein Filmstar – umwerfend und – und – adrett! Ja, adrett, genau wie der kleine Penny Dark. In zwanzig Jahren würde er aussehen wie Penny Dark. Gay schwirrte der Kopf, und sie fragte sich, ob sie verrückt werden würde.

„Noel!“ stieß sie hervor.

„Ja, ich bin es.“ Er kam auf sie zu und nahm ihre Hand.

Sie sah ihn an. War er kleiner geworden? Nein, sie hatte sich nur daran gewöhnt, zu Roger aufzublicken. Noels Haare waren zu kraus – was hatte Nan einst über die Brennschere gesagt? Oh, was war in sie gefahren? Warum dachte sie solche absurden Dinge – in diesem herrlichen Moment, in dem Noel zu ihr zurückgekommen war?

Noel lehnte sich über die Pforte und redete wie ein Wasserfall. Er sagte, er habe sich nie wirklich etwas aus Nan gemacht. Nan sei hinter ihm hergewesen – ihm nachgelaufen – er sei kurze Zeit vernarrt gewesen – aber geliebt hatte er immer nur sie, Gay. Würde sie ihm verzeihen und ihn zurücknehmen?

Noel hatte offenbar kaum einen Zweifel, daß sie ihm verzeihen würde. Er hatte, dachte Gay, eine hohe Meinung von seiner eigenen Anziehungskraft. Er legte ihr die Hände auf die Schultern und zog sie an sich. Danach hatte sie sich monatelang gesehnt – und jetzt, als es soweit war, ertappte sich Gay dabei, daß sie lachte – sich ausschüttete vor Lachen. Es klang etwas hysterisch, aber das merkte Noel nicht. Er ließ sie abrupt los und wich einen Schritt zurück.

„Du bist – so – so – komisch!“ keuchte die arme Gay.

„Es tut mir leid“, sagte Noel steif. Das hatte er nicht erwartet.

Gay zwang sich, mit dem Lachen aufzuhören, und sah Noel an. Der alte Zauber war verflogen. Sie sah ihn, wie sie ihn nie zuvor gesehen hatte – und wie ihre Familie ihn immer gesehen hatte. Er war ein gutaussehender Bursche, der glaubte, daß jedes Mädchen in ihn verliebt sei, oberflächlich und selbstsüchtig. Hatte sie diesen Menschen wirklich geliebt? Liebe! Sie hatte keine Ahnung davon gehabt, bis zu diesem Augenblick, als ihr klar wurde, daß sie Roger liebte. Roger, der ein Mann war! Dieser Noel war nur ein Junge. Und das würde er auch immer bleiben, und sollte er hundert werden – flatterhaft, eitel und leer. Sie hatte sich eingebildet, sie sei in ihn verliebt – sich eingebildet, ihr sei das Herz gebrochen, als er sie verließ – und jetzt –

Es liegt alles ewig lange zurück, dachte sie entgeistert.

Als sie die Sprache wiedergefunden hatte, sagte sie Noel, daß er gehen sollte. Ihre Stimme zitterte immer noch, und Noel dachte, daß sie sich über ihn lustig machte. Er stolzierte empört davon. Es war eine neue, sehr gesunde Erfahrung für Noel Gibson, ausgelacht zu werden. Es tat ihm gut – er war nie wieder ganz so überzeugt von sich.

Gay stand noch lange an der Pforte und versuchte, sich wieder zu fassen. Der Himmel verschwand in der Dunkelheit, und das Mondlicht fiel auf sie. Goldenes Herbstlaub rieselte auf sie herab. Sie liebte die Nacht – sie liebte alles. Sie fühlte sich wie neugeboren. Was für ein Glück, daß Noel zurückgekommen war. Sonst hätte sie sich vielleicht für immer eingebildet, daß sie ihn liebte – und nie den himmelweiten Unterschied zwischen ihm und Roger gesehen. So schnell zurückzukommen – so ungeniert. Hatte er gar keine Tiefe? Konnte er überhaupt wirklich lieben? Aber er war gekommen – und das hatte sie von ihren eingebildeten Fesseln befreit.

„Wenn der Krug nicht gewesen wäre, wäre ich immer noch mit ihm verlobt – oder vielleicht schon verheiratet!“ Sie schauderte. Wie schrecklich das wäre – mit jemand anderem verheiratet zu sein als mit Roger! Sie konnte sich überhaupt nicht vorstellen, mit jemand anderem als Roger verheiratet zu sein. Gott segne Tante Becky!

Trotz allem hatte sie ein flüchtiges Gefühl von Verlust und Vergeblichkeit. Soviel Leidenschaft und Schmerz für nichts! Es tat weh, daß es ihr jetzt so albern vorkam. Es tat weh, zu erkennen, daß sie nur in die Liebe verliebt gewesen war. Die Familie hatte recht gehabt – ach, nur allzu recht. Das gab ihr einen kleinen Stich. Es ist nicht angenehm, wenn man seiner Familie darin zustimmen muß, daß man eine dumme Gans war.

Aber es machte ihr nichts aus. Sie war froh, daß ihre Familie recht gehabt hatte. Oh, es war schön, sich wieder lebendig zu fühlen – was so lange nicht der Fall gewesen war. All die verlorene Farbe und das Lachen des Lebens waren wieder da. Die Zeit der Apfelblüten war vorbei, und nichts konnte sie zurückbringen. Jetzt war die Zeit der Rosen – die Zeit der Liebe einer Frau. Die Monate des Leidens hatten eine Frau aus Gay gemacht. Sie streckte die Arme nach der Nacht aus – nach der wunderschönen silbernen Septembernacht.

„Da stehst du im Mondlicht", sagte jemand – ein Geliebter mit einer geliebten Stimme.

„Oh, Roger!" Gay wandte sich um und warf sich in seine Arme. Sie blickte zu ihm auf – schlang die Arme um seinen Hals – und küßte ihn zum erstenmal.

Er hielt sie ein Stück von sich ab und schaute sie an, als könne er sich nicht sattsehen. Sie war so hinreißend im Mondlicht, mit glänzenden Augen und windzerzaustem Haar.

„Gay! Du liebst mich!" sagte er ungläubig.

„Ich werde ein ganzes Leben brauchen, um dir zu sagen, wie sehr – und dabei weiß ich es erst seit einer Stunde", flüsterte Gay. „Du bist mir nicht böse, weil ich so albern war, nicht wahr, Roger? Du wirst noch merken, daß ich endlich klug geworden bin."

Auf dem Nachhauseweg begegnete Roger dem Mondmann. „Manchmal bekommt man den Mond", sagte Roger zu ihm.

IX. Ein neues Zuhause

Der kleine Brian Dark schlenderte die Straße entlang und hielt Ausschau nach ein paar jungen Rindern seines Onkels Duncan, die ausgebrochen waren. Sein Onkel hatte ihm gesagt, daß er erst nach Hause kommen sollte, wenn er sie gefunden hatte, und er konnte keine Spur von ihnen entdecken. Ein Regenschauer braute sich zusammen, und es war ein sehr finsterer, kalter und melancholischer Oktoberabend. Das Ende der Hafenstraße war im Nebel verschwommen, ein oder zwei gespenstische Segelboote trieben auf der Bucht dahin. Brian fühlte sich schrecklich allein auf der Welt. Ihm tat das Herz weh, als er an glücklichen Heimen vorbeiging und durch erleuchtete Küchenfenster Kinder sah, die es besser hatten als er. Einmal sah er einen Jungen in seinem Alter, der neben seiner Mutter stand. Die Mutter legte den Arm um ihn und gab ihm einen Kuß.

Brian unterdrückte ein Schluchzen. Ich frage mich, dachte er traurig, wie es ist, wenn man geliebt wird.

Dann und wann stieg ihm durch eine offene Tür der Duft köstlicher Gerichte in die Nase. Er war sehr hungrig, denn er hatte kein Abendessen gehabt. Und sehr müde, weil er den ganzen Tag Kartoffeln gepflückt hatte. Aber er wagte nicht, ohne das Jungvieh nach Hause zu kommen.

Sim Dark, den er schüchtern fragte, sagte, er habe ein paar junge Rinder auf der Küstenstraße gesehen, die nach Little Friday Cove führte. Sim hatte Mitleid mit dem kleinen Brian, als er weiterfuhr. Das Kind sah aus, als bekomme es nicht einmal halb soviel zu essen, wie es brauchte. Und der dünne Pullover war nicht warm genug für einen kalten Herbstabend. Die Duncan Darks sollten sich schämen. Und dann kam Sim nach Hause zu seinem köstlichen Abendessen und seiner ordentlich angezogenen Familie und vergaß Brian völlig.

Brian stapfte die lange, zugewachsene Straße nach Little Friday Cove hinunter. Es wurde sehr dunkel, und er hatte Angst. Beim kleinen Sam brannte ein fröhliches Licht, das durch den einsetzenden Regen schimmerte. Brian ging zu dem Haus und fragte ihn, ob er die Kälber gesehen habe. Der kleine Sam hatte sie nicht gesehen, aber er ließ Brian hereinkommen und bei sich zu Abend essen. Brian wußte, daß er nicht hineingehen sollte, bevor die Kälber gefunden waren, aber der Duft der Suppe war zu verlockend. Und es war so warm und gemütlich im Wohnzimmer. Außerdem mochte Brian den kleinen Sam. Der kleine Sam hatte ihn einmal in seinem Ruderboot mitgenommen, der Golf hatte geglänzt wie Satin, und im Westen hatte ein kleiner Neumond geleuchtet. Es war eine der wenigen schönen Erinnerungen, die Brian hatte.

„Es gibt gleich Regen“, sagte der kleine Sam und füllte großzügig Suppe in einen Teller. „Mir tut schon seit zwei Tagen das Schienbein weh.“ Der kleine Sam seufzte. „Die Jahre machen sich bemerkbar“, sagte er.

Nach dem Abendessen regnete es in Strömen.

Der kleine Sam bestand darauf, daß Brian über Nacht bei ihm blieb. „In so einer Nacht solltest du nicht draußen herumlaufen. Hör nur, wie es stürmt. Bleib hier und such morgen früh nach deinen Kälbern. Wahrscheinlich findest du sie auf Jake Harmers Waldwiese. Seine Zäune sind in schlechtem Zustand.“

Brian gab nach. Er hatte Angst, im Dunkeln nach Hause zu gehen. Und hier war es warm und gemütlich. Er dachte mit einem unguten Gefühl an Cricket. Aber wenn Cricket kam, würde er sich wahrscheinlich auf Brians Bett zusammenrollen und es sich gutgehen lassen. Ihm würde schon nichts geschehen.

Für Brian war es der schönste Abend seit langem. Er saß am Feuer des kleinen Sam, streichelte Mustard – die eine sehr lieber alte Katze war, auch wenn man sie nicht mit Cricket vergleichen konnte – und lauschte haarsträubenden Schauergeschichten. Dem kleinen Sam kam nicht der Gedanke, daß er Brian keine Gespenstergeschichten erzählen sollte. Er hatte lange keinen Zuhörer mehr für seine Geschichten gehabt und in diesem Herbst viele Abende einsam verbracht. Er fürchtete, daß dieser Winter so werden würde wie der letzte, aber er verlor kein Wort über den großen Sam. Die Sams sprachen gar nicht mehr miteinander. Der kleine Sam zeigte nur stolz auf Aurora und fragte Brian, ob er sie hübsch fand. Das fand Brian. Die weiße Gestalt erinnerte ihn an Musik im Mondschein und Wolken am Morgenhimmel und das bißchen Schöne, das er erlebt hatte und das – wenn er nicht zu müde und hungrig war – Harmonie in seiner Seele schuf.

Es dauerte lange, bis Brian schlafen konnte. Er rollte sich in der Koje zusammen, die einst dem großen Sam gehört hatte. Der Wind rüttelte an den Fensterläden, und es regnete in Strömen. Der Wind war schwach und die Wellen nicht allzu hoch, aber ihr Klang war seltsam – einsam und schluchzend. Brian fragte sich, ob seine Tante und sein Onkel sehr böse auf ihn sein würden, weil er nicht nach Hause kam, und ob Cricket ihn vermißte.

Als er endlich einschlief, hatte er einen schrecklichen Traum. Er war allein auf einer unendlich weiten, verschneiten Wiese im Mondlicht. Direkt vor ihm stand ein riesiges Geschöpf – es sah aus wie der Wolf auf den Bildern von Rotkäppchen, aber zehnmal größer, als ein Wolf sein konnte, mit knurrender Schnauze und bösen glühenden Augen. Aus diesen Augen blickte ein so teuflischer Haß, daß Brian laut schrie und davon aufwachte.

Im Zimmer herrschte graue Morgendämmerung. Der kleine Sam schnarchte friedlich, und Mustard lag zusammengerollt auf seinem Bauch. Der Wind und der Regen hatten aufgehört, und als Brian aus dem Fenster schaute, sah er eine Welt, die grauen Nebel gehüllt war. Aber der schreckliche Traum verfolgte ihn immer noch. Irgendwie – er konnte nicht sagen, warum – war er sicher, daß es etwas mit Cricket zu tun hatte. Er schlüpfte leise aus dem Bett und in seine zerlumpten Kleider – aus dem Haus – und schloß die Tür hinter sich. Eine Stunde später war er zu Hause. Es war noch niemand wach, und in der Garage stand ein fremdes Auto. Brian schlich auf Zehenspitzen durch die Küche und kletterte die Leiter zur Dachkammer hinauf. Sein Herz hämmert schmerzhaft. Er betete verzweifelt, daß er Cricket vorfinden würde, warm, weich und schnurrend.

Statt dessen fand Brian seinen Onkel Duncan, der in seinem Bett schlief. Nirgends eine Spur von Cricket. Brian setzte sich auf den Boden und fühlte sich elend. Er wußte, was passiert sein mußte – was schon einmal passiert war. Es waren Gäste gekommen – mehr Gäste, als Betten da waren.

Sein Onkel hatte sein eigenes Bett abgetreten und schlief in der Dachkammer.

War Cricket dagewesen? Und wenn ja, war er heil wieder weggekommen? Brian stellte sich diese Fragen immer wieder, als sein Onkel aufwachte, sich reckte, sich aufsetzte und ihn ansah. „Hast du die Rinder gefunden?“ sagte er.

„Nei-ei-ein, aber der kleine Sam glaubt, daß sie auf Jake Harmers Waldwiese sind. Ich gehe gleich hin und hole sie.“ Brians Stimme zitterte, aber nicht aus Sorge um die Rinder. Was – oh, was war mit Cricket passiert?

Duncan Dark gähnte. „Tu das. Und wo ist die Katze hergekommen, die mir die Pfote ins Gesicht gelegt und mich aufgeweckt hat? Hast du Katzen hier, Junge?“

„Nei-ei-ein, nur eine – sie ist manchmal abends gekommen“, keuchte Brian. Ihm war eiskalt.

„Nun, sie kommt nicht wieder. Ich habe ihr den Hals umgedreht. Nun, lauf den Kühen hinterher. Du hast noch viel Zeit bis zum Frühstück.“

Später fand Brian die arme Leiche seines kleinen Haustiers im Gebüsch unter dem Fenster. Es brach ihm das Herz, als er Cricket aufhob und versuchte, die glasigen Augen zu schließen. Er fühlte sich so hilflos – so allein. Das einzige Wesen auf der Welt, das ihn geliebt hatte, war tot – ermordet. Nie wieder würde er das Tappen kleiner Pfoten auf dem Dach hören – nie wieder würde sich eine weiche Pfote im Dunkeln auf sein Gesicht legen – nie wieder würde ein schnurrendes Wesen sich liebevoll an ihn kuscheln. Es gab keinen Gott. Nicht einmal ein junger gleichgültiger Gott konnte so etwas zulassen.

Als der Abend kam, wußte Brian, daß er nicht in seine Kammer gehen konnte. Er konnte nicht allein dort liegen und auf Cricket warten, der nie wiederkommen würde – Cricket, der kalt und starr in dem kleinen Grab lag, das Brian unter dem wilden Kirschbaum für ihn geschaufelt hatte. In seiner Verzweiflung rannte der Junge weg – weg von dem Haus. Er wußte kaum, wo er hinlief. Sein Instinkt – keine Absicht – lenkte seine Schritte auf den Friedhof von Rose River und an das verwahrloste Grab seiner Mutter. Er warf sich auf das Grab und schluchzte herzzerreißend.

„Oh, Mutter – Mutter. Ich wünschte, ich wäre tot – und bei dir. Mutter – Mutter – hol mich – ich kann nicht weiterleben – ich kann nicht – ich kann nicht. Bitte, Mutter!“

Margaret Penhallow stand neben ihm und schaute auf ihn hinunter. Sie war bei Artemas Dark gewesen, um ein Kleid für May Dark vorbeizubringen, und hatte auf dem Rückweg eine Abkürzung über den Friedhof genommen. Sie ging langsam, denn sie war gern an diesem verträumten Ort, wo so viele ihrer Angehörigen ruhten und wo der frostige Westwind über alte Gräber fegte. War das der Sohn der armen Laura Dark? Und warum war er so unglücklich?

Sie beugte sich hinunter und legte ihm die Hand auf die Schulter. „Brian – was ist los, Kleiner?“

Brian fuhr heftig zusammen und stand auf. Er wurde wieder er selbst, und seine schmerzlichen kleinen Schluchzer verstummten.

„Brian – erzähl es mir.“

Brian hatte gedacht, daß er es nie jemandem erzählen könnte. Aber Margarets sanfte graublaue Augen blickten so liebevoll und mitfühlend. Ehe er sich versah, erzählte er ihr schluchzend die Geschichte des armen Cricket.

„Ich hatte doch nur ihn – und niemand außer Cricket hatte mich lieb.“

Margaret stand ein paar Augenblicke ganz still da und streichelte Brians Kopf. In diesen wenigen Sekunden verschwand der Traum von einem goldhaarigen Baby für immer. Sie wußte, was sie tun mußte – und wollte.

„Brian, möchtest du bei mir leben – auf Whispering Winds? Ich ziehe nächste Woche dort ein. Du kannst mein kleiner Junge sein – und ich werde dich liebhaben. Ich habe deine Mutter geliebt, als wir beide noch Mädchen waren.“

Brian hörte auf zu weinen und sah sie ungläubig an. „Oh, Miss Penhallow – meinen Sie das ernst? Darf ich wirklich bei Ihnen leben? Und wird – wird Onkel Duncan es erlauben?“

„Ja, das meine ich ernst. Und ich glaube, daß dein Onkel froh sein wird, dich los – dich zu mir kommen zu lassen. Weine nicht mehr, mein Kleiner. Lauf schnell nach Hause – es ist viel zu kalt hier draußen. Nächste Woche regeln wir alles. Und nenn mich Tante Margaret!“

„Oh, Tante Margaret!“ Brian griff nach ihrer Hand – ihrer schönen schmalen Hand, die ihm so gütig übers Haar gestrichen hatte. „Ich – ich – oh, ich fürchte, du hast mich nicht mehr lieb, wenn du alles über mich weißt. Ich bin – ich bin kein guter Junge, Tante Margaret. Tante Alethea sagt es. Und sie – sie hat recht. Ich wollte nicht zur Kirche, Tante Margaret, weil meine Kleider so schäbig waren. Ich weiß, daß das schlecht von mir war. Und ich – ich hatte so schreckliche Gedanken, als Onkel Duncan mir erzählt hat, daß er Cricket umgebracht hat. Oh, Tante Margaret, ich möchte nicht, daß du enttäuscht von mir bist, wenn du merkst, daß ich kein guter Junge bin."

Margaret lächelte und legte den Arm um ihn. Wie mager der arme Kleine war! „Dann werden wir beide zusammen gemein und ungezogen sein, Brian! Komm, mein Junge, ich gehe mit dir nach Hause. Dir ist kalt – du zitterst ja! An so einem Abend solltest du nicht ohne Jacke draußen sein."

Sie gingen über den Friedhof, vorbei an Tante Beckys Grab und dem schimmernden Denkmal und die Straße hinunter, Hand in Hand. Sie beide waren plötzlich sehr glücklich, weil sie wußten, daß sie zusammengehörten. Als Brian an jenem Abend einschlief, hingen noch die Tränen an seinen Wimpern, die er um den armen Cricket vergossen hatte. Aber er hatte das warme Gefühl, von Liebe umgeben zu sein – ein Gefühl, das er nie gekannt hatte. Margaret lag vor Seligkeit wach. Sie hatte Whispering Winds und ein einsames kleines Wesen, das sie liebhaben und umsorgen konnte. Mehr verlangte sie nicht – nicht einmal Tante Beckys Krug.

6. Schließlich, Brüder und Schwestern[26]

I. Der 31. Oktober

Die Familie hatte sich kaum von der Überraschung über Hughs und Joscelyns Versöhnung erholt, als der letzte Tag des Oktobers näherrückte – der Tag, an dem bekanntgegeben werden sollte, wer Tante Beckys Krug bekommen würde. Die anfängliche Aufregung hatte sich etwas gelegt, vor allem angesichts all der baldigen Hochzeiten – „Dieses Jahr wird viel geheiratet", wie Onkel Pippin sagte –, aber jetzt flammte es wieder auf, und man fragte sich besorgt, warum sich Dandy so verändert hatte.

Denn Dandy hatte sich verändert. Niemand konnte es abstreiten. Er war geheimnistuerisch geworden, mürrisch, unfreundlich, geistesabwesend. Er fauchte die Leute an. Er ging regelmäßig zur Kirche, aber er blieb nie länger, um nach dem Gottesdienst mit den anderen zu reden. Auf Treffen beim Hufschmied ließ er sich nicht mehr sehen, und samstags in der Stadt auch nicht. Einige sagten, es sei wegen des Feuers, aber die Mehrheit glaubte nicht daran. Dandy hatte praktisch nichts durch das Feuer verloren, bis auf seine Gästezimmermöbel. Er war gut versichert und hatte ein altes Haus auf seinem zweiten Hof, in dem er vorübergehend wohnen konnte. Es mußte mit dem Krug zu tun haben. Mußte Dandy wirklich entscheiden, wer den Krug bekam, und hatte er Angst vor den Folgen?

„Er sieht aus wie einer, der ein schlechtes Gewissen hat", sagte Stanton Grundy.

„Kann nicht sein!" sagte Onkel Pippin. „Dandy hatte noch nie ein Gewissen, jedenfalls kein erwähnenswertes."

„Dann leidet er an nervöser Erschöpfung", sagte Grundy.

„Das würde mich nicht wundern", stimmte Onkel Pippin zu. „Den Krug ein Jahr lang zu bewachen und vielleicht entscheiden zu müssen, wer ihn bekommt, würde jeden strapazieren."

„Glaubst du", Sim Dark brachte eine schreckliche Möglichkeit zur Sprache, „daß Mrs. Dandy den Krug zerdeppert hat?"

Die Spannung wuchs, als der letzte Oktobertag nahte. der ertrunkene John und Titus Dark dachten beide daran, daß sie – egal, wer den Krug bekam – in einer Woche endlich wieder fluchen durften. William Y. hatte in Charlottetown einen neuen Mahagonitisch gekauft, und dem Tratsch zufolge war der Tisch als Platz für den Krug gedacht. Der alte Miller Dark ließ das letzte Kapitel sei-

26 Philipper 4, 8.

ner Chronik unvollendet, bis er den Namen des Glücklichen eintragen konnte. Chris Penhallow warf seiner vernachlässigten Geige liebevolle Blicke zu. Mrs. Allan Dark, die dank Kraft und Entschlossenheit noch am Leben war, dachte mit einem müden Seufzen, daß sie nach dem einunddreißigsten Oktober in Frieden sterben konnte.

„Und Edith muß ausgerechnet in dieser Woche ihr Baby bekommen", jammerte Mrs. Sim Dark.

Es sah Edith ähnlich, zu so einem ungünstigen Zeitpunkt ein Baby zu bekommen. Ihre Mutter fand, daß sie die Dinge besser hätte planen können.

Endlich war der große Tag da. Ein grauer Tag mit grauem Wind. Herbstliche Wälder, vor kurzem noch ein Traum aus Gold und Dunkelgrün, waren jetzt kahl und farblos. Felder mit roten Furchen auf dem Hügel von Treewoofe zeugten von Hughs Arbeitseifer. Eine große Pyramide aus goldenen Kürbissen türmte sich auf Homer Penhallows Hof auf. Der Golf war tiefblau, und die Weiden träumten vor sich hin.

Alle waren bei Dandy, bis auf die arme Mrs. Sim – Edith hatte ihre Drohung wahrgemacht – und die Jim Trents, die wegen der Masern unter Quarantäne standen und sich bitter fragten, ob sie Gott umsonst gedient hatten. Dandys Bulldogge Alphonso saß vor der Tür, als rechne er damit, nie etwas anderes zu tun.

„Du bist wirklich das häßlichste Vieh, das ich je gesehen habe", sagte Peter zu ihm – was die Gefühle des Hundes kein bißchen verletzte. Er gab nur ein Geräusch von sich, bei dem einem das Blut in den Adern gefror und Mrs. Toynbee Zuckungen bekam.

„Bekommen wir etwas zu essen, Dandy?" flüsterte Onkel Pippin.

„Ich glaube, meine Frau hat etwas vorbereitet", sagte Dandy nervös. Er rechnete nicht damit, daß noch jemand viel Appetit haben würde, nachdem sie erst einmal gehört hatten, was er zu sagen hatte.

Murray Dark saß da und sah wie immer Thora an – mit einem Unterschied: Er fragte sich, wann der Anstand es erlaubte, daß er ihr den Hof machte. Wenn Chris eines natürlichen Todes gestorben wäre, hätte Murray nur drei Monate gewartet. Aber so, wie die Dinge lagen, dachte er, daß sechs Monate besser seien. Margaret trug ein wunderschönes graues Seidenkleid – es hätte ihr Hochzeitskleid werden sollen – und sah so jung und hübsch und glücklich aus, daß Penny Bedenken wegen seiner Entscheidung kamen und Stanton Grundy sich fragte, ob er vielleicht doch wieder heiraten sollte. Von den zehntausend mußte noch eine ganze Menge übrigsein, obwohl sie so albern gewesen war, diese kleine Bruchbude zu kaufen und mit neuen Möbeln einzurichten. Stanton beschloß, es sich zu überlegen. Schließlich entschied er sich dagegen, und das war auch gut so, denn Margaret hatte kein Interesse mehr an einer Heirat. Sie hatte Whispering Winds und Brian und war rundum glücklich. Sie interessierte sich nicht einmal mehr für den Krug.

Donna interessierte sich immer noch ein wenig dafür, aber nicht mehr so sehr. Schließlich konnte man einen solchen Krug nicht mit nach Afrika nehmen. Sie dachte mehr an das Frühstück am Hochzeitstag und die Dekoration der Kirche. Und Peter, der geborene Weltenbummler, fand sich in den Vorbereitungen für eine konventionelle Hochzeit mit allem Drum und Dran wieder. der ertrunkene John bestand darauf. Er wünschte sich eine große prächtige Feier, ganz nach der Tradition der Familie. Bei Donnas hastiger Kriegstrauung mit Barry war er darum betrogen worden, aber zum – Engel, diesmal würde er es sich nicht entgehen lassen. Und Gott sei Dank waren ordentliche Kleider wieder in Mode! der ertrunkene John entschied, daß Donnas Hochzeitskleid bis zum Boden reichen sollte. Donna war es egal. Dort, wohin sie Peter begleitete, würde sie nur noch Knickerbocker tragen. Glücklicherweise wußte der ertrunkene John nichts davon. Es hätte ihn noch mehr aufgeregt als der Gedanke an die Löwen.

Roger saß da und himmelte Gay offen und schamlos an – ihr schimmerndes Haar, ihre bernsteinfarbenen Augen, ihre graziösen Hände. Er sah so glücklich aus, daß sich einige etwas unbehaglich fühlten, als würde er das Schicksal herausfordern.

Nan war da und warf allen und allem mit ihren grünen Augen spöttische Blicke zu, aber sie vermied es, Gay anzusehen. Thomas Ashley und seine Frau aus Halifax waren da, obwohl die Familie fand, daß sie kein Recht dazu hatten. Sie waren keine Verwandten, sie waren nur zu Besuch bei den William Y.s. Niemand, der Thomas' Mondgesicht, seinen verkniffenen Mund die Brille mit Schildpattrand gesehen hätte, hätte sich träumen lassen, daß eine romantische Erinnerung ihn zu dem Treffen getrieben hatte. Er wollte Mrs. Clifford Penhallow wiedersehen. Er war in seiner Jugend leidenschaftlich in sie verliebt gewesen und, wie seiner Frau bitter bewußt war, nie ganz darüber hinweggekommen. Thomas warf allen Frauen im Zimmer verstohlene Blicke zu. Mrs. Clifford war noch nicht erschienen, und er fragte sich, wer die grimmig aussehende, unscheinbare Frau vor dem Kamin war.

Hugh und Joscelyn waren da, auch wenn Joscelyn lieber zu Hause geblieben wäre, um die Balken im Gästezimmer von Treewoofe zu streichen. Rachel Penhallow war da, so glücklich, wie sie sein konnte. Penny Dark hatte gehört, daß ihre Flasche Jordanwasser vergossen worden war und ihr prompt seine eigene geschickt, froh, das absurde Ding loszusein. Rachel hatte ihre Milchdiät sofort aufgegeben. Kate und Frank waren mit ihrem Baby da. Das Baby brüllte die meiste Zeit, und Stanton Grundy sah es wütend an. Tempest Dark war da. Lawson und Naomi Dark waren da. Naomi sah noch älter, müder und hoffnungsloser aus als sonst. David Dark war da und fühlte sich sicher, daß Dandy jedenfalls nicht verlangen würde, daß er zur Eröffnung ein Gebet sprach. Onkel Pippin war da und fragte sich, warum trotz all der unterdrückten Aufregung alles etwas flach wirkte. Nicht wie Tante Beckys Empfänge. Onkel Pippin kam zu dem Schluß, daß alle viel zu höflich waren. Das war Tante Becky nie gewesen, und deshalb waren ihre Empfänge interessant gewesen.

II. Die Bombe platzt

Der entscheidende Moment war gekommen. Dandy war eingetreten und stand vor dem Ofen, den Rücken zum Kaminsims. Er war totenbleich, und seine Hände zitterten. Plötzlich wurde die Anspannung fast unerträglich. Artemas Dark versuchte, sich zu beruhigen, indem er die Rosen im Muster der Tapete zählte. Rachel Penhallow hatte sofort das Gefühl, daß etwas passieren würde. Mrs. Howard dachte mit einem Keuchen daran, daß die Fenster in diesem Haus wahrscheinlich hundert Jahre nicht geöffnet worden waren. Warum hatte Mrs. Dandy so ein prasselndes Feuer angezündet, das sogar für einen kalten Oktobertag zu heiß war? Aber sie war ja immer etwas verrückt.

Dandy hatte diesen Augenblick einst herbeigesehnt, in dem er, die Autorität in Person, vor ihnen allen stehen und Tante Beckys Entscheidung verkünden würde. Und jetzt wünschte er sich, er wäre tot. Er wandte sich plötzlich an Percy Dark.

„Würde es dir etwas ausmachen, mit diesem ewigen Trommeln aufzuhören?“ fragte er gereizt.

Percy fuhr zusammen und hörte auf. Er wollte etwas sagen, aber der ertrunkene John gab ihm einen Knuff.

„Reg dich ab“, sagte der ertrunkene John.

Percy regte sich ab.

„Komm schon, Dandy“, sagte William Y. ungeduldig. „Gib Gas! Wir hatten genug Spannung. Sag uns, wer den Krug bekommt, und dann haben wir es hinter uns.“

„Ich – ich kann nicht“, sagte Dandy und befeuchtete seine Lippen mit der Zunge.

„Was kannst du nicht?“

„Euch sagen, wer den Krug bekommt. Ich – ich – weiß es nicht. Niemand wird es je erfahren.“

„Hör mal, Dandy“, William Y. erhob sich drohend, „was soll das heißen?“

„Es soll heißen“, das Schlimmste war ausgesprochen, und Dandy wurde etwas mutiger, „daß ich den Brief verloren habe, den Tante Becky mir gegeben hat – den Brief mit dem Namen. Es stand ein Name drin – das hat sie mir gesagt.“

„Ihn verloren! Wo hast du ihn verloren?“

„Ich bin – nicht sicher“, zögerte der arme Dandy. „Das heißt – ich bin *fast* sicher, daß es im Schweinestall war. Ich hatte ihn immer dabei, in einem Umschlag in meiner Brusttasche. Ich habe ihn nie aus der Hand gegeben. Eines Tages – vor etwa zwei Monaten – war ich in der Scheune auf dem Heuboden und habe Stroh weggefegt. Ihr wißt, daß der Boden nur aus Stangen besteht – es sind Lücken dazwischen. Ich habe meinen Mantel ausgezogen, weil mir bei der Arbeit warm wurde, und ihn danach wieder angezogen. Als ich wieder ins Haus ging, merkte ich, daß – daß der Umschlag weg war. Ich habe überall gesucht – überall. Er muß in den Schweinekoben gefallen sein – der ist ja direkt unter dem Heuboden – und die Schweine müssen alles aufgefressen haben, den Brief, den Umschlag und alles.“

Ein paar Minuten sagten alle ganz schnell nichts. Dann –

„Verdammt noch mal!“ explodierte der ertrunkene John. Monatelang unterdrückter Groll brach sich Bahn.

Niemand nahm es ihm übel, Titus Dark sah sogar neidisch aus. Er hatte sich das Fluchen so gründlich abgewöhnt, daß er fürchtete, es sich nicht wieder angewöhnen zu können. Selbst seine Pferde verstanden mittlerweile mildere Worte. Und nun hatte es gar nichts gebracht!

Tom Dark erinnerte sich, daß eine schwarze Katze seinen Weg gekreuzt hatte, als er zu Dandy gegangen war. William Y. schaute in die wütenden Gesichter ringsum. Das konnte man eine schreckliche Entdeckung nennen. Die Situation erforderte Besonnenheit, und er hatte das Gefühl, daß er, William Y., sie meistern konnte.

„Bist du sicher, daß du ihn in der Tasche hattest, als du auf den Heuboden gestiegen hast – ist er auch nicht vorher herausgefallen?“

„Fast sicher“, stammelte der unglückselige Dandy, der in diesem Moment nicht einmal seinen Namen mit Sicherheit wußte. „Ich habe überall gesucht. Ich bin nur noch ein Schatten meiner selbst. Meine Frau sagte, ich solle beten. Himmel, ich habe gebetet, bis ich schwarz wurde!“

„Und du hast keine Ahnung, wessen Name in dem Brief stand?“

Es schien unglaublich, daß Dandy das nicht wußte.

„Ich habe nicht die leiseste Ahnung“, sagte Dandy. „Der Umschlag war versiegelt – ich habe noch nie soviel Wachs auf einem Brief gesehen. Und ich mußte Tante Becky schwören, daß ich ihn nicht vorher öffnen würde.“

der ertrunkene John beschloß, einzugreifen. William Y. durfte die Sache nicht allein regeln. „Wir müssen es auslosen“, sagte er.

„Das ist keine christliche Art, es zu entscheiden“, sagte William Y. „Hat jemand einen anderen Vorschlag?“

„Laßt uns abstimmen – geheim“, sagte Junius Penhallow.

„Dann schreibt jeder seinen eigenen Namen auf den Zettel", bemerkte William Y., und aus seinem Lächeln sprach eisige Verachtung. „Nein, ich sage euch, was zu tun – "

„Da läuft der Mondmann über den Hof", unterbrach Onkel Pippin. „Er scheint es sehr eilig zu haben."

Wer aus dem Fenster schauen konnte, tat es und sah den Mondmann. Sein langer schwarzer Mantel flatterte hinter ihm her wie der Umhang eines Propheten aus alter Zeit. In wenigen Sekunden hatte er das Haus erreicht, durchquerte die Halle und stand atemlos in der Tür. Die ganze Familie erkannte, daß der Mondmann einen seiner Anfälle hatte, bei denen er wirklich verrückt war.

„Ich habe den Teufel gackern hören, als ich an der Scheune vorbeikam", sagte der Mondmann. „Er amüsierte sich über diese unheilige Versammlung, in der Neid und Mißgunst herrschen." Seine Augen brannten, und alle hatten das Gefühl, daß sie unter seinem Blick zu Asche zerfielen. „Ich hatte eine Eingebung, was ich zu tun habe."

Der Mondmann marschierte auf den Tisch zu, der zwischen den beiden Fenstern stand – er nahm Tante Beckys Krug – und schleuderte ihn wütend in Richtung Kaminsims. Roger begriff als erster, aber trotzdem zu spät, was der Mondmann vorhatte. Er sprang auf und packte ihn am Arm. Er konnte den Krug nicht retten, aber die Flugrichtung ein wenig ändern. Der Krug sauste durch die Luft und auf Lawson Dark zu. Und Lawson Dark, der elf Jahre weder gestanden hatte noch gelaufen war, sah ihn kommen und sprang auf die Füße, um ihm auszuweichen. Der Krug traf ihn am Kopf, zerbrach wie eine Eierschale, streifte den Ofen und fiel in tausend winzigen Scherben zu Boden. Harriet Dark drehte sich vielleicht im Grab um. Tante Becky tat es möglicherweise auch. Aber Lawson Dark, dem Blut aus einer Schnittwunde an der Stirn tropfte, wandte sich wie in Trance an seine Frau. „Naomi!" rief er und streckte die Hände nach ihr aus. „Oh, Naomi!"

III. Die Nachwirkungen

Zum Kuckuck!“ sagte Sim Dark. „Und wir werden nie erfahren, wer die Scherben hätte bekommen sollen“, sagte William Y. untröstlich, als sie auf dem Hof standen. Roger hatte sich um Lawson gekümmert und brachte ihn und Naomi nach Hause.

Die Verwandten verspürten keine Neigung, darüber zu sprechen, was mit Lawson passiert war. Es war nicht normal und zu untypisch für die Familie. Der Krug war ein ungefährlicheres Thema – jetzt.

„Es spielt keine große Rolle“, sagte David Dark. „Es sind ja Tausende von Scherben, die kann man nie mehr zusammenkleben.“

„Selbst wenn ihn jemand bekommen hätte, glaube ich nicht, daß er lebend nach Hause gekommen wäre“, sagte Stanton Grundy.

Tom Dark, der noch nie im Leben geweint hatte, weinte, weil er den Krug nicht bekommen hatte. Seine Frau zerrte ihn hastig zum Auto, damit keiner die Schande mit ansah.

Joscelyn und Hugh gingen gemeinsam weg und schwiegen; beide dachten nur an Naomi Darks Gesicht in dem Augenblick, in dem Lawson sie wiedererkannt hatte.

Mrs. Alpheus war wütend auf den Mondmann und Dandy. Beide sollten bestraft werden, sie wußte nur nicht, wie.

Homer Penhallow und Palmer Dark gingen aneinander vorbei und taten so, als würden sie sich nicht kennen. Es war herrlich, wieder verfeindet zu sein – das Leben ohne Feindschaft war so furchtbar öde gewesen.

David und Percy Dark nickten sich verlegen zu und sprachen vom Wetter. Die Schlägerei auf dem Friedhof war vergessen.

„Die Welt ist komisch“, seufzte Onkel Pippin.

„Dann lach doch darüber“, sagte Stanton Grundy.

Der alte Thomas Ashley war unglücklich. Eine Frau war auf der Veranda auf ihn zugegangen und hatte schelmisch gesagt: „Wage nicht zu behaupten, daß du mich nicht kennst.“

Er starrte sie wortlos an. Es war die grimmige Dame, die unter dem Kaminsims gesessen hatte. Nein, er kannte sie nicht – und dennoch –

„Ich bin Mavis Dark“, sagte sie noch schelmischer.

„Mavis Dark! Unmöglich!“ rief Thomas Ashley.

„Oh, habe ich mich so verändert?“ sagte Mrs. Clifford und schmollte. „Erinnerst du dich nicht an den Sommer, in dem du hier warst?“

Thomas Ashley sah sie an. Die einst cremeweiße Haut war jetzt gelb – die glatten Wangen runzlig – der Hals schlaff und faltig. Das seidige schwarze Haar war grau geworden – die anmutigen Rundungen verschwunden.

„Aber – aber – damals warst du schön", stammelte der arme alte Thomas.

„Du hast dich selbst ein bißchen verändert", erinnerte Mrs. Clifford ihn giftig.

Thomas Ashley ging und betrauerte seinen verlorenen Traum. Er wünschte, er hätte nie von dem alten Krug der Darks gehört. Aber seine mollige, hübsche kleine Frau war zufrieden. Die gespenstische Rivalin war nach dreißig Jahren endlich verschwunden. Gott segne Tante Beckys Krug!

In Tempest Darks Augen blitzte gutmütige Spottlust. Er hatte beschlossen weiterzuleben. Er hatte Arbeit gefunden, von der er existieren konnte, und entdeckt, daß ein Leben ohne Winnifred möglich war. „Das Leben ist doch lebenswert, wenn eine Komödie wie diese zu Ende gespielt ist", sinnierte er.

„Himmel, ich glaube, Beten bewirkt doch etwas", sagte Dandy, als das letzte Auto abgefahren war.

IV. In der Klemme

Der Winter näherte sich mit großen Schritten, der November verging schnell. Auf Treewoofe machten Hugh und Joscelyn Feuer in allen Zimmern und lachten über den Wind, der vom Meer heraufblies. Peter und Donna waren unterwegs nach Afrika. Roger und Gay waren noch nicht aus den Flitterwochen zurück. Margaret und Brian hatten es auf Whispering Winds sehr gemütlich.

Und an einem kalten Abend begab sich der arme, einsame, hungrige große Sam auf einen Spaziergang. Er ging an der Küste entlang und wollte zum Leuchtturm von Bay Silver Point. Es war ein langer Weg, und sein Rheuma machte sich in mehreren Körperteilen bemerkbar, aber beim Leuchtturm würden ein paar seiner Freunde sein, und der große Sam dachte, daß ein geselliger Abend besser für seine Nerven sein würde, als zu Hause Däumchen zu drehen. Diese kurzen Tage und die langen, früh anbrechenden Abende waren deprimierend, gestand er sich ein. Und in der Wilkins-Hütte war es zugig. Vielleicht war Happy Dark im Leuchtturm und erzählte seine aufregenden Geschichten aus den Tropen. Und vielleicht bekam man von der Frau des Leuchtturmwärters sogar etwas zu essen. Aber er durfte jetzt nicht an die Puddings und Suppen und Kekse des kleinen Sam denken. Dort lauerte der Wahnsinn.

Am Morgen hatte etwas Schnee gelegen, der geschmolzen war, als die Sonne aufging – eine wäßrige Sonne, die sich bald in Wolken hüllte. Im Laufe des kurzen Tages wurde es rauh und ungemütlich, und nun waren Land und See in graue, brütende Stille gehüllt. Aus weiter Ferne hörte der große Sam das durchdringende Signal eines Zuges. Die alte Dame Golf stöhnte dann und wann auf. Ein Sturm braute sich zusammen, aber der große Sam hatte keine Angst davor. Er würde auf dem Rückweg am Fluß entlanggehen, die Tide würde zu hoch sein, um am Loch in der Wand vorbeizukommen.

Als er die lange rote Landzunge erreichte, die „Loch in der Wand“ genannt wurde, begriff er schlagartig, daß die Flut schon eingesetzt hatte. Man konnte ihr nicht ausweichen. Er konnte nicht die steilen felsigen Ufer hinaufklettern, und umzukehren und bis zu der Straße zu gehen, die zur Küste hinabführte, bedeutete einen langen Umweg.

Dem großen Sam kam ein verwegener Gedanke. Wenn er nicht um das Loch in der Wand herumkam, dann vielleicht hindurch? Niemand hatte das je getan. Aber einmal war immer das erste Mal. Das Loch war immerhin größer als letztes Jahr. Wer nicht wagt, der nicht gewinnt.

Das Loch in der Wand war anfangs nur eine winzige Öffnung in der schmalen Seite der Klippe gewesen. Es wurde jedes Jahr etwas größer, weil das Wasser und der Frost den weichen Sandstein zerbröseln ließen. Jetzt war es schon recht groß, und der große Sam war klein und dünn. Er war zuversichtlich – wenn sein Kopf hindurchpaßte, würde der Rest schon hinterherkommen.

Er legte sich auf den Bauch und begann, sich durch das Loch zu schlängeln. Es war enger, als er gedacht hatte. Der Rand fühlte sich plötzlich sehr stabil an. Plötzlich entschied der große Sam, daß er nicht zum Pionier geschaffen war. Er mußte zurück auf die Straße. Er versuchte es, aber er konnte sich nicht rühren. Irgendwie hatte sein Mantel sich um seine Schultern verheddert, und er saß fest. Er wand sich verzweifelt, aber vergeblich. Der große Felsen schien ihn mit einem eisernen Griff festzuhalten, und je mehr er kämpfte, desto enger fühlte sich die Umklammerung an. Zuletzt lag er still da, und kalter Schweiß brach ihm aus. Sein Kopf schaute aus dem Loch in der Wand hervor, seine Schultern steckten darin fest, und seine Beine – wo waren seine Beine? Er konnte sie nicht mehr fühlen, aber wahrscheinlich hingen sie auf der anderen Seite des Lochs heraus.

Was für eine Lage! An einer einsamen Küste an einem Novemberabend, bei anbrechender Dunkelheit und einem Sturm, der sich zusammenbraute! Er würde es nicht überleben. Er würde noch vor dem Morgen an Herzversagen sterben, so wie der alte Kapitän Jobby, der im Suff versucht hatte, durch eine Pforte zu steigen, und steckengeblieben war.

Niemand sah ihn, und es hatte keinen Sinn zu schreien. Vor ihm und hinter ihm war nichts außer einer endlosen Küste. Kein Haus und kein menschliches Wesen in Sicht. Trotzdem schrie der große Sam mit dem bißchen Atem, den er noch hatte.

„Mußt du unbedingt solchen Lärm machen?“ fragte der kleine Sam und schaute um die Ecke des Felsens.

Der große Sam starrte die wohlbekannte Nase mit dem Spinnennetz und dem riesigen Schnurrbart an. Von allen Männern in River und Cove mußte ausgerechnet der kleine Sam hier auftauchen, als er in der Klemme steckte! Was zum Teufel machte er hier an einem solchen Abend, eine Meile von zu Hause weg?

„Ich wollte gar keinen Lärm machen, so schlecht geht es mir ja nicht“, sagte der große Sam sarkastisch. „Ich versuche nur, meine Lungen mit Luft zu füllen.“

„Warum kriechst du nicht ganz durch das Loch?“ spottete der kleine Sam.

„Weil ich nicht kann, und das weißt du“, sagte der große Sam wütend. „Hör zu, Samuel Dark, wir sind nicht die besten Freunde, aber ich bin doch ein Mensch, nicht wahr?“

„Es gibt Momente, in denen ich eine entfernte Ähnlichkeit erkennen kann“, räumte der kleine Sam ein und setzte sich seelenruhig auf einen Felsbrocken.

„Dann hilf mir im Namen der Menschlichkeit aus dieser Klemme heraus!“

„Ich weiß nicht, ob ich das kann“, sagte der kleine Sam skeptisch. „Mir scheint, die einzige Möglichkeit ist, dich an den Beinen herauszuziehen, aber dafür müßte ich den Felsen umrunden, und das geht nicht.“

„Wenn du meine Schultern oder meinen Mantel zu fassen bekommst, schaffst du es auch von vorn. Du mußt nur kräftig ziehen. Ich kann meine Arme nicht bewegen!“

„Und ich weiß nicht, ob ich will“, fuhr der kleine Sam fort, als sei er nicht unterbrochen worden.

„Du – weißt nicht – ob du – willst! Soll das heißen, du willst mich hier in dieser Nacht zurücklassen, damit ich sterbe? Also, Sam Dark – “

„Nein, das habe ich nicht vor. Es ist deine eigene Schuld, wenn ich dich hier zurücklasse. Aber wenn ich dich herausziehen soll, mußt du erst ein paar Zeichen von Verstand zeigen. Kommst du wieder nach Hause und benimmst dich, wenn ich es tue?“

„Wenn ich nach Hause komme, weißt du, was du tun mußt“, fauchte der große Sam. „Wirf deine Rora hinaus!“

„Aurora bleibt“, sagte der kleine Sam kurz.

„Dann bleibe ich auch!“ Der kleine Sam ahmte die Kurzangebundenheit des kleinen Sam nach – auch deshalb, weil er nicht genug Atem hatte, um viel zu reden.

Der kleine Sam holte seine Pfeife hervor und zündete sie an. „Ich gebe dir ein paar Minuten zum Nachdenken, bevor ich gehe. Ich habe nicht vor, lange hier draußen in der Kälte zu stehen. Ich weiß nicht, wie ein kleiner Kerl wie du das eine ganze Nacht lang durchhalten kann. Wie auch immer, nach dieser Sache hast du sicher Mitgefühl mit dem armen Kamel, das versucht hat, durch das Nadelöhr zu kommen.“

„Hältst du dich für einen Christen?“ höhnte der große Sam.

„Sei jetzt nicht schnippisch. Es geht nicht um Religion, sondern um gesunden Menschenverstand!“ erwiderte der kleine Sam.

Der große Sam machte einen verzweifelten Versuch, sich zu befreien, aber der grimmige rote Felsen rührte sich kein bißchen.

„Dir platzt noch eine Ader“, warnte der kleine Sam. „Du solltest dich nur mal sehen – wie dein roter Bart aus dem Loch hängt! Und ich nehme an, daß der Rest von dir zur anderen Seite heraushängt. Eine wunderschöne Rückansicht, wenn jemand vorbeikommt. Aber zu dieser späten Stunde ist das eher unwahrscheinlich. Aber wenn du morgen früh noch lebst, sage ich Prince Dark, daß er dich an den Hinterbeinen packen soll. Sei vernünftig, Sammy. Bei mir gibt es heute abend Erbsensuppe – heiße Erbsensuppe.“

„Fahr mit deiner Erbsensuppe zur Hölle“, sagte der große Sam.

Es folgte eine lange Stille. Der große Sam dachte nach. Er wußte jetzt wieder, wo seine Beine waren, denn die Kälte machte sich an ihnen bemerkbar. Der Felsen um ihn herum war hart wie Eisen. Es fing an zu regnen, und der Wind blies kräftiger. Die Gischt spritzte zu ihnen hinauf. Morgen früh würde er tot sein oder den Verstand verloren haben.

Aber es war bitter, sich dem kleinen Sam und dem weißen Flittchen auf dem Regal zu unterwerfen. Der große Sam versuchte, inmitten der Niederlage noch sein Gesicht zu wahren.

„Wenn ich zurückkomme, versprichst du mir dann, daß du nicht diese dicke Witwe heiratest?“

Der kleine Sam verbarg jeden Anschein von Triumph. „Ich verspreche nichts – aber ich werde keine Witwe heiraten, egal, ob dick oder dünn.“

„Das soll wohl heißen, daß sie dich nicht haben will.“

„Sie hatte gar keine Wahl. Ich gehe keine Allianzen mit dem Haus Terlizzick ein, Jungfrau oder Witwe! So, und jetzt gehe ich nach Hause zu meiner Erbsensuppe. Kommst du mit, Sammy?“

Der große Sam stieß einen Seufzer aus, einen Seufzer der Erschöpfung und der Kapitulation. Das Leben war zu kompliziert. Er war geschlagen. „Zieh mich aus diesem verdammten Loch“, sagte er mürrisch, „dann soll mir egal sein, wie viele nackte Frauen bei dir herumstehen!“

„Eine reicht“, sagte der kleine Sam. Irgendwie bekam er den Mantel des großen Sam zu fassen und zog beherzt. Der große Sam brüllte auf, denn er war sicher, daß ihm die Beine abgerissen wurden. Dann merkte er, daß sie immer noch dran waren und neben dem kleinen Sam standen.

„Wring deinen Schnurrbart aus und beeil dich“, sagte der kleine Sam. „Ich fürchte, die Erbsensuppe ist schon angebrannt. Sie steht auf dem Herd.“

V. Die Heimkehr

Was für eine Erleichterung – draußen regnete es in Strömen, und das Meer begann zu brausen. Der Ofen bullerte, und Mustard leckte ihre wohlgeratenen Kinder.

Der große Sam atmete zufrieden durch. Er hatte soviel mit dem kleinen Sam zu besprechen – Dinge, über die sie mit erhabener Gleichgültigkeit reden konnten, weil sie sowieso nur neben der Familie hergelebt hatten. Welcher Name in dem Brief gestanden hatte, den Dandys Schweine gefressen hatte. Das unheimliche Wunder von Lawson Darks Heilung. Die Tatsache, daß Joscelyn Dark endlich aufgehört hatte zu schmollen. Die Hochzeit von Peter und Donna und was sie den ertrunkenen John wohl gekostet hatte. Alles, was in der Familie passiert oder nicht passiert war – wegen Tante Beckys Krug. Und eine frappierende Geschichte über Walter Darks schwarze Katze, die in ein Faß Benzin gefallen und weiß wieder herausgekommen war.

Die Erbsensuppe war wirklich köstlich.

Die Ohrringe standen dem kleinen Sam gut. Ein guter Ausgleich zum Schnurrbart sozusagen. Und Aurora – aber was war mit Aurora?

„Was hast du mit deinem heidnischen alten Götzenbild gemacht?“ fragte der große Sam und setzte seine halbleere Tasse Tee mit einem Klirren ab.

„Ich habe sie mit Bronzefarbe angemalt“, sagte der kleine Sam stolz. „Sieht richtig geschmackvoll aus, nicht? Ich dachte mir schon, daß du früher oder später nach Hause kommen würdest, und da wollte ich dir zeigen, daß ich Rücksicht auf deine Gefühle nehme.“

„Dann kannst du die Farbe wieder abkratzen“, sagte der große Sam entschieden. „Glaubst du, ich will eine nackte schwarze Frau dort oben sitzen haben? Wenn ich tagein, tagaus eine nackte Frau sehen muß, dann will ich anstandshalber eine weiße!“